Jürgen Alberts und Frank Göhre

KREUZVERHÖRE

Zehn Krimiautoren sagen aus

JÜRGEN ALBERTS UND FRANK GÖHRE
PHOTOS VON RAINER GRIESE

KREUZVERHÖRE

ZEHN KRIMIAUTOREN SAGEN AUS

Gerstenberg Verlag

Die Deutsche Bibliothek – CIP Einheitsaufnahme
Kreuzverhöre [Medienkombination]: zehn Krimiautoren sagen aus /
Jürgen Alberts und Frank Göhre. – Hildesheim: Gerstenberg
ISBN 3-8067-2853-4

Gestaltung und Satz: Wilhelm Schäfer, Köln
Satz aus der FF Quadraat
Druck bei Graficromo, Cordoba
Printed in Spain
ISBN 3-8067-2853-4

Inhaltsverzeichnis

Dieses Buch widmen wir
HANSJÖRG MARTIN
1. 11. 1920 – 11. 3. 1999

Bei unserem letzten Treffen kurz vor Weihnachten 1998
sagte Philipp »Macht weiter so. Das Krimischreiben
bringt die besten Menschen zusammen, allein das ist es wert.«
Jetzt hat er uns verlassen, der »kleine große Mann« –
unser Mentor, ein vorbildlicher Kollege,
ein Freund.

Vorwort

Eine Reise durch die Geschichte der deutschsprachigen Kriminalromane

Die Idee zu dieser Reise entstand bei einem Spaziergang an der Weser entlang. Das wird kein Zufall gewesen sein. Eine Reise an die Schreibtische unserer Kolleginnen und Kollegen sollte es werden, eine biographische Reise und auch eine historische.

WENN ZWEIE EINE REISE TUN ...

Als wir uns entschieden hatten, wohin unsere Reise gehen sollte, war der Anfang gemacht. Die zehn hier porträtierten Schriftstellerinnen und Autoren führen uns von den Anfängen des Genres bis heute. Ein Genre, das sich Mitte der sechziger Jahre zu entwickeln begann, einen ungeheuerlichen Aufschwung nahm und bis heute die umfangreichste Gattung in der Belletristik ausmacht. Wir hätten andere Autoren, andere Reiseziele wählen können – speziell in den neunziger Jahren fiel uns die Auswahl nicht leicht. Die hier vorgestellten zehn Krimiautorinnen und Kriminalschriftsteller repräsentieren vier Jahrzehnte des deutschsprachigen Krimi-Genres – von Hansjörg Martin mit seinen traditionellen »Whodunit«-Geschichten zu Friedhelm Werremeier mit seinem klassischen Polizeiroman; von Irene Rodrian mit ihren Psychothrillern zu Michael Molsner mit seinen politischen Krimis; von -ky mit seinen Soziokrimis zu Felix Huby mit seinen schwäbischen Regionalkrimis; von Gisbert Haefs mit seinem skurillen Privatdetektiv zu Peter Zeindler mit seinen abgeklärten Agenten; von Sabine Deitmer mit ihrer toughen Kommissarin zu Ingrid Noll mit ihren ganz normal wahnsinnigen Protagonistinnen.

WENN ENGEL REISEN ...

Wir haben uns Zeit gelassen, wollten nicht schnell unser Mikro aufbauen, Tonband einschalten und los gehts – zu oft haben wir selbst die Erfahrung machen müssen, daß wir von Leuten interviewt wurden, die nicht mal die Klappentexte unserer Bücher gelesen hatten. Den Biographien anderer Raum zu lassen, fanden wir aufregend, auch das Wiederlesen uns bekannter Romane machte Spaß, fast genauso, wie neue Entdeckungen zu machen. Nach ausführlicher Recherche und Lektüre haben wir mit jedem Autor mindestens zwei Tage gesprochen – zugegeben: auf den Balearen sind wir etwas länger geblieben –, haben uns ihr Leben erzählen lassen, Anekdoten aufgezeichnet, einzelne Romane ausführlich besprochen und Bedingungen des Krimi-Marktes diskutiert.

WOHIN DU AUCH REIST, DU KOMMST IMMER BEI DIR SELBST AN ...

Es ist für uns auch eine Reise zu den eigenen Wurzeln, den Anfängen unserer Arbeit gewesen. Nach vielen Romanen und Hörspielen,

Abfahrt 11 03
IC mit Zuschlag
Berlin
Zoologischer Garten
Gleis
8
LEIPZIG IC 805
22
26
Jägersberg
Höf
Cafe-Pension
Jägersberg

Fernseh- und Kinofilmen setzt bei jedem Autor ein Nachdenken über die ständige Produktion ein, über Projekte und Ideen, über Erzählweisen und Methoden der Recherche. Wir hatten jede Menge Fragen an uns, die wir im Verlauf der jeweiligen Gespräche an unsere Kollegen weitergegeben haben. Fragen nach den Ausgangspunkten ihrer Lebensreise, nach dem Fahrplan eines Schriftsteller-Lebens, nach den vorfreudigen Erwartungen und den manchmal bitteren Enttäuschungen am Zielort.

REISENDE SOLL MAN NICHT AUFHALTEN ...

Kriminalromane beginnen oft mit unscheinbaren Details. Ein Rätsel, ein Geheimnis, ein unlösbarer Widerspruch, eine frappierende Erkenntnis. Wir fragten zunächst nach Details des Autoren-Alltages. Wann arbeiten die Kollegen? (Es sind viele Frühaufsteher darunter) Wie recherchieren die Kolleginnen? (Der erste Plot ist oft entscheidend) Woher kommen neue Ideen? (Von den kleinen Beobachtungen zu den großen Romanen) Wie werden die Bücher geschrieben? (Einer diktiert, eine andere schreibt mit der Hand, immer nachts, viele benutzen inzwischen den Computer). Wir haben über Anerkennung und Mißachtung gesprochen, Verdienst und Absatz, über Einflußnahme und Zensur, und dabei biographische Zusammenhänge entdeckt, vielfältige Überschneidungen, parallele Verläufe. Als seien wir alle auf einem riesigen Bahnhof gestartet, jeder auf seinem Gleis, und später, wenn wir den Bahnhof verlassen haben, kreuzen und durchkreuzen sich die Gleise unserer Biographien.

NEU ZU BEGEHREN, DAZU VERHILFT DIE LUST DER REISE ...

Am schönsten sind Abenteuerfahrten und Ausflüge in die eigene Heimat. Wie oft kommt es vor, daß man gerade in seiner nächsten Umgebung etwas Neues entdeckt, das man bisher nicht kannte. Wir ließen uns gerne überraschen. Nicht nur bei den nächtlichen Ausflügen ins Reich der Anekdoten, Pegasus reitet schnell, bei den gemeinsamen Essen und dem anhaltenden Gelächter bei Tisch.

Wir wurden mit offenen Armen empfangen, haben viel Zuneigung erfahren und uneingeschränktes Vertrauen genossen. Wir sind auf sympathische und liebenswerte Menschen gestoßen.

So kann das vorliegende Buch durchaus als Reisetagebuch verstanden werden, das neben unseren Aufzeichnungen die ausgezeichneten Photos von Rainer Griese – er hat sich an den gleichen Orten eingefunden wie wir schon zuvor – und akustische Andenken enthält. Für die beiliegende CD haben alle zehn Autoren Passagen aus ihren Romanen gelesen und sich unserem »Kreuzverhör« gestellt.

Unsere Reise ist noch lange nicht zuende.

JÜRGEN ALBERTS UND FRANK GÖHRE

Mord in der Siesta

Hansjörg Martin – Der Geschichtenerzähler

ANGABEN ZUR PERSON

=================

Name: MARTIN

Vorname: Hansjörg

Geboren wann: 1.11.1920

Geburtsort: Leipzig

Beruf: Jetzt Schriftsteller oder Pensionär

Haben Sie auch einen Spitznamen:
Ja, ich heiße Philipp.

Hat das mit Philip Marlowe zu tun:
Nicht unbedingt. Denn als ich Philipp genannt wurde, war Philip Marlowe gerade Kind. Ich war damals acht oder neun Jahre alt, und im Gegensatz zu heute sehr zappelig.

Wohnhaft in: Wedel/Holstein und Mallorca

Könnten Sie einer Fliege etwas zuleide tun:
Wenn sie mich quält, ja.

Wieviele Leichen gehen auf Ihr Konto:
Das habe ich nicht gezählt, aber zwei, drei Dutzend können das wohl sein.

Bereuen Sie Ihre Verbrechen: Nein

Strafregisterauszüge: Gefährliche Neugier, Reinbek 1965 · Einer fehlt beim Kurkonzert, Reinbek 1966 · Kein Schnaps für Tamara, Reinbek 1966 · Bilanz mit Blutflecken, Reinbek 1968 · Cordes ist nicht totzukriegen, Reinbek 1968 · Einer flieht vor gestern Nacht, Reinbek 1971 · Mallorca sehen und dann sterben, Reinbek 1973 · Wotan weint und weiß von nichts, Reinbek 1976 · Der Kammgarn-Killer, Reinbek 1979 · Betriebsausflug ins Jenseits, Reinbek 1980 · Querbeet durch Tag und Traum, Husum 1980 · Das Zittern der Tenöre, Reinbek 1982 · Der Rest ist Sterben, Reinbek 1991 · Apollonia darf nicht sterben, Reinbek 1992 · Zwölf Monate Mallorca, München 1994 · Herzschlag, München 1995 · Meine schöne Mörderin, München 1997

Er wird früh wach. Es ist zwanzig nach fünf. Er hat wieder einmal geträumt. Und er erinnert alles. Das ist immer so in den ersten Nächten, wenn er hier ist, hier unten im Süden, auf dieser Insel im Mittelmeer. Er hat vom Wasser geträumt, sehr viel Wasser und noch mehr Himmel, von niedrigen Häusern, die wie pittoreske Pocken am Horizont sind, von Schiffen und Fischern, von Eilanden und einer unendlichen Weite. Er hat sich in ihr verloren, zwischen Gestalten aus Märchen und Sage, schwer zu malen, und stand dann doch wieder vor einer riesigen Leinwand, um den Förster in Öl zu pinseln, eine Maria Schell im Trachtenkleid, ein Kinoplakat, eine der Auftragsarbeiten, mit denen er sich damals, zu Beginn der fünfziger Jahre, über Wasser gehalten hat – das Wasser –, seine Frau, die letztlich drei Kinder und sich ernährte. Kataloggestaltung, Prospekte und auch mal ein Aquarell oder ein Gemälde für die gute Stube eines Insulaners. Ein Paar feste Schuhe für den ältesten Sohn kostete 35 Mark, ein warmes Kleid für die Frau 60 Mark. Die Kohlen für den Winter gingen heftig ins Geld, die Lebensmittel natürlich, der Schlachter und auch die Zigaretten. Rauchen mußte er, damals jedenfalls noch. Er ackerte jedes Jahr von April bis September wie zwei Gäule, vierzehn bis sechszehn Stunden am Tag. Denn ab Oktober war Windstille, floß keine Mark mehr in die Haushaltskasse. Soll er seinen Besuchern davon erzählen? Von der Not der frühen Jahre, dem tagtäglichen Kampf ums Überleben?

DIE ANNÄHERUNG

Wir sind am frühen Vormittag auf Mallorca gelandet. Schon im heimischen Norden hatte sich die Ballermann-Truppe formiert. *Saufen, Ficken, Fernsehen* war auf mehreren T-Shirts zu lesen. Die Bundesligasaison hat gerade erst begonnen, und bis zur Weltmeisterschaft 1998 dauert es noch. Aber das *Olé-olé-olé-olé-olé* war dennoch Schlachtruf im Terminal: *S' Arenal, wir kommen.* Das Aus-Checken dauert. Es waren auch Kinder und Haustiere an Bord. Mallorca ist nach wie vor eine Familieninsel. Die jugendlichen Suffköppe haben die Rolle der ungeratenen Söhne. Papa trinkt zwar auch sein Bier, aber er weiß wenigstens, wie es auf Spanisch heißt. Das nennt er Weltläufigkeit. Überall zuhause, auch wenn es im Harz am schönsten ist. Mama träumt von am Strand umhertrabenden Stieren. Urlaub heißt immer auch Haxen hoch und Fleischbeschau. Bettenburgen sind im Preis inbegriffen, Hormonsilos.

Soll er seinen Besuchern von der Not der frühen Jahre, dem tagtäglichen Kampf ums Überleben erzählen?

Der kleine Mann hat sich inzwischen an seinen Schreibtisch gesetzt und die Brille zurechtgerückt. Noch ist es still in dem Haus auf der Klippe. Seine Frau bleibt meistens bis zum späten Vormittag im Bett. Draußen auf der Terrasse schleichen einige seiner zweiundzwanzig oder achtundzwanzig Katzen herum. Sie nächtigen in Obstkisten und werden abends ordentlich abgefüttert. Auch das hat seinen Preis. Der Mann denkt wieder an seinen Traum. Eigentlich, sagt er sich, habe ich alles schon einmal erzählt. In unzähligen Interviews, als Statement, in Geschichten und Romanen. Soll er, ja, muß er erneut wiederholen, daß er am 1. November in Leipzig geboren wurde, 1920, also zwischen den Kriegen, was prägend war in mancherlei Hinsicht? Muß er von Schule und dem Studium für »Angewandte Kunst« berichten, dem heimlichen Traum, ein genialer Zeichner und Maler, ein hervorragender Graphiker allemal zu werden? Oder gar vom überhaupt nicht lustigen Soldatenleben zwischen 1941 und 1945, zwangsweise an die Ostfront kommandiert und später in die Niederlande? Er haßt diese Zeit, ihren Ungeist, den knallenden Stiefelschritt auf den schnurgeraden Straßen. Die Hand, die zum Schreiben angesetzt hat, zittert leicht. Schnell kritzelt er ein paar Notizen hin. Nüchterne Daten, Orientierungspunkte für das bevorstehende Gespräch.

Wir fahren vom Flughafen Son Sant Juan über Llucmajor und Campos nach Santanyi. Hansjörg Martin, den wir für einige Tage besuchen wollen, hat nie ein Geheimnis um seinen mallorquinischen Zweitwohnsitz gemacht. Der Weg zu ihm ist bekannt. 1972 reiste er zum ersten Mal nach Mallorca; er nannte es die Spießerinsel, das Putzfrauenparadies, den Germanengrill – die Vorurteile waren fest verankert. Er flog damals im Auftrag einer Hamburger Illustrierten, um Material für einen Kriminalroman zu sammeln, der in einer der Bettenburgen spielen sollte, in denen Rentner überwintern. Es sollte der elfte Kriminalroman werden, und damit bereits sein zweiundzwanzigstes Buch. Ein flotter Wechsel hatte sich eingespielt zwischen Kinder- und Jugendbuch und eben jenen Kriminalromanen, als deren deutschsprachiger Neuerer er heute gilt. Sein erster Krimi hat den Titel »Gefährliche Neugier«, und Neugier ist es, die uns »Nachgeborene« zu ihm treibt. Wir wollen wissen, wie es seinerzeit so war mit der Wiederbelebung eines Genres, das auch heute noch gern als »simple Unterhaltung« gewertet wird. Und wie es sich damit lebt, wie er lebt.

Der schmale, kleine Mann hat sich von seinem Schreibtisch mit Blick auf das grünblaue Meer erhoben und läßt den Finger über die hinter ihm aufgereihten

Bücher gleiten. Es sind über 100 Titel, die unter seinem Namen veröffentlicht wurden, und es sind nur die deutschen Ausgaben, die er hier in seinem Haus auf Mallorca archiviert hat. Übersetzungen gibt es in Dänisch, Finnisch, Slowakisch, Französisch, Serbokroatisch, Rumänisch, Amerikanisch und Griechisch. In Spanien kann man ihn nicht in der Landessprache lesen. Aber das kümmert ihn nicht weiter. Viel mehr macht ihm zu schaffen, daß er sich manchmal überhaupt vergessen glaubt, als Krimiautor zumindest, der doch ein Stück deutscher Sittengeschichte geschrieben hat, wie die des Handelsvertreters Ernst Voigt: »Immer und seit undenklichen Zeiten hat er gekuscht, um Hosen und Anzüge und Jacken aus Wolle, Trevira, Baumwolle, Tweed, Köper, Leinen, Kord und Kammgarn zu verkaufen, hat bei den paar Linken und Liberalen linke und liberale Sprüche geklopft, bei den anderen rechte und stramme Töne getönt, er hat den Frommen recht gegeben, wenn sie auf die Unmoral der Zeit schimpften, und den Ferkeln säuische Witze erzählt ... Und das alles bloß wegen der paar tausend Mark und wegen der Frau, die ihn schief ansieht, wenn es einmal weniger ist, und die er liebt.« Das hatte eine

In alle Ritzen und Spalten ergießt sich die trübgraue Soße deutschen Provinzbürgertums mit Bigotterie, Verlogenheit, Heuchelei, Habsucht sowie Neid.

österreichische Autorin geschrieben, Elfriede Jelinek, und noch viele weitere Zeilen dazu, auch die Verbindung gezogen zwischen dem berühmten Arthur-Millerschen-Handlungsreisenden und seinem »Kammgarn-Killer«, eine einfühlsame Rezension, eine Nacherzählung, wie sie nur ein Autor einem anderen, einem geachteten Kollegen, widmen kann: »Und so macht er sich auf seinen Kreuzweg, der Handlungsreisende, schüttet Bier, Likör, Kaffee aus dreckigen Tassen und Mineralwasser aus verschmierten Gläsern in sich hinein, je nachdem, was er angeboten kriegt, und sicher unabhängig davon, ob er es will oder nicht, oder ob es sein Magen verträgt. Er verträgt es nicht, und er verträgt auch nicht die üppige Frau Horwitz, die eine Menge von Männerhosen versteht und die auf einmal in einem Kimono und später ganz ohne vor ihm liegt, ohne daß er etwas mit ihr anzufangen wüßte, was einen Mann am allertiefsten trifft, wie man weiß.« Soweit Elfriede Jelinek im Jahr 1979. Ein anderer Krimi-Kritiker, Jochen Schmidt, urteilte jedoch im Jahr 1989: »Martins Plots wurden von Mal zu Mal durchsichtiger. Vorurteile traten an die Stelle von Soziologie (und äußerten sich gelegentlich schon im Titel: ›Der Kammgarn-Killer‹). Den Täter konnte selbst ein ungeübter Krimileser oft schon nach wenigen Seiten dingfest machen: Es war und ist immer der Unsympathischste, der Mann mit der dicksten, grundsätzlich unrechtmäßig gefüllten Brieftasche.« Dieses Fallbeil sauste also vor nunmehr zehn Jahren auf den kleinen, schmächtigen Mann herab und seitdem ist es stiller um ihn geworden. Er war damals ja auch schon Ende Sechzig, volkswirtschaftlich gesehen bereits in Pension. Aber wer einmal herumzog in deutschen Landen, um seine Ware, sein gerüttelt Maß an Kreativität und Phantasie oder auch nur solides Handwerk, an und unter die Leute zu bringen – sei es als Maler, Graphiker, Schaufensterdekorateur, Bühnenbildner, Aushilfslehrer, Zirkusclown, Werbetexter und schließlich als freier Schriftsteller auf Lesereise – kennt keinen Ruhestand, will weiter bewegen und hinweisen auf seine, auf unsere Realität, auf unseren Alltag, wie Elfriede Jelinek vermerkt: »Dazwischen ergießt sich in alle Spalten und Ritzen die trübgraue Soße deutschen Provinzbürgertums mit seiner Bigotterie, Verlogenheit, Heuchlerei, Habsucht sowie Neid. Und irgendwann tritt ein Wurm zurück, obwohl man ihm immer beigebracht hat, daß man das in keinem Fall darf, weil man dazu da ist, getreten zu werden, aber nicht, um den Fuß zu treten, der einen ja ernährt.«

Der Kriminalromanautor Hansjörg Martin lächelt ein dünnes, ein etwas bitteres Lächeln und nickt wissend. Er legt den Jelinek-Text zu den anderen herausgesuchten Rezensionen und reckt sich dann. Durch die Glasfront seines kleinen Arbeitszimmers fällt jetzt gleißendes Sonnenlicht. Auf die Scheiben sind die Schattenrisse von fünf bis sechs Vögeln mit weit ausgebreiteten Flügeln geklebt, Warnung für die lebenden. Der kleine Mann mag und kann niemandem ein Leid antun. Er sieht auf das weite Meer hinaus. Sein Gesicht spiegelt sich im Glas. Es ist ein schmales, ein markantes Gesicht. Eine hohe Stirn, ein grauer, ein fast schon weißer Haarkranz. Die Augen hinter der Brille sind hellwach. Sind die Ohren gespitzt, hört er uns schon kommen?

ANKUNFT

Wir haben Fahrzeuge aus Dortmund, Düsseldorf, Esslingen, Frankfurt und Leihwagen von Avis getroffen. Sie sind an uns vorbeigezischt, die meisten mit offenem Verdeck, einige Fahrer hielten lässig ihr Handy ans Ohr. Mitteilungen nach daheim: Wir sind gerade auf dem Weg

nach Palma; es sind 32 Grad, keine Wolke am Himmel zu sehen; billig ist der Cognac auch nicht mehr; im Norden soll es noch Land zu kaufen geben.

Es sind nur noch wenige Kilometer bis zu Hansjörg Martins Haus, eine Nebenstraße, ein Feldweg. Hier irgendwo ist er einer Apollonia, seiner späteren Romanfigur, begegnet, einer mittelgroßen, stämmig-untersetzten Frau mit einem großflächigen Gesicht und dunklen, kleinen, blitzflinken Augen. Er hatte gut zwei Stunden Fußmarsch hinter sich und fragte sie, wie weit es noch zum Strand sei. »Da lachte sie ... und wies mit dem ausgestreckten Arm zum Pinienwald, in dem die Straße verschwand.« Gleich dahinter lag der Strand. Ein tiefes Aufatmen, der Blick ruht auf einer Idylle. Der am türkisfarbenen Wasser verlaufende Sandstrand ist menschenleer: »Weit und breit kein Lebewesen, nicht einmal Spuren davon. Kein Verbotsschild am Ende der Straße, kein Zaun, kein Haus – und eine Stille, daß ich das Klopfen meines Herzens zu hören glaubte.« So Martin in »Apollonia darf nicht sterben.«

Wir sind bei Hansjörg Martin angekommen. Zwei winzige Hunde kläffen, ein halbes Dutzend der zweiundzwanzig oder achtundzwanzig Katzen mauzt, Maggie, Hansjörg Martins Frau, ist aufgestanden, kocht für uns Kaffee und nimmt deutsche Frühstückswurst aus dem Kühlschrank, spanischer Sekt wird entkorkt, Begrüßungsfloskeln werden ausgetauscht. Wir stehen auf der Terrasse, hohe Pinien spenden Schatten, schmale Steinstufen führen zum Meer hinunter. Das Verlangen, erst einmal zu baden, ist groß.

MALLORCA – LIEBE AUF DEN ZWEITEN BLICK

»Bei meinem ersten Besuch«, sagt Hansjörg Martin, den Freunde ›Philipp‹ nennen dürfen, weil er als Schüler so ein ›Zappel-Philipp‹ war, »bei meiner damaligen Recherche war ich von Mallorca völlig unbeeindruckt. Ich war zufrieden mit dem Material, das ich für meinen Roman ›Mallorca sehen und sterben‹ gesammelt hatte und froh, schließlich wieder im Flieger zu sitzen, um das Buch im heimischen Wedel schreiben zu können. Fünf Jahre später aber trat meine liebe, alte Tante auf den Plan. Ich hatte ihr geholfen, aus der damaligen DDR in den Westen zu kommen und dafür lud sie uns zu einer Reise ein. ›Eine hibbsche Reise‹, ahmt er die sächselnde Tante nach, ›eine hibbsche Reise, mei liewer Junge‹. So flogen Maggie und ich dann mit meiner Tante und meiner Mutter, beide schon Anfang Achtzig, nach Mallorca. Wir waren die ersten Saisongäste und wohnten ganz hier in der Nähe in einem der typischen Mittelklassehotels. Nach etlichen Tagen machten meine Frau und ich uns selbständig, und wir kletterten an dieser Felsenküste herum. Dabei entdeckten wir einige wunderschöne Bungalows.«

»Phantastische Häuser!« ergänzt Maggie. »Große Häuser. Ich wollte gleich reingucken, und da kam auch schon so ein alter Mann, ein spanischer Gärtner, dem ich erklärte ...«. Sie spult die ganze Geschichte ab: wie sie eingelassen wurden, im Wohnraum unzählige, mehr oder minder zerlesene Taschenbücher entdeckten, Krimis von Simenon, Chandler, Highsmith und anderen Größen, wie Philipp einen Zettel, mit dem Wunsch, einmal hier wohnen zu dürfen, hinterlegte, wie sieben Monate später vom Besitzer des Hauses, einem Franzosen, Antwort kam, ja, sie seien als Mieter herzlich willkommen, wie Hansjörg Martin einen seiner Kriminalromane als Dankeschön schickte und damit erst recht einen Stein im Brett hatte, einen Fuß in der Tür sozusagen, denn seitdem ... Maggie erzählt viele Geschichten »ihres Autors« zuende, und Philipp lächelt nachsichtig. Er hat diese und andere Erlebnisse längst aufgeschrieben. In dem Taschenbuch »Zwölf Monate Mallorca – Impressionen von der Balearen-Insel« kann man sie nachlesen. Und er weiß, daß wir nicht deswegen gekommen sind.

Wir nehmen ein kurzes, erfrischendes Bad, trinken den inzwischen warm gewordenen Sekt aus und lassen uns von Hansjörg Martin das Hotel zeigen, in dem wir nächtigen werden. Es ist eine typische Hotel-Apartment-Anlage, ein familienfreundliches Konsum-Center mit Frühstücksbuffet und Showbühne. Unsere Mini-Wohnungen bestehen aus Schlafzimmer, Wohnraum, Kochnische und Bad. Auf den Balkons hängen Badetücher und Bikiniteile zum Trocknen. Es ist Mittagszeit, Siesta.

Hansjörg Martin ist zufrieden. Er hat seine Brille abgesetzt und sich lang unter dem dünnen Laken ausgestreckt. Er hört das sanfte Rollen der Brandung, die an die Klippen schlagenden Wellen. Es ist wie der gedämpfte Applaus von vor langer, sehr langer Zeit. Der kleine Mann stülpt sich einen halben, rot angemalten Tennisball auf die Nase, zieht die weiten, karierten Hosen unter die Achseln und stolpert in die Zirkusmanege. Er macht viel Unsinn beim Aufbauen des Notenständers, stellt sich richtig schön tolpatschig an. Immer wieder knicken die Stangen ein, und jedesmal hört er dabei einen Schuß knallen, bricht ein Kamerad

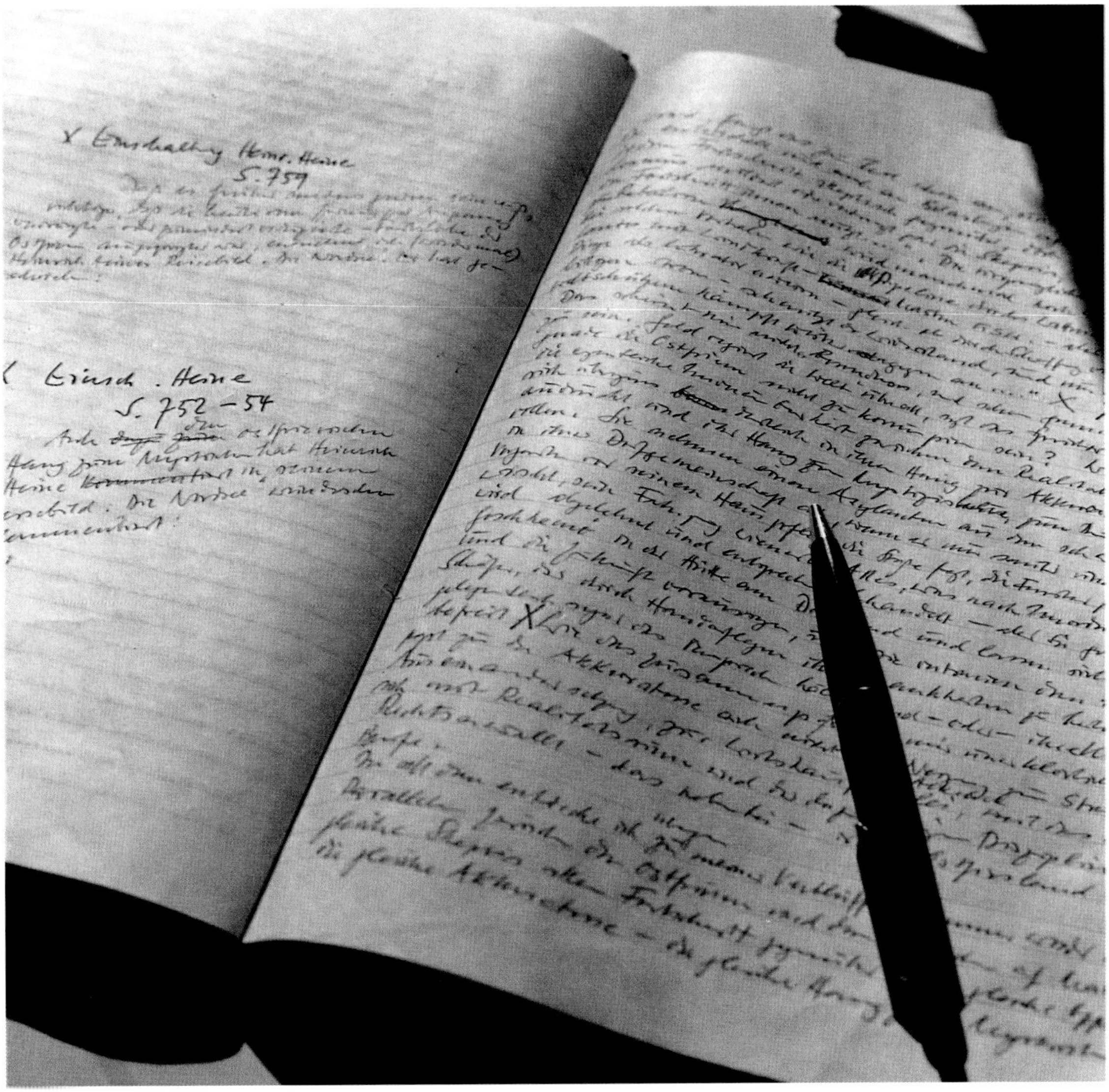

neben ihm tot zusammen. Der Schrecken des Krieges ist noch nah, wie er in »Gefährliche Neugier« schrieb: »Ich bin nämlich seinerzeit ein paar Monate in Polen gewesen ... wir mußten ›aussiedeln‹ helfen. Jeder weiß, wie das war, und ich bin fast verrückt geworden ... Hannes Pohl sah genau so aus wie die, die damals – genug!« Nein, diese Bilder bleiben für immer, verlieren sich nicht, auch wenn dieses Buch schon geschrieben ist, der Notenständer jetzt endlich Halt hat. Aber da ist noch der Geigenkasten, »ein alter Koffer oben auf dem Speicher, der, plötzlich entdeckt, Geheimnisse preiszugeben verspricht, die, weils den Dorfbewohnern von heute und kleinen Nazis von gestern (in Personalunion, wie sich versteht) so paßte, nicht ans Tageslicht kommen sollen – und aus gutem Grund«. So Walter Jens 1991 in seinem »Zeit«-Artikel »Etwas ist nicht geheuer« über Hansjörg Martins Buch ... Noch bleibt der Koffer, der Geigenkasten geschlossen, und das Publikum darf herzlich lachen über den spaßigen kleinen Mann mit dem weißgeschminkten Gesicht, der immer wieder die Schlösser schnappen läßt und sich dabei die Finger klemmt, das ist lustig. Doch dann springt der Deckel endlich auf: »Meine Damen und Herren, und jetzt ganz besondere deutsche Musik!« Ein schneller

Griff, und er setzt eine Trillerpfeife an die Lippen und läßt einen gellenden Pfiff ertönen. Den biederen Familienvätern, den Mitläufern im Zirkusrund, vergeht augenblicklich das Lachen – »Strammgestanden, das Gewehr angelegt und ...!« – ein Befehl, ein Standgericht, eine krachende Salve und tot in sich zusammenbrechende Körper. Eine Schuld. Unsere Schuld. »Das Zittern der Tenöre« beginnt, das sich Winden und Herausreden. Der unter dem hellen Laken liegende »Spaßvogel«, der »dumme August« aber hört genau hin, nimmt den falschen Zungenschlag wahr, die Lüge, die er immer wieder neu aufdeckt und zum Thema seiner Geschichten und Romane macht, die er sich hier in den Stunden der Siesta ausdenkt, Tag für Tag aufschreibt, von morgens früh bis zum Mittag.

»Der Roman ›Das Zittern der Tenöre‹ war schon auf dem Höhepunkt deines Erfolgs eine ironische Darstellung unseres Gemeinwesens, in dem es – wie Walter Jens dann in seiner Fernsehkritik über den nach deinem Buch entstandenen ›Tatort‹ schrieb – ›anders als im Globke-Deutschland, eine Schande war, damals dabei gewesen zu sein‹.«

»In meinen früheren Büchern klang das auch schon an«, sagt der uns jetzt ausgeruht und entspannt bei einem Eiskaffee gegenübersitzende Hansjörg Martin. »Ich habe immer aus dem eigenen Erleben heraus geschrieben, über das, was ich gesehen und gehört habe. Und das war direkt nach Fünfundvierzig das totale Verdrängen, das einfach nicht mehr über die Nazi-Zeit-reden-wollen.«

WIE ALLES BEGANN

»In deinem ersten Roman ›Gefährliche Neugier‹ ging es primär um Rauschgift.«

»Mein ›Held‹, der Jost Zimball, war im Krieg. Er hat dann mit der Uniform auch seinen Beruf als Kommissar an den Nagel gehängt. Sicher, ich habe das nicht in den Vordergrund gestellt«, gibt er zu. »Es war ja ohnehin ein Experiment, einen deutschen Kriminalroman zu schreiben.«

»Wie kam es eigentlich dazu?«

»Ach«, sagt er, »geschrieben habe ich ja schon immer. Als wir auf Norderney lebten, war es ein Jugendbuch. Ich hatte den Winter über nichts zu tun, keine Aufträge, nichts zu malen oder auch nur einen Zaun anzustreichen. Da habe ich mir ein Schulheft gekauft und eine Jungengeschichte geschrieben, in erster Linie für meinen Sohn, und auch aus Trotz, weil mir früher in der Schule mein Deutschlehrer immer nur eine Vier, die damals

schlechteste Note, gegeben hat. Und dazu noch den Rat, faß niemals einen Beruf an, der mit der deutschen Sprache zu tun hat. Du wirst verhungern«. Er lacht leise. »Meine Geschichte wurde auf Anhieb veröffentlicht, und ich habe dann erst einmal weitere Jugendbücher geschrieben, eins hat sogar den Deutschen Jugendbuchpreis bekommen. Wir waren in-

Ein großer Münchner Krimiverlag sucht deutsche Autoren. Es gibt aber keine. Wollen wir nicht zusammen einen Krimi schreiben?

zwischen in die Nähe von Hamburg gezogen, nach Wedel, und ich hatte Arbeit in einer kleinen Filmproduktion in Hamburg-Wandsbek gefunden. Da bosselte ich an so bedeutenden Drehbüchern wie denen über die Betonverschalungen im Bauhandwerk, erste, zweite, dritte Folge – wahnsinnig kreativ, naja. Eines Tages aber kam ein Kollege mit einer Zeitung zu mir und sagte: ›Hier, ein großer Münchner Krimiverlag sucht deutsche Autoren. Es gibt aber keine. Wollen wir nicht zusammen einen Krimi schreiben?‹ – ›Zusammen? Ich weiß nicht, ob ich das kann. Aber wir können ja eine Wette machen. Wir schreiben jeder einen, und wer zuerst fertig ist, der muß dem anderen eine Flasche Cognac stiften. Und wer gar einen Preis bekommt, der muß dem anderen ein Fünf-Liter-Fäßchen Cognac stiften.‹ Die Wette galt. Der Kollege saß im Nebenzimmer, und wenn ich da mal rüberkam, war er am schreiben. Mir fiel zunächst gar nichts ein, weil ich mir sagte, du kannst nur einen Krimi schreiben, wenn du ihn in einem Milieu ansiedelst, das du genau kennst. Denn gerade bei Krimis muß alles genau stimmen. Dann fiel mir ein, daß ich meine kriminellste Phase als Bühnenbildner bei der Ostfriesischen Landesbühne hatte.« Hansjörg Martin lacht wieder. »Ja«, sagt er, »das war in vielfacher Hinsicht meine interessanteste Zeit.«

Wir wissen, daß er damals seine spätere Frau Maggie kennengelernt hat, und wissen auch, daß in seinen ersten Kriminalromanen immer viel Liebe im Spiel ist. Philipp schmunzelt verschmitzt.

»Also habe ich meinen Krimi im Theaterumfeld angesiedelt. In der S-Bahn genau zwischen Hamburg-Wedel und Hamburg-Wandsbek habe ich dann angefangen zu schreiben. Aber mein Kollege wurde eher fertig, ich mußte also die Flasche Cognac bezahlen. Wir reichten beide ein, es war der Goldmann Verlag in München, und mein Kollege bekam sein Manuskript nach drei bis vier Wochen zurück – es sei unbrauchbar. Ich kriegte meins auch zurück. Für den Preis habe es nicht gereicht, aber man würde es gern als Taschenbuch veröffentlichen. Sie wollten 1500 Mark bezahlen, alle Rechte inclusive.«

Jetzt ist das Lachen nicht mehr heiter. Auch heute noch empört, reckt sich der kleine Mann auf seinem Sitz. Wir hocken in seinem Wohnwagen, sozusagen dem Grundstein seines kleinen mallorquinischen Besitzes. Von diesem Wagen aus hat er Jahr für Jahr den einen Steinwurf entfernten Bungalow ausgebaut. Es ist kein feudales Haus, aber er braucht auch nicht viel auf dieser Insel. Ein Autor auf Mallorca, sagt er uns später beiläufig, braucht nur die Besucher, die er mag. Er könnte viele haben am Tag, aber er ist mit zweien oder dreien im Monat völlig zufrieden. Er braucht ab und zu mal Post aus Deutschland, eine deutsche Zeitung, und er braucht ein Fernsehgerät, um zu sehen, was in der Welt passiert. »Tausendfünfhundert Mark!« wiederholt Philipp Martin eindringlich. »Und das war längst nicht alles. Sie hatten noch einen vierseitigen Brief des Lektorats beigelegt, in dem aufgelistet war, was alles im Text zu ändern sei. Da stand drin, Krimis mit Liebesgeschichte kommen nicht in Frage. Krimis mit politischen Anspielungen, noch dazu aktuellen, sind völlig uninteressant. Dann:

Ich hätte so eine merkwürdige Sprache, die müßte gründlich gesäubert werden. Also, da gibt es einen jungen Mann, der bei seiner Wirtin wohnt, und die hat einen Morgenrock aus dem gleichen Stoff an wie die Kaffeemütze seiner Mutter, und immer wenn ich über die Wirtin geschrieben habe, war die Rede von ihrem Kaffeemützen-Morgenmantel – unglaublich. Das gebe es nicht, das Wort stehe auch nicht im Duden. Ich habe dann nur zurückgeschrieben: Nein danke, ich verzichte auf die Veröffentlichung.«

EINE »STERN«-STUNDE

Diese Absage war der Beginn einer beispiellosen Karriere. Denn der Mann, der als Autor bislang nur jugendlichen Lesern und deren Eltern ein Begriff war – durch Bücher wie »Tom und Tobbys tolle Trampfahrt«, »Tim mit dem Bauchladen« oder »Ich heiße Flaps« – war sauer. Der gönnerhafte und zugleich belehrende Ton des Verlagslektorats fraß an ihm, und so setzte er in der S-Bahn zwischen Wedel und Hamburger City fort, was er mit der Wette be-

gonnen hatte. Letztlich heißt Bücherschreiben ja immer auch, die getippten Seiten zu verkaufen und den abgeschlossenen Roman unter die Leute zu bringen. Hansjörg Martin sprach während der morgendlichen Bahnfahrt einen alten Bekannten an, einen »Stern«-Redakteur, der Bonner Politikerfotos witzige Sprechblasen andichtete. Er fragte ihn listig-naiv, ob die auflagenstarke Illustrierte nicht auch Fortsetzungsromane veröffentlichte. Natürlich tat sie das, wie seinerzeit viele Konkurrenzblätter auch, und Hansjörg Martin hatte seine Stern-Stunde. Er durfte sein Manuskript selbst vorbeibringen.

»Da habe ich erst einmal dreieinhalb Stunden gewartet, alles, was Rang und Namen hatte, ging an mir vorbei, bis hin zu Nannen, dem damaligen Chef. Die machten gerade ganz weltbewegende Dinge, und ich wurde auf meinem Stuhl immer kleiner, baumelte mit den Beinen in der Luft. Dann hieß es endlich, ›Jetzt kommen Sie mal rein, was haben Sie denn da? – Was einen Krimi? Sie sind doch Deutscher. Und wo spielt der Krimi? – In Ostfriesland?‹ Großes Kopfschütteln. Doch schließlich sagte Nannen, ›Lassen Sie es mal hier, ich lasse es mal lesen‹. So jemand läßt ja lesen. ›Aber machen Sie sich keine Hoffnungen, wir können mit solchen Manuskripten die Wände tapezieren.‹ Da bin ist erstmal wieder sehr deprimiert in meine Filmbude gefahren und habe weiter über Betonverschalungen im Bauhandwerk geschrieben, siebzehnte Folge, Maurer von links schüttet undsoweiter ... Und dann kam eine Woche später ein Anruf, ›Kommen Sie sofort her, wir wollen einen Vertrag machen. Das Manuskript wurde durch das Lektorat gejagt und kam mit drei roten Ausrufezeichen zurück, wir drucken.‹ Mensch, habe ich gedacht, toll, der »Stern« druckt, fünftausend, sechstausend Mark wird das wohl geben. Ich wurde auch sofort vorgelassen, alle saßen um einen großen Tisch und Nannen sagte, ›Ja, das ist wohl eine Entdeckung, wir wollen das drucken. Aber Sie sind ein Newcomer, Sie haben keinen Namen. Sind Sie denn mit zweitausend Mark zufrieden?‹ Da habe ich ein langes Gesicht gemacht. ›Sie sind nicht zufrieden?‹ – ›Das reißt mich nicht gerade vom Stuhl. Ich hatte mir ein bißchen mehr erhofft.‹ Da blättert der Nannen in dem Manuskript, ›Das sind doch mindestens zwölf, vierzehn Folgen. Pro Folge zweitausend Mark ... – ‹ Da habe ich sofort alles blind unterschrieben.«

1961 / 62 waren achtundzwanzigtausend Mark ein Vermögen. Hansjörg Martin kündigte noch am gleichen Tag seinen Job in der Filmproduktion und machte sich bereits Gedanken über einen zweiten Krimi. Als der erste im »Stern« erschien, wollte der Rowohlt-Thriller-Herausgeber Richard K. Flesch diesen – »Gefährliche Neugier« – in seiner bislang nur von ausländischen Autoren bestückten Reihe veröffentlichen. Da konnte ihm Philipp schon die Stories von weiteren Projekten erzählen. Der deutsche Kriminalroman wurde neu etabliert und von den Lesern durchweg positiv angenommen. Eine Marktlücke war entdeckt worden. Der Verlag und auch der Autor machten Kasse, obwohl der Schreiber nur 5 % vom Ladenverkaufspreis erhielt, bei einem 3,80-Taschenbuch also 19 Pfennige. Doch die Auflagen gingen in jenen Jahren noch in die Zigtausende. Von 1965 bis zum Frühjahr 1979 kamen zwanzig Hansjörg-Martin-Titel allein in der Thriller-Reihe auf den Markt. Die Gesamtauflage betrug 1 036 000 Exemplare, der Verkaufspreis – und somit auch der Anteil des Autors – stieg von 3,80 DM auf 6,80 DM. Legt man einen Schnitt von 25 Pfennigen als Honorar zugrunde, verdiente Hansjörg Martin an den

Der deutsche Kriminalroman wurde neu etabliert und von den Lesern durchweg positiv angenommen. Eine Marktlücke war entdeckt worden.

deutschen Ausgaben dieser Kriminalromane 259 000 DM. Hinzu aber kamen die sogenannten Nebenrechte – Verkäufe ins Ausland, Nachdrucke in Zeitungen und Zeitschriften, Dramatisierungen für Rundfunk, Film und Fernsehen –, die bei vorsichtiger Schätzung an die 500 000 DM brachten, in knapp fünfzehn Jahren also ein Bruttoeinkommen von einer dreiviertel Million. Das hört sich zwar viel an, aber letztlich ist es doch nur etwas über 4 000 DM brutto im Monat. Eine unvollständige Rechnung, sicher, denn natürlich kamen noch weitere Einnahmen hinzu, die Jugendbuchhonorare, etliche Kinderfernsehsendungen, Hörspiele für den Schulfunk, Funk-Features, Zeitungsberichte, Reportagen, Essays, Rezensionen und die Gelder aus Vortrags- und Lesereisen im In- und Ausland, aber unterm Strich bleibt, daß der kleine Mann nie auf ganz großem Fuß leben konnte, sich immer auch um vier weitere Familienmitglieder zu kümmern hatte. Wir lassen das Rechnen, das mit dem seinerzeit stattlichen »Stern«-Honorar begann, und hören Philipp weiter zu. Er kann unterhaltsam erzählen, und er schreibt, wie er erzählt.

DIE STIMME DES ERZÄHLERS

»Mir sagen sehr viele Leute, die meine Bücher gelesen haben und mich dann kennenlernen, es sei schon komisch, sie hörten mich nachträglich reden in dem Buch. Zunächst beginne ich zwar mit der Hand zu schreiben, in meiner ganz kleinen, pingeligen Schrift, dabei wird furchtbar viel durchgestrichen, und Figürchen werden dazwischen gemalt. Doch anschließend spreche ich das, was ich geschrieben habe, auf Band und höre, ob die Sprachmeldodie stimmt. Sprache ist nicht nur eine Sache des Sehens, sondern auch des Hörens, bei Thomas Mann hört man viele Sätze klingen. Ich höre, korrigiere an Hand des Gehörten, ändere danach auf meinem Kritzelpapier und spreche es dann endgültig auf Band. Später tippt meine Frau es in die Maschine, aber ich ändere auch noch auf dem Maschinenbogen.«

Und wie findet er seine Themen? Die der ersten Bücher – »Gefährliche Neugier«, »Kein Schnaps für Tamara«, »Einer fehlt beim Kurkonzert«, »Bilanz mit Blutflecken« und »Cordes ist nicht totzukriegen« – beinhalten noch die Erfahrungen aus den Jahren in Ostfriesland und der Zeit auf Norderney. Seit der »Stern«-Veröffentlichung aber, und dem Erfolg als Autor des renommierten Rowohlt-Verlags, wohnt er fest im Einfamilienhaus am Stadtrand von Wedel: »Vor den Fenstern herbstkahle Bäume, weiße Nebelschwaden über einer Pferdekoppel. Drin ist es gemütlich warm. Backsteinwände mit übervollen Bücherregalen bis unter die Decke, weiche Teppiche, tiefe Ohrensessel. Im offenen Kamin brennen Holzscheite und verbreiten eine ausgesprochen britische Krimistimmung«, so beschrieb Martins Kollegin Irene Rodrian 1980 die heimische Idylle in einem Artikel im »Deutschen Allgemeinen Sonntagsblatt«. Heißt das, die späteren Romane sind lediglich ausgedacht, haben keinen realistischen Hintergrund mehr? Nein, sagt Hansjörg Martin entschieden, ein ohne Wirklichkeitsbezug Fabulierender sei er nie gewesen.

»Ich brauche das Milieu. Ich laufe zum Beispiel über den Hamburger Dom, und ich finde ihn faszinierend und denke, darüber müßtest du mal eine Geschichte schreiben. Und ich gehe viele Nachmittage und Abende über den Dom und rede mit einem Türkisch-Honig-Verkäufer und mit einem Mann von der Geisterbahn und quatsche über das Wetter, und ob der HSV wohl mal gegen Bayern gewinnen könnte, und plötzlich läuft mir einer über den Weg, und ich denke, das ist eine Figur. Dann fange ich an. Ich setze mich hin, und die kleine Figur läuft mit einem Mal los, trifft auf eine zweite Figur, bekommt eine Vergangenheit und verstrickt sich darin. Und schon entwickelt sich ein Fall.«

DER KERN DES ROMANS

Es wird spät an diesem Tag. Immer deutlicher zeigt sich, daß der »Nestor des deutschsprachigen Kriminalromans« intuitiv arbeitet, ihm mitunter ein einziger Moment, eine einprägsame Situation für einen ganzen Roman reicht. So waren es die Schulprobleme seines Sohnes Till, die ihn zu dem Krimi »Blut ist dicker als rote Tinte« anregten. Philipp erfährt etwas Skandalöses, sieht »Menschenwürde« mißachtet, greift das Geschehnis auf und steckt plötzlich schon mittendrin in der Geschichte, schreibt und schreibt und schreibt. Er ist kein Konstrukteur, macht sich nicht erst einen Plan, wann was wie zu passieren hat. Seine Dramaturgie ist relativ simpel: Eine Tote, ein Toter wird gefunden. Der Entdecker der Leiche ist der unter verschiedenen Masken auftretende Autor, zumeist der Ich-Erzähler, der den offiziell ermittelnden Personen ständig in die Quere kommt und ihnen letztlich bei der Aufklärung des Falles eine Nase lang voraus ist. Dieses Schema läßt viel Raum für Atmosphärisches, hat aber auch seine Tücken. Was man positiv als einen »typischen Hansjörg-Martin-Krimi« bezeichnen kann, wird ihm kritisch als »klischeehafte Unterhaltung« angekreidet oder, wie Rainer Stephan 1979 in der »Zeit« schrieb: »Martin (verdankt) seine großen Verkaufserfolge wohl der in jeder Hinsicht stromlinienförmigen Machart seiner Krimis.«

Würde mehr Zeit zu einer höheren Qualität führen?

»Das Schreiben von Kriminalromanen unterscheidet sich vom anderen Schreiben dadurch, daß man es hier mit Brotarbeit zu tun hat«, sagt Philipp. Wir sitzen inzwischen längst wieder im Freien, trinken einen letzten Wein in einem Terrassenlokal an der Bucht. An den Nebentischen plaudern Touristen. Wahrscheinlich liegt in dem ein oder anderen Feriendomizil ein mehrfach gelesener, schon ziemlich zerfledderter Martin-Roman herum. Erkannt aber wird der Autor hier nicht. Versonnen dreht er sein Glas. »Ich würde gern an einem Krimi ein Jahr sitzen, aber ich lebe von dieser Arbeit. Also kann ich an einem Kriminalroman nicht länger als ein Vierteljahr arbeiten. Und überhaupt, vom Buch allein kann ich sowieso nicht leben.« Ein letzter Schluck, wir zahlen und brechen auf.

ROWOHLT ZAHLT

Wenn es früher um Essen und vor allem Trinken ging, hieß es in der Branche »Rowohlt zahlt«. Das war der allerseits freudig aufgenommene Hinweis des damaligen Herausgebers der Thriller-Reihe, Richard K. Flesch, auch »Leichen-Flesch« genannt. In unserem Hotel lassen wir einige der schönsten Geschichten über ihn Revue passieren. Er war als Entdecker deutscher Krimiautoren berühmt, hat ihre ersten Romane veröffentlicht, die Manuskripte aber auch eigenmächtig heftig gekürzt oder, wenn sie nicht umfangreich genug waren, entsprechend erweitert. Philipp hat sich ihm gegenüber meistens behaupten können. Doch auch er ist Ende der siebziger Jahre einmal auf die Barrikaden gestiegen. Hansjörg Martin und sechs oder acht weitere Thriller-Autoren – niemand weiß es mehr genau – wollten mehr Geld von »ihrem« Verlag, höhere Vorschüsse, gebundene Ausgaben ihrer Bücher. Ein Treffen mit Flesch und dem Verlagsleiter Dr. Wegner wurde vereinbart, aber Flesch entzog sich konfliktverheißenden Situation. So machte sich dann Wegner dessen Spruch zu eigen: »Rowohlt zahlt das gemeinsame Abendessen.« Nichts da! Diese nur kurzfristig sättigende Gabe wurde nicht akzeptiert. Mit säuerlicher Miene wurde den Autoren schließlich ihr Hardcover-Buch zugestanden.

Es ist kein Zufall, daß der kleine, alte Mann in dieser Nacht von dem durch ihn in seinem Haus initiierten »Wedeler Aufstand« träumt, von den ihm freundschaftlich verbundenen Kollegen, deren Sprecher er nicht allein in diesem Fall war:

Irene Rodrian bringt es auf den Punkt: »Unterhaltung hat's schwer in Deutschland, das ist bekannt ... den richtigen Durchbruch konnte nur ein Autor schaffen, der auch vom ersten Moment an die Leser auf seiner Seite hatte. Der beweisen konnte, daß ein Mord in einer norddeutschen Kleinstadt ebenso spannend sein kann wie einer in Manhattan, und daß ein Kommissar Klipp einen Kojak noch allemal aussticht. Ganz einfach, weils kein Supermann ist, weil man ihn verstehen kann, und weil man die Welt, in der er lebt, kennt. Auch wenn man sie vielleicht nicht immer mag.« Nein, das tut Hansjörg Martin nun ganz sicher nicht. Obwohl mehrfach geehrt und auch mit dem Bundesverdienstkreuz ausgezeichnet, leidet er immer wieder an der Welt – ein großes Wort, gewiß –, widersetzt sich jedenfalls den tagtäglichen Ungerechtigkeiten, engagiert sich in der Wedeler Kommunalpolitik, als Schöffe bei Gericht, in Schriftsteller-Verbänden und Literatur-Vereinigungen, in der Gewerkschaft. Und werden auch die Augen schwach, läßt das Gehör allmählich nach und kann er überhaupt nicht mehr so, wie er möchte, so ist er doch für den »Betriebsausflug ins Jenseits« noch nicht bereit. Erst heute hatte er wieder die Idee für eine neue Geschichte. Wir haben das Blitzen in seinen Augen gesehen, als er uns zurück ins Hotel brachte, wo eine elegante Dame beiläufig nach den Safes fragte und dabei demonstrativ ihre goldenen Armbänder klirren ließ. Will er sie ihr entwenden lassen von zwei soeben angereisten deutschen Männern mit leichtem Gepäck? Sollen wir zu Dieben mutieren oder, als Einstieg in die Story, zu smarten Verführern? In der Bettenburg ist diese Nacht Highlife angesagt. Die Kinder sind

zu Bett gebracht worden, Discomusik wird sie in den Schlaf wummern, die Eltern gönnen sich am Pool etliche Cuba libre und was sonst noch frei macht bis zum Umfallen, während nur wenige hundert Meter weiter frühmorgens um halb sechs der kleine, alte Mann erneut zum jugendlichen »Zappel-Philipp« wird und schon die ersten Sätze seines neuen Romans, eines Krimis, mit seiner winzigen Schrift hinschreibt: »Die beiden Männer waren ein über lange Jahre eingespieltes Team. In dieser Nacht saßen sie auf dem Balkon ihres Ferienapartments auf Mallorca und beobachteten, wie nach und nach auf den Hoteletagen die Lichter gelöscht wurden. Sie nickten sich zu, und einer von ihnen klappte bereits den Koffer auf, der einen doppelten Boden hatte ...« Ein Einbruch, ein zufälliger Augenzeuge, ein Mord. Eine Fiktion. Aber alles weitere wird sich dann schon ergeben, hier auf Mallorca oder spätestens während der Wintermonate in Wedel.

Hansjörg Martin starb am 11. März 1999 auf ›seiner‹ Insel Mallorca.

Tatort Nord

Friedhelm Werremeier –
Auf der Spur von
Hauptkommissar Trimmel

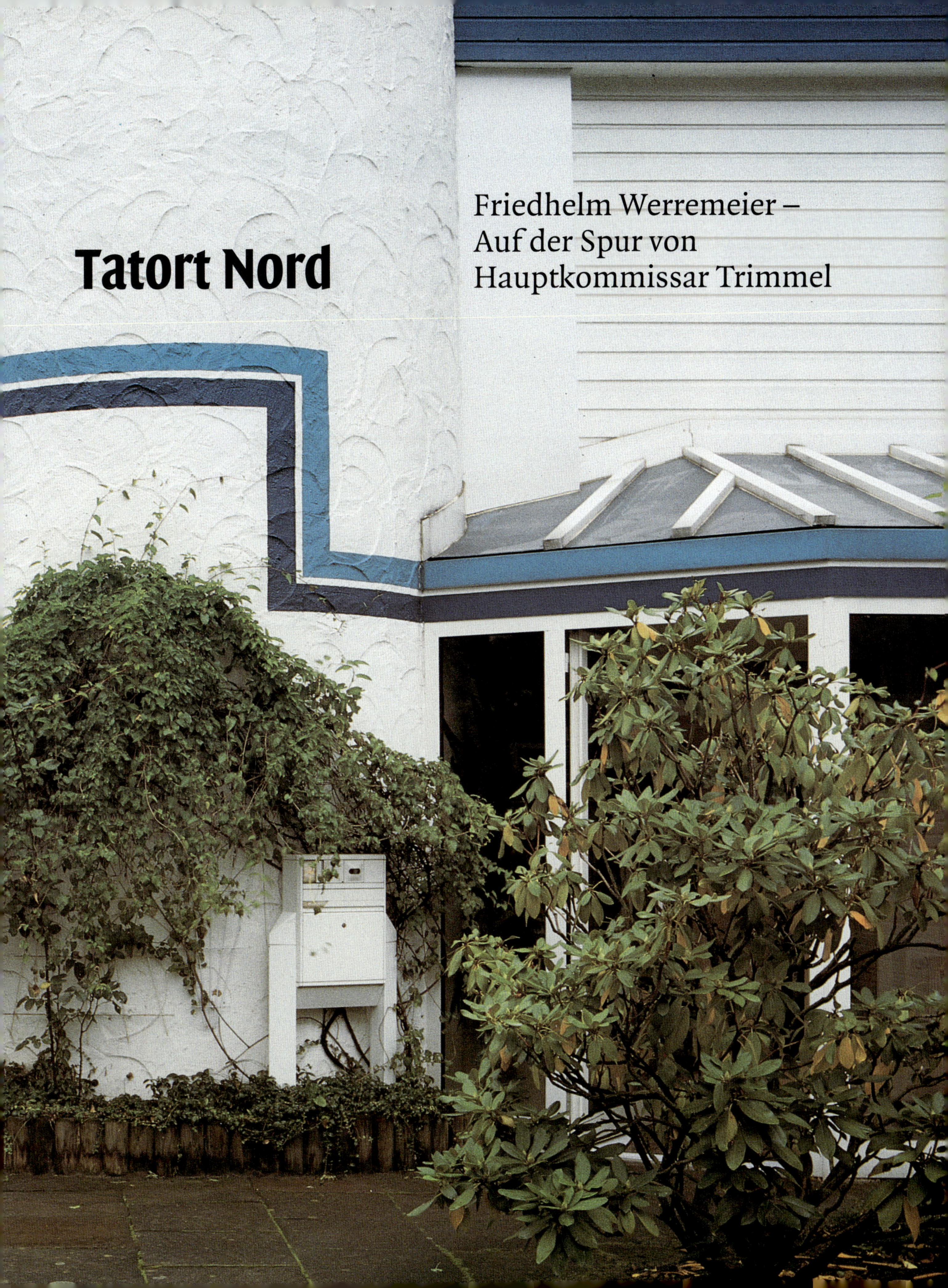

ANGABEN ZUR PERSON

==================

Name: WERREMEIER

Vorname: Friedhelm

Geburtsdatum: 30. 01.1930

Geburtsort: Witten an der Ruhr

Beruf: Schriftsteller

Wohnhaft in: Bad Bevensen

Augenfarbe: Graublau

Größe: 1,71

Religion: Konfessionslos

Besondere Kennzeichen: Ich trage eine Brille, andere fallen mir nicht ein.

Wieviele Personen haben Sie umgebracht: Ich bin spontan überfragt, ich würde schätzen zwei Dutzend.

Wie ist ihr Verhältnis zur Gewalt: Ausschließlich literarisch

Strafregisterauszüge: Ich verkaufe mich exklusiv, Reinbek 1968 · Taxi nach Leipzig, Reinbek 1970 · Der Richter in Weiß, Reinbek 1971 · Ohne Landeerlaubnis, Reinbek 1971 · Ein EKG für Trimmel, Reinbek 1972 · Platzverweis für Trimmel, Reinbek 1972 · Trimmel macht ein Faß auf, Reinbek 1973 · Treff mit Trimmel, Reinbek 1974 · Trimmel und der Tulpendieb, Reinbek 1974 · Hände hoch, Herr Trimmel, Reinbek 1976 · Trimmel hält ein Plädoyer, Reinbek 1976 · Trimmel hat Angst vor dem Mond, Reinbek 1977 · Trimmel und Isolde, Reinbek 1980 · Trimmel und das Finanzamt, München 1982 · Haarmann, Der Schlächter von Hannover, Köln, 1992

Von außen macht das Haus den Eindruck einer Festung. Links ein turmähnliches Gebilde, beim Näherkommen bemerkt man, daß sich das Gebäude dahinter noch zur Seite hin fortsetzt. Nach rechts erstreckt sich eine lange Front mit nur einem Eckfenster, bei dem die Jalousie heruntergelassen ist. An einigen Stellen rankt Grün an der hellweißen, grobverputzten Fassade empor. Ein dunkelblauer und ein hellblauer Streifen verlaufen dicht nebeneinander, bilden Winkel und gehen über in ein Vordach, unter dem auch die Eingangstür liegt.

Innen ist alles lichtdurchflutet, hell. Die Räume sind mit kühler Eleganz eingerichtet. Weiße Marmorfließen, wertvolle Teppiche, Glastische mit EDV-Geräten, bequeme Korbstühle. Ein großes Besprechungszimmer. Der Blick geht in einen gepflegten Innenhof. In dem turmähnlichen Rund führt eine Wendeltreppe nach oben. Wir betreten einen riesigen Raum, Couchbereich, Arbeitsplatz und Handbücherei in einem. Die Bücher sind sorgfältig aufgereiht, auf den Schreibtischplatten liegen ein paar Schnellhefter und Ordner, Fax und Anrufbeantworter sind eingeschaltet, in einer Ecke summt ein Kühlschrank. Unser Gastgeber hat uns mit Kaffee versorgt. Er hat ein schmales, jungenhaftes Gesicht, ist von eher kleiner Statur, doch sobald er die fotokopierten Buchseiten zur Hand genommen hat und uns die ersten Sätze einer »Tatort Nord« Geschichte vorliest, glaubt man *ihm* gegenüber zu sitzen: dem ermittelnden Hamburger Hauptkommissar Paul Trimmel.

Paul Trimmel ist Leiter der Kriminalgruppe 1, der Kommissariate 201, 202, 203 einschließlich der ständigen Mordkommission. Er ist ein gedrungener, stämmiger Mann mit einem wuchtigen, vierkantigen Schädel. Eisblaue Augen und dichtes, graues Haar, ein Bürstenhaarschnitt. Manchmal trägt er einen dunklen Maßanzug, meistens aber eine Kombination zu einem schwarzem Hemd und einer hellen Krawatte. Im Freien zieht er sich die flache Mütze tief ins Gesicht, aber wo er auch geht und steht, muß er auf einer halbheruntergerauchten Zigarre herumkauen und mit tiefer Stimme irgendetwas unwirsch brummen. Paul Trimmel scheint wenig Humor zu haben.

Seinem Erfinder jedoch sitzt der Schalk in den Augen. Was immer er erzählt, es läuft auf eine knochentrockene Pointe heraus. Wie

Er sprang ab und geriet sprichwörtlich zwischen die Fronten: vor ihm die Amerikaner, hinter ihm die Russen.

diese, ihn offenbar prägende, Geschichte aus frühester Jugend. Es waren die letzten Kriegsjahre, vierundvierzig, fünfundvierzig. Da war er durch die Schülerlandverschickung nach Oberbayern gekommen, sollte schließlich zur Waffen-SS. Wir sind für einen Moment irritiert. Doch schon wird uns erklärt, daß er natürlich desertiert sei, bevor ihm die entsprechende Nummer verpaßt wurde. Es waren die Wochen kurz vor Kriegsende, und es gab schon längst nichts mehr zu siegen. Er und einige seiner ebenfalls geflohenen Kameraden wurden unterwegs aufgegriffen und sollten per Bus mit Anhänger ins Ruhrgebiet zurückgebracht werden. Ihnen entgegenkommende amerikanische Einheiten warfen Schokolade. Und das war es dann. Er sprang ab und geriet sprichwörtlich zwischen die Fronten. Vor ihm die Amerikaner und hinter ihm die Thüringen in Besitz nehmenden Russen. Er aber schnappte ungeachtet dessen gierig nach den Süßigkeiten. Ein Junge, der nicht genug bekommen konnte.

Tatsache ist, daß Friedhelm Werremeier immer viel riskierte, sich auch nach wie vor gerade macht, aber keineswegs käuflich ist. Ein Jahr vor dem Abitur hat er die Schule verlassen, weil sein Deutschlehrer ihn unter dem Vorwand, sich seine Gedichte anzuhören, verführen wollte. Der junge Mann verweigerte sich, wurde daraufhin schlecht benotet und wandte sich dem Journalismus zu. Sein erstes Honorar waren zwei Mark. Er hatte an der Ruhr eine Wasserleiche gefunden. In den nächsten knapp zwanzig Jahren war das sein, selbstverständlich immer besser bezahlter, Job. »Es gab in diesen Jahren kaum einen Kriminalfall von Belang, über den ich nicht reportiert habe«, sagt er stolz.

Schon früh wußte er, wer wie und bei welcher Gelegenheit mit Insider-Informationen herausrückte.

Friedhelm Werremeier besuchte anfangs noch die soeben gegründete erste deutsche Journalistenschule in Aachen und machte nach drei Semestern ordnungsgemäß seinen Abschluß. Er volontierte bei der »Neuen Rhein-Ruhrzeitung« und lief bei weiteren Tageszeitungen im Rheinland zur vorläufigen Bestform auf. Zeitweise arbeitete er für zwei Blätter gleichzeitig, traf entsprechende Vereinbarungen mit Setzern und Druckern betreffs seiner Namensnennung im Impressum und lernte auch sonst eine Menge Tricks. Schon früh wußte er, wer wie und bei welcher Gelegenheit mit Insider-Informationen herausrückte. Das Scheckbuch spielte damals noch keine alles entscheidende Rolle. Grundsätzliches Verständnis und klare Absprachen, per Handschlag besiegelt, waren wesentlich wichtiger, bildeten die Basis für offene Worte. Friedhelm Werremeier lernte bereits in dieser Zeit unzählige Kripobeamte, Gerichtsmediziner, Gutachter, Psychiater und Ärzte, Rechtsanwälte und Richter kennen und viele von ihnen auch schätzen. Ein dichtes Netz von Freunden und Zuträgern entstand, Spezialisten, die er auch heute immer wieder kontaktiert. In den Sechzigern zog es dann den mittlerweile überregional bekannten und geschätzten Gerichtsreporter nach Hamburg. Er war etliche Zeit beim »Stern« und mußte sich mehr als einmal von einem sprachbehinderten Kollegen fragen lassen: »Na-na, Herr Chefrep-porter, wa-wa-was ma-a-chen denn die Knü-ü-ller?« In dieser Zeit verstärkte sich der Wunsch, nicht mehr einzig und allein dem Tagesjournalismus zu frönen. So kam es, daß im ohnehin bewegten Jahr 1968 gleich drei Bücher von Friedhelm Werremeier im Buchhandel erhältlich waren: »Der Fall Jürgen Bartsch«, die tragische Geschichte eines Kindermörders, die Werremeier von Anfang an recherchiert und beinahe noch vor dem Zugriff der Kripo aufgeklärt hatte, »Der falsche Chefarzt von Berlin«, ein seinerzeit ebenfalls spektakulärer Fall, und ein sehr schmales Buch, ein Taschenbuch mit dem Titel »Ich verkaufe mich exklusiv«.

Das allerdings war kein Sachbuch, sondern ein raffiniert konzipierter und spannend erzählter Roman, ein Kriminalroman: »Am Anfang des Plottens oder gleich davor steht in aller Regel der Auftrag – eine Binsenweisheit. Wir müssen mal einen Roman über jenes, eine TV-Serie zum Thema X, einen Film über dieses machen, behauptet ein schlauer Mensch am Telefon. Ein Cheflektor, ein Produzent, ein Dramaturg, der allmächtige Boß einer Hauptabteilung. O.K., Ihre Sache könnte mich interessieren, erklärte ich, der Honorarvorschlag stimmt halbwegs, in diesem Sinne, machen wir einen Vertrag! Erste Rate, üblicherweise ein Drittel, fällig bei Vertragsabschluß. Bis dahin gut verdientes Geld – ich kenn' das, du kennst das, wir kennen es alle miteinander. Gleich hier allerdings ein Einschub: für meinen ersten Plot gab es vor hundert Jahren keinen Auftrag und erst recht keine müde Mark, und dieser allererste Plot, der von Anfang an seinen endgültigen Titel ›Ich verkaufe mich exklusiv‹ hatte, war eines schönen Morgens da und mein leichtester überhaupt.«

Friedhelm Werremeier hatte als Reporter von Hamburg nach Köln gewechselt, und da er

in der Stadt so gut wie niemanden kannte, saß er abends oft in einer Kneipe und formte die Roman-Idee auf einem Bierdeckel weiter aus: »Total unabhängig davon dachte ich, man könnte eigentlich mal eine deutsche Serienfigur schaffen, gar nicht mal ans Fernsehen denkend, sondern eher an eine Buchfigur. – Wie sieht die denn aus? Es sollte ein Polizist sein, weil Polizisten die Leute sind, die ich eigentlich am besten kenne. Und wen nehme ich da als Vorbild? Da habe ich mir gleich drei ausgeguckt: einen Kriminaldirektor, einen Hauptkommissar und einen Hauptmeister. Daraus habe ich dann ein *mixtum compositum* gemacht, meinen Paul Trimmel.«

»Am Anfang steht die Idee.« So war es auch bei dem Hamburger Bankfilialleiter Edmund Frank, der Hauptfigur des ersten »Trimmel«-Romans von Friedhelm Werremeier. Frank hat einen Plan entwickelt, wie er nach einer gewissen Zeit frei von Sorgen und Alltagsstreß sein Leben genießen kann. Aufgrund seiner Position in der Bank will er am Monatsende den mit einer Million Mark gefüllten Tresor ausräumen und sich das Geld bei einer Orgie in Paris von Prostituierten angeblich wieder abnehmen lassen. Zerknirscht würde er sich dann stellen, in der Hoffnung, mit fünf Jahren Haft die Straftat abgelten zu können. So jedenfalls hat Frank sich das ausgedacht. Er kann das Geld auch an sich bringen und versteckt es bei einem heimlichen Abstecher von Paris nach Frankfurt in einem Waldstück bei Aschaffenburg. Danach aber läuft alles anders als geplant. Die Hamburger Prostituierte Uta wird »Eddie« Frank zum Verhängnis. Sie kennt ihn, hat von seinem Coup gelesen, ihn aufgespürt und will nun von der geraubten Million einen satten Anteil einstreichen. Das allerdings ist ihr Todesurteil. Frank verscharrt ihre Leiche in der französischen Provinz. Anschließend glaubt er immer noch, seinen alten Plan durchziehen zu kön-

nen. Nachdem er sich aber gestellt und 51 Tage Untersuchungshaft hinter sich gebracht hat, betritt Hauptkommissar Paul Trimmel seine Zelle in der Hamburger U-Haftanstalt.

Paul Trimmel mit seiner tiefen, rauhen Stimme, zumeist unausgeschlafen, doch immer extrem scharf rasiert. Eine Mischung aus Weihnachtsmann und einem russischen Panzergeneral, war einmal über ihn zu lesen. Ein grober Klotz jedenfalls. Von guten Manieren keine Spur. Trimmel, Hauptkommissar Paul Trimmel, hat vor nichts und niemandem Respekt. Zwar gibt er sich mitunter naiv und mitfühlend, aber in Wirklichkeit ist das nur billige Tarnung, ist er heimtückisch und teuflisch gerissen, richtig gemein. Letztlich blafft er sein Gegenüber an, daß er ihn, egal wie, schon noch zu fassen kriege, und wenn nicht eigenhändig, dann doch der liebe Gott. Der kriegt sie nämlich alle. Damit droht Trimmel gerne. So kommt ihm denn auch »Eddie« Frank nicht davon. Ein Biologe, ein Freund Trimmels (die alten Bekannten!), weist durch die Untersuchung von Erdproben und Pflanzenteilen an Franks Schuhen und dem Fundort von Utas Leichnam nach, daß Frank an der Stelle gewesen ist. Frank wird wegen Mordes zu lebenslanger Haft verurteilt – und zudem noch vom Chefredakteur der Illustrierten »Echo« um die Hälfte seines Honorars für die »Exklusiv«-Story gelinkt.

Ein Verlag für »Ich verkaufe mich exklusiv« war schnell gefunden. Ein Journalisten-Kollege hatte Werremeier den Reinbeker Rowohlt-Verlag genannt, und der Herausgeber und Lektor der Thriller-Reihe, Richard K. Flesch, reagierte auch umgehend auf das eingesandte Manuskript. Mit der Etablierung des Kommissars Paul Trimmel zeichnete sich in der seinerzeit neuen deutschen Kriminalliteratur zum ersten Mal wieder eine ausbaufähige Serienfigur ab. Wie erfolgreich das von Werremeier selbst nur grob skizzierte Konzept werden sollte, ahnte allerdings niemand.

Der Aufstieg des Hamburger Hauptkommissars Trimmel begann an einem Bahnhofskiosk. Der damals noch als Regisseur für den NDR tätige Peter Schulze-Rohr war auf der Suche nach verfilmbaren deutschen Krimistoffen. Er stieß auf den rororo-Thriller von Wer-

remeier und war von der Originalität des Romans begeistert. Die Grundidee, der Plot, war ungewöhnlich, erinnerte ein wenig an den Brecht-Satz: »Was ist die Beraubung einer Bank gegen die Gründung einer Bank?« Denn der Angestellte Frank kommt schließlich nicht mit der Pistole in seine Filiale, er bringt das Geld gewaltfrei an sich. Des Weiteren ist die Handlung klar in drei Teile gegliedert, hat allein schon von daher die klassische Filmdramaturgie. Schulze-Rohr also schlug dem Sender die Verfilmung vor, und Friedhelm

Werremeier konnte jubilieren: Gleich sein erster Roman sollte als Fernsehspiel über die Bildschirme flimmern. Die Dreharbeiten fanden Anfang 1969 statt.

Zu dieser Zeit diskutierten die Programmverantwortlichen der ARD »unter beinahe verschwörerischer Funkstille« eine neue Krimireihe, die eine echte Alternative zu dem sehr erfolgreichen ZDF-Kommissar »Der Alte« sein sollte: »Die Verabredungen über das Reihenkonzept waren recht locker«, erinnert sich einer der Beteiligten. »Vor allem sollten die Geschichten im regionalen Umfeld des jeweiligen Senders angesiedelt sein. Außerdem sollten sich die Stories an der Wirklichkeit orientieren, also glaubhaft und nachvollziehbar sein, ohne den Polizeialltag kleinkrämerisch abbilden zu wollen. Ein Kommissar als Hauptfigur war unabdingbar, ob der Fall allerdings aus seiner Perspektive oder der des Täters erzählt wird, blieb der freien Entscheidung von Redaktion und Autor überlassen. In den ersten Jahren mußte in jeder Folge der Kommissar einer anderen Region als Gastkommissar seinen kurzen Auftritt haben, um so das Geflecht der Ermittler von Nord nach Süd, von Berlin bis Wien stärker zu vernetzen. Doch dieses heute eher amüsant wirkende dramaturgische Hilfsmittel erschöpfte sich schnell. Von besonderer Bedeutung war die Entscheidung für das 90-Minuten-Format. Die Spielfilmlänge ermöglichte erst das Konzept dieser Reihe von Unikaten, während etwa die 60-Minuten-Form eine immer gleichbleibende, sich abnutzende Serienstruktur mit sich bringt.« Die Rede ist vom »Tatort«.

Am 26. Oktober 1969, einem Sonntag, um 20.15 Uhr wurde »Exklusiv« von Friedhelm Werremeier und Peter Schulze-Rohr als »ganz normales Fernsehspiel« ausgestrahlt. Kurz darauf wurden Regisseur und Autor in die immer noch geheimen ARD-Pläne eingeweiht. Der für die »Exklusiv«-Verfilmung engagierte Schauspieler Walter Richter sollte der NDR-«Tatort«-Kommissar werden, der erste ARD-Bildschirm-Ermittler überhaupt. Und Werremeiers zweite, als Manuskript bereits abgeschlossene Trimmel-Geschichte wurde als erste »Tatort«-Folge realisiert.

So kam es im Februar 1970 zur Buchveröffentlichung von »Taxi nach Leipzig« im Rowohlt-Verlag, und bereits am 29. November des Jahres ertönte die inzwischen jedem Fernsehzuschauer vertraute Klaus-Doldinger-Titelmelodie zu den Bildern der flüchtenden Person im Fadenkreuz. Wenige Minuten später betrat Kriminalhauptmeister Höffgen das Büro seines Chefs und überreicht ihm ein Fernschreiben. Paul Trimmel las: » ... denkt man, daß das tote Kind aus einem westdeutschen Fahrzeug stammt, weil die Autobahn Leipzig-Berlin-Leipzig während der Leipziger Messe stark von Fahrzeugen aus der Bundesrepublik befahren wird. Außerdem befanden sich bei der Leiche eventuell aus Westdeutschland stammende Kissen.« Trimmel hob den Kopf und blaffte Höffgen an: »Kannst du das nicht selbst wegschmeißen?«

Autor und Regisseur werden in die geheimen ›Tatort‹-Pläne der ARD eingeweiht.

So führte sich der neue Hauptkommissar bei den Fernsehzuschauern ein.

Doch kurz nachdem Trimmel das ihm vorliegende Hilfeersuchen der ostdeutschen Staatsanwaltschaft in den Papierkorb geworfen hat, wird es offiziell mit einer Begründung zurückgezogen, die ihn äußerst mißtrauisch macht. Er beginnt, auf eigene Faust nachzuforschen. Trimmel erfährt, daß der Vater des toten Kindes ein Mann namens Landsberger ist, der inzwischen von Hamburg nach Frankfurt / Main umgezogen ist und noch einen Sohn hat. Überraschenderweise sächselt dieser. Trimmel tastet sich weiter vor und findet

heraus, daß Landsberger in Leipzig eine »Messefreundin« hat. Er besucht diese Eva Billsing, begibt sich sozusagen auf »feindliches Terrain« und muß sich dafür auch noch von Evas neuem Lebensgefährten, einem Volkspolizisten, zusammenschlagen lassen. Allmählich aber erkennt Trimmel einige Zusammenhänge. Er deckt eine Kindertausch-Aktion auf. Das tote Kind aus dem Westen, Landsbergers ehelicher Sohn, wurde gegen den unehelichen

Sohn aus Leipzig ausgetauscht. Es bleibt die Frage nach dem »Warum«, dem Motiv. Trimmel nimmt sich noch einmal den Kindsvater vor. Stur-beharrlich entlockt er ihm dann letztlich, daß er den ehelichen, todkranken Sohn von seinem Leiden erlöst habe, um den unehelichen mit Evas Einverständnis an dessen statt anzunehmen. Obwohl also Mord, unternimmt Trimmel nichts weiter. Es gibt keine Akten, keine Anklage. Er war privat unterwegs – allein in dem »Taxi nach Leipzig«.

»Dramatisch schildert der Film Konflikte, in die Menschen im geteilten Deutschland geraten können«, war in der »Süddeutschen Zeitung« zu lesen. Und: »Anders als andere Leinwandkommissare atmet der große Charakterdarsteller Walter Richter Leben und nicht Literatur aus. Man spürt förmlich Einheitslaufbahn und Gehaltsgruppe A 12. Richter spielt den klassischen Kriminaltaktiker.« Eine positive Beurteilung, die aber nicht von allen Printmedien geteilt wurde. Man las auch von einem »Blechschaden« und einem quasi »totgeborenen« ARD-Unternehmen.

Inzwischen (1998) konnte die Ausstrahlung des 400. »Tatorts« gefeiert werden, und die »Hitliste« der Fernsehauftritte wird angeführt von den ebenfalls im Norden agierenden Kommissaren Stoever und Brockmöller (Manfred Krug und Charles Brauer), die bislang 34 Einsätze absolviert haben. Dicht gefolgt von Schimanski und Thanner, dem Frankfurter Kommissar Brinkmann und den Münchnern Batic und Leitmayr. Dann kommen der Ruhrgebietsermittler Haferkamp, die »Ossis« Ehrlicher und Kain, Lutz, Veigl, Flemming, Oberinspektor Marek und die Kommissarin Lena Odenthal. Und dann – mit insgesamt 11 Einsätzen – liegt noch Kommissar Paul Trimmel im oberen Feld der mittlerweile langen Liste der ARD-Spürnasen. Seine Fälle entwickelte ausschließlich *ein* Autor: Friedhelm Werremeier. Dieses – auch erkämpfte Privilig – hat heute nur noch Felix Huby in bezug auf seinen Kommissar Bienzle.

Im Klartext heißt das, daß zwischen 1970 und 1980 jedes Jahr mindestens eine Trimmel-Geschichte als Buch veröffentlicht wurde und bereits wenige Monate später als »Tatort« zu sehen war. Mit »Taxi nach Leipzig« und – im Juli 1971 als 9. »Tatort« ausgestrahlt – »Exklusiv« begann die Installation des barschen, hanseatischen Ermittlers, der dann im September und Oktober jenes Jahres noch zwei weitere Fälle

Kommissar Trimmel: ein klassischer Kriminaltaktiker oder ein ›totgeborener Fall‹ der ARD?

löste: »AE 612 – Ohne Landeerlaubnis« und »Der Richter in Weiß«. Im April 1972 erschien bei Rowohlt »Ein EKG für Trimmel«, im September wurde der entsprechende »Tatort« gesendet. Im Oktober 1972 das Buch »Platzverweis für Trimmel«, im August 1973 der Fernsehfilm. Anders als etwa sein französischer Kollege Sebastian Japrisot (›Eine Falle für Aschenbrödel‹), der inzwischen nur noch Drehbücher schreibt (›Der aus dem Regen kam‹, ›Treibjagd‹), verkaufte Werremeier seine Geschichten stets doppelt: erst an die nach wie vor anspruchsvollste deutsche Taschenbuch-Krimireihe bei Rowohlt, dann als Drehbücher an den NDR. »Von diesem Arrangement profitiert nicht nur der Autor«, schrieb der damalige »Zeit«-Kritiker Hans C. Blumenberg und befand zu recht: »Die ›Tatort‹-Beiträge aus Hamburg sind, nicht zuletzt dank Werremeier und Trimmel-Darsteller Richter, mit Abstand interessanter als die oft gedankenlos bis schlampig produzierten Einweg-Thriller der anderen ARD-Anstalten. Und Werremeier hat sich ganz nebenbei als bester einheimischer Krimi-Autor profiliert.«

Das hat zum einen mit Werremeiers langjähriger Berufserfahrung als Polizei- und Gerichtsreporter zu tun, zum anderen aber auch mit seiner realistischen und vor allem undogmatischen Schreibhaltung: »Ich schreibe, weil ich gern Geschichten erzähle, Geschichten, die sich hier und heute ereignet haben, oder ereignet haben könnten. Stimmig und schlüssig sollen sie sein – und sie wären es nicht, wenn in ihnen nicht auch die gesellschaftspolitischen Strömungen der deutschen Gegenwart ihren Platz hätten. Diese zu kommentieren allerdings ist nicht meine Aufgabe: der mir von Rezensenten immer wieder bescheinigte ›Beitrag zur Gegenwartsbewältigung‹ beschränkt sich, in der Reportage wie im Roman, vorsätzlich auf die Mitteilung von Fakten.«

Sich an Fakten zu orientieren heißt für Friedhelm Werremeier immer auch, bereits Geschehenes und Nachprüfbares konsequent weiterzudenken. In einem Fall führte das dazu, dem aus produktionstechnischen Gründen erst im Oktober 1972 erschienenen Roman »Platzverweis für Trimmel« eine Vorbemerkung hinzuzufügen: »Die Idee zu diesem Roman entstand – dafür gibt es Zeugen – zwölf Tage bevor Horst Gregorio Cannellas aus Offenbach auspackte und damit den Bundesliga-Skandal ins Rollen brachte. Der Skandal wurde sozusagen erfunden, ehe es ihn gab (– und er hätte, wäre es nach dem Autor gegangen, einen ganz anderen Verlauf genommen ...). So konnte dieses Buch kein Roman werden im Sinne der stereotypen Bemerkung, die solchen Werken der Fiktion oft vorangestellt ist ... Es ist vielmehr so, daß hier eine fiktive Handlung – rein fiktiv nach bestem Wissen und Gewissen des Autors – vor dem Hintergrund realen Geschehens abläuft, zwangsläufig nicht nur mit fiktiven Akteuren bevölkert ist, sondern hin und wieder auch mit realen Personen. Den Fall selbst, der hier aufgeklärt wird, hat es jedoch, soweit dem Autor bekannt ist, nie gegeben. Es ist auch nichts verschlüsselt in diesem Buch. Noch eines ist klarzustellen: Die Handlung ist im Zeitraum von Anfang Dezember 1971 bis Ende Januar 1972 angesiedelt; was immer die Verhandlungen in den Instanzen des Deut-

schen-Fußball-Bundes seitdem ergeben haben, was immer sich inzwischen in der Bundesliga-Landschaft verändert hat, mußte unberücksichtigt bleiben. Wir wissen heute mehr, als Hauptkommissar Trimmel und seine Mannschaft damals wissen konnten. Es ist auch sehr wohl denkbar, daß sich schon in wenigen Wochen oder Monaten manches wieder anders darstellen wird als heute – und erst recht anders als um die Jahreswende 1971/72.«

Einen Monat vor der Ausstrahlung des »Tatorts« »Platzverweis für Trimmel« im August 1973 – der norddeutsche »Bullerkopp« war nach den bis dato fünf Auftritten trotz oder gerade wegen seiner ständigen Übellaunigkeit zum beliebtesten Fernseh-Kommissar der Nation geworden – legte Friedhelm Werremeier schon einen weiteren, hochbrisanten Roman vor. Es ging um »jenes Delikt, das prosaisch und doch irgendwie verharmlosend ›Umweltverschmutzung‹ heißt«, ist wiederum von Hans C. Blumenberg in der »Zeit« zu lesen. »Das Faß, das Trimmel aufmacht, erweist sich bald als veritable Büchse der Pandora. Auf einer Müllkippe findet die Kripo neben einer barfüßigen Leiche einen Haufen von vorschriftswidrig deponiertem Industrieabfall; genug Gift, um die gesamte Bevölkerung von Hamburg auszurotten. Zwei Firmen kommen ins Spiel, eine in Kiel, eine in Hamburg, die mit der doppelten Umweltverschmutzung zu tun haben. Bei einer Leiche bleibt es nicht, der bärbeißige Trimmel und seine Mannen bekommen allerhand zu tun. Wie Ross McDonald in seinem wunderschönen neuen Buch »Sleeping Beauty« begreift auch Werremeier die Zerstörung der Natur als brutalstes aller Verbrechen. Doch während dem großen amerikanischen Erzähler eine Ölpest vor der Küste von Südkalifornien zum Anlaß einer düsteren Endzeitvision wird, bleibt Werremeier ganz der Unscheinbarkeit seiner garstig banalen Alltagsgeschichte verpflichtet. Die präzise Lakonie seines Stils, angesiedelt irgendwo im Niemandsland zwischen Alfred Döblin und

Mickey Spillane, suggeriert immer wieder die fatale Wirklichkeitsnähe der Intrige. Trimmel bleibt bei der Sache: konkret, plastisch und eindrucksvoll realistisch geht der Fall über die Bühne.«

»Trimmel macht ein Faß auf« wurde unter dem Titel »Gift« der siebte »Tatort« des Teams Werremeier und Peter Schulze-Rohr. Noch vier weitere folgten, nach wie vor Realisierungen der allerdings nun schon zwei Jahre zuvor erschienenen »Trimmel«-Romane. 1974 und 1977 kamen zudem noch »Trimmel«-Stories auf den Markt, insgesamt acht Geschichten.

Der Hamburger Hauptkommissar Paul Trimmel schien schon allein aufgrund der Zuschauergunst haltbar ohne Ende zu sein, was in den »Wilden Siebzigern« in der Tat erstaunlich war: »Eine wandelnde *Contradictio in adjecto*«, wie es sein humanistisch gebildeter Chef formuliert hat. »Ein leibhaftiger Widerspruch«, charakterisierte ihn der Krimi-Kritiker Rudi Kost, »scheinbar humorlos, scheinbar rücksichtslos, aber auch scheinbar fassungslos über alles und jeden, der nicht so reibungslos funktioniert wie er selbst. Zu seiner Beliebheit trägt das nicht unbedingt bei«, urteilte Kost (fälschlicherweise). »Man haßt ihn nicht, keineswegs. Man kann ihn nur nicht besonders gut leiden. Man respektiert ihn. Als Bullen, der noch fast jeden Fall geknackt hat, der ihm untergekommen ist. Aber als Mensch? Ihn zu mögen, fällt reichlich schwer, und wenn man's doch geschafft hat, darf man es ihm um Himmels Willen nicht allzu deutlich zeigen. Für Gefühle hat er nichts übrig. Wahrscheinlich hat er gar keine. Paul Trimmel, die Maschine zur Aufklärung von Verbrechen aller Art. Ein Monomane, und Monomanie ist ein ziemlich abnormer Geisteszustand, das weiß er selbst. Aber er kann auch anders, wenn er will. Dann ist er sanft, sogar geduldig, sogar väterlich. Wenn er will. Will er nicht immer? Oder kann er nicht immer? Vielleicht ist Trimmel, weiß man's denn so genau, ein klein bißchen schizoid? Nur ein kleines bißchen?« Und auch der Autorenkollege Hansjörg Martin hat Manschetten vor diesem Trimmel: »Um es gleich vorweg zu sagen, ich kann diese Figur nicht leiden. Das liegt nicht an Friedhelm Werremeier, mit dem ich richtig gut befreundet bin, und dessen Geschichten ich sehr gern lese, es liegt auch nicht an Walter Richter, jedenfalls bestimmt nicht am Menschen Walter Richter, von dem ich weiß, daß er in natura überhaupt kein solcher Bullerkopp ist wie der Trimmel, dem er Gestalt und Stimme leiht – präziser: wie der Trimmel, den er mit seiner Gestalt und Stimme zu der Figur macht, die ich nicht leiden kann. Warum nicht? Das ist schwer zu erklären ... vielleicht, weil ich zuviel Phantasie habe. Vielleicht, weil die Figur so gut ist, so gut erfunden, geschrieben, beschrieben, gezeichnet – und natürlich so gut dargestellt ist.«

So gut geschrieben und beschrieben, das allerdings trifft schon den Kern. Man kann es noch konkreter benennen: Paul Trimmel ist eine durch und durch wahrhaftige Person, ein gestandener und aufrechter Kerl. Der Mann sagt klar und unmißverständlich, was er denkt, und dabei drückt sich im besten Sinne des Wortes gesunder Menschenverstand aus. Eine kleine Passage aus dem vorletzten Trimmel-Roman macht das beispielhaft deutlich:

»Sie erinnern sich, daß da einer Ihrer Kollegen gefeiert worden ist, weil er einen glatten Freispruch erzielt hat? Weil er eins von diesen typischen überzogenen In-dubio-pro-reo-Gerichten gefunden hatte, das dusselig genug war, um ihm seine idiotischen letzten Zweifel für den Angeklagten abzukaufen? Oder haben Sie mal von dem Fall gehört, wo drei Rocker einen Limonadenhändler so gepiesackt hatten, daß er daran zugrunde ging – zu deutsch, daß sie den Mann zu Tode gefoltert hatten?«

»Den Fall«, sagt Zanck, »hat ein lieber Freund von mir gemacht. Der Freispruch war berechtigt.«

»So, war er?« fragt Trimmel erregt.

»Er war!« sagt Zanck entschieden.

»Er war nicht!« schreit Trimmel. »Und das wissen Sie so gut wie ich!«

Zanck bleibt direkt vor ihm stehen. »Kennen Sie vielleicht den Fall, in dem die Polizei zwei Jugendliche festgenommen hat, die angeblich ihre Schule samt Hausmeister verbrannt hatten?«

»Das war nicht in Hamburg!«

»Nein, nein, das war in Stuttgart! Aber die Jungs waren es nicht gewesen, nachweislich nicht, wenn Sie sich recht erinnern ... Da gab's am Ende einen ganz anderen Täter ...«

»Na, und?«

»Den Fall habe ich gemacht!« sagt Zanck. »Und wenn ich diese Lauselümmel nicht freigekriegt hätte, säßen sie heute unschuldig und außerdem viel zu lange im Knast, was einem gerade in Stuttgart sehr leicht passieren kann, und der richtige Strolch würde heute noch frei herumlaufen.«

»Tatsache ist doch«, behauptet Trimmel, »daß es Ihnen völlig egal ist, ob's einer gewesen ist oder nicht – Hauptsache, Sie kriegen ein billiges Urteil.«

Friedhelm Werremeier liest diesen Dialog, mit der typischen Trimmel-Haltung. Er wird laut und empört sich. Und bei dem sich anschließenden Gespräch macht er nochmals seinem Ärger Luft, wenn auch schon ein wenig verhaltener und mit einem leichten, nachsichtigen Lächeln. Dieser Trimmel-Strafverteidi-

mit leben. Schon in ›Ich verkaufe mich exklusiv‹ hatte er mir einen Briefwechsel zwischen Verleger und Straftäter reingeschrieben, ohne mir was davon zu sagen, fünf Seiten, völlig überflüssig. Bei späteren Ausgaben habe ich die natürlich rausgeschmissen.«

Vierundzwanzig »Trimmels« wollte Friedhelm Werremeier ursprünglich schreiben. »Trimmel und Isolde« aus dem Jahr 1980, als »Tatort« im September 1982 gesendet, war der vorerst letzte. Mit den (nicht verfilmten) Trimmel-Geschichten waren es bis dato zwanzig Fälle geworden, eine kriminelle Sittengeschichte Deutschlands am Beispiel der Freien und Hansestadt Hamburg. Daß die »Tatort«-Folgen mit »Trimmel und Isolde« beendet wurden, hatte vor allem mit dem Tod des Trimmel-Darstellers Walter Richter zu tun. Schon beim Schreiben des letzten Buches hatte der Autor große Rücksicht auf die Physis seines TV-Protagonisten genommen. Die Handlung beginnt im Schwurgericht, und wird rückblickend erzählt. Trimmel hält sich dabei weitgehend in Räumen auf. »Action« wurde dem 76jährigen Charakterschauspieler nicht zugemutet – ein Schimanski-Typ war er ohnehin nie. Nach Walter Richters Tod bat Werremeier seinen NDR-»Dienstvorgesetzten« Dieter Meichsner dann um den Abschied als Autor der Reihe. Auch sein Freund und Mitstreiter, der Regisseur Peter Schulze-Rohr, hatte inzwischen den Sender verlassen. Und noch etwas hatte sich ereignet. Die deutschen Krimiautoren des Hauses Rowohlt waren zu einem konspirativen Treffen zusammengekommen: »Martin muß da federführend gewesen sein, denn in dessen Haus fand das erste Treffen statt. In

ger-Zanck-Disput nämlich fehlt in der 1976 erschienenen Erstausgabe des Romans »Trimmel hält ein Plädoyer«. Gestrichene Textstellen aber, und auch nichtautorisierte Neuformulierungen waren in den Anfangsjahren des »neuen deutschen Kriminalromans« keine Seltenheit. »Ich erinnere mich an eine Lesung in Saarbrücken«, erzählt Werremeier, »wo der Martin, die Rodrian und ich an der Uni eine Lesung gehalten haben. Und während der anschließenden Diskussion sagt mir eine Frau aus dem Auditorium: ›Hören Sie mal, Herr Werremeier, Sie sollten sowieso mal die Klappe halten. Lernen Sie doch erstmal richtig Deutsch.‹ Ich habe da souverän reagiert, das könnten wir doch erstmal ausklammern und hinterher darüber sprechen. Aber sie hat mir doch noch eine Stelle aus ›Der Richter in Weiß‹ vorgehalten, das war echt falsches Deutsch. Da bin ich nach Hause gefahren, habe in mein Manuskript geguckt und siehe da, die Passage stammte von Flesch, meinem Rowohlt-Herausgeber. Also solche Dinge, da mußtest du

Wedel, in Holstein, traf man sich. Da haben wir gesagt, unser Verlag bescheißt uns: 3 000 DM, 5 000 DM für einen ganzen Roman, das ist viel zu wenig – inzwischen waren ja auch ein paar Auflagen ein bißchen höher gekommen, – jedenfalls wollten wir Hardcover und mehr Geld haben. Wir haben diese Forderungen kodifiziert, eine Delegation trug das im Verlag vor, dann gab es ein Treffen, wieder in Wedel, wo die versammelten Autoren Herrn Dr. Wegner und Herrn Flesch zum Essen eingeladen hatten. Und wer nicht kam, war Flesch, der hatte einen Hasen tot gefahren und lag in der Badewanne und kühlte seine Wunden. Also der Wegner kam allein. Und nach der Suppe sagte der Wegner: ›Also, Freunde‹ – so richtig Kumpel – ›Freunde, ihr habt ja recht, und wir haben beschlosssen, wir machen jetzt Hardcover und ihr kriegt erstmal 7 500 DM, dann wollen wir mal weitersehen. Können wir jetzt zum Hauptgang übergehen?‹ Ja. – Da wurde der Hauptgang aufgetragen und ich sagte zu meinem Freund Philipp (Martin): ›Philipp, der Arsch geht an die Theke und bezahlt.‹ Und er: ›Wir haben den doch eingeladen.‹ – Ich nochmals: ›Der geht an

Es kommt zum Aufstand: Das konspirative Treffen des deutschen Krimiautoren in Wedel.

die Theke und bezahlt.‹ Und Philipp: ›Dann soll er doch bezahlen.‹ – ›Nee‹, sag ich, ›dat nu nich.‹ Ich bin an die Theke gegangen, Wegner schrieb gerade einen Scheck aus, und da hab ich gesagt: ›Herr Dr. Wegner, Sie erlauben?‹ Hab ihm den Zettel aus der Hand genommen und hab ihn zerrissen und gesagt: ›Nehmen Sie doch bitte wieder Platz!‹ – Das war das Ende vom Anfang zwischen Werremeier und Rowohlt.«

Das war er wieder, der »alte« Paul Trimmel. So unbestechlich und entschieden haben wir ihn kennen und lieben gelernt. Friedhelm Werremeier wechselte dann auch kurz darauf den Verlag, bei Heyne erschien ein allerletzter Trimmel-Roman, »Trimmel und das Finanzamt«. Seitdem, seit nun schon über fünfzehn Jahren, ist der Hamburger Hauptkommissar nicht mehr aktiv geworden.

Werremeier war nach Niedersachsen gezogen, in das nur eine Zugstunde von Hamburg entfernte Bad Bevensen. Hier, in dem von »Tatort«-Honoraren finanzierten Haus, das von außen einer Festung ähnelt, hat Friedhelm Werremeier weiterhin und fast ausschließlich für das Fernsehen geschrieben: »Hamburg Transit«, »Ein Fall für Stein«, »Tatmotiv Liebe«, »Kläger und Beklagte« und »Seeamt«. Am erfolgreichsten waren die von ihm konzipierten Serien »Peter Strohm« (Pilotfilm) und »Alles Glück dieser Erde« (ein Quotenhit). An einer neuen Serie arbeitet er schon seit einiger Zeit. Arbeitstitel: »Der Pastor und der Kommissar« – eine Wiederbelebung der wunderbaren Trimmel-Figur? »Nein«, sagt Friedhelm Werremeier und zwinkert uns zu. »Der Trimmel wird ein andermal wieder auftauchen, später, sehr viel später, in einem umfangreichen, ultimativen Roman. Denn alle Trimmel, die ich geschrieben habe, denen fehlte etwas. Jetzt werdet ihr sagen, die originelle Idee oder der große Spannungsbogen. Aber das meine ich nicht. Es müßte irgendeine Klammer geben, die alles umfaßt, womit ich im Laufe meines Lebens konfrontiert war, alle Freuden und auch die persönlichen Tragödien.« Zu erzählen wäre da wirklich eine ganze Menge. Und einen Anfangssatz hat Werremeier auch schon: »Es regnet, es graupelt, es hagelt Hiobsbotschaften.«

Im Parterre des Hauses hat Friedhelm Werremeier sein umfangreiches Archiv gelagert – über 1 500 Akten, die Gerichtsprotokolle, Gutachten und Aussagen von Tätern und Zeugen enthalten. Material also in Mengen. Wir dürfen gespannt sein, was er daraus macht: »Dem Allgewaltigen demonstrieren, was eine Harke ist. Der reine Trotz ... Am Anfang unseres Plottens nämlich steht immer der Trotz, und sobald du, ob du's glauben willst oder nicht, erstmal diesen Zustand erreicht hast, hast du die halbe Geschichte fertig und im Sack. Plötzlich fließt's. Strukturen werden sichtbar, werden ineinander verhakt und verzahnt und jetzt schon, von Fall zu Fall, szenisch verspielt. Der irrationale Teil meines Arbeitstages fängt an, wenn die reale Welt aufwacht. Der Druck des Reporters, der weiß, daß er seine Story in fünf Minuten in die Maschine hacken oder ins Telefon schreien muß. Der Moment, dessen Gunst Beethoven nutzte und Picasso – kein Vergleich dürfte zu groß sein. Der Rausch der Sinne, entladen über die Zeigefinger.«

BOTERO

Von Ein- und Aussteigern

Irene Rodrian – Zurück in die siebziger Jahre

ANGABEN ZUR PERSON

==================

Name: RODRIAN

Vorname: Irene

Geboren wann: Muß ich grübeln. - 12. 11. 1937

Und wo: Berlin

Beruf: Schriftstellerin

Wohnhaft: München, ach, ist eigentlich falsch. München und Formentera.

Familienstand: Verheiratet

Religionszugehörigkeit: Keine

Besondere Kennzeichen: Überragende Intelligenz

Haben Sie mörderische Vorlieben: Ja. Gutes Essen, leckere Weine.

Warum stellen Sie sich auf die Seite der Gejagten: Weil ich mich damit eher identifizieren kann. Ich bin kein Jäger.

Wieviel Leichen gehen auf ihr Konto: Kann ich nicht zählen.

Bereuen Sie Ihre literarischen Taten: Nein

Strafregisterauszüge: Tod in St. Pauli, München 1967 · Bis morgen, Mörder! Reinbek 1969 · Wer barfuß über Scherben geht, Reinbek 1970 · Finderlohn, Reinbek 1971 · Küßchen für den Totengräber, Reinbek 1974 · Ein bißchen Föhn, und du bist tot, Reinbek 1975 · Die netten Mörder von Schwabing, Reinbek 1975 · Du lebst auf Zeit am Zuckerhut, Reinbek 1976 · Der Tod hat hitzefrei, Reinbek 1976 · ... trägt Anstaltskleidung und ist bewaffnet, Reinbek 1978 · Schlaf, Bübchen, schlaf, Reinbek 1980 · Vielliebchen, Reinbek 1990 · Strandgrab, Reinbek 1992

Bei der Begrüßung auf der Balearen-Insel Formentera bekommen wir jeder eine Plastiktüte überreicht. Die Inhalte sind identisch: eine Klemmleselampe mit einer 40 Watt-Birne, ein Döschen mit Oropax, ein Reiseführer und eine 1:40 000 Landkarte der Insel. Dazu die Erklärung: Das Licht auf den Hotelzimmern reicht möglichweise gerade, um das Bett zu finden. Das Hotel liegt an einer Straße, die nach wie vor ein Hippie- und Lebenskünstler-Treffpunkt der Insel ist, und auf der es bis drei Uhr morgens hoch her geht. Der Reiseführer enthält ein paar interessante Geschichten aus Formenteras älterer und jüngerer Vergangenheit. Keine Frage: Irene Rodrian ist wirklich eine patente Frau.

WIR SCHREIBEN DAS JAHR 1967

Lyndon B. Johnson ist der 36. Präsident der Vereinigten Staaten von Amerika. Ernesto Che Guevara schreibt in sein Tagebuch: »Es sind fast zwei Jahre her, daß die Nordamerikaner die systematische Bombardierung von Nordvietnam begonnen haben.« Die offiziell ausgewiesenen Weltrüstungsausgaben belaufen sich auf 165 Milliarden Mark. Das ist das Vierfache der Ausgaben für das Gesundheitswesen. Die griechische Armee putscht und übernimmt wegen angeblich kommunistischer Gefahr die Macht im Lande. Der Amsterdamer Flughafen Schiphol wird eröffnet. Er gilt als der modernste in Europa. Ein Arbeitspapier der FDP schlägt die Anerkennung der DDR und der Oder-Neiße-Grenze vor. Es wird am 3. März veröffentlicht. In dieser Woche stehen die Monkees mit »I'm A Believer« auf Platz eins der deutschen Charts. Am 19. April stirbt Konrad Adenauer im Alter von 91 Jahren. Kurt-Georg Kiesinger ist Bundeskanzler, Willy Brandt Außenminister. Wolf Biermann (Ost) ist zu Gast bei Wolfgang Neuss (West). Im Mai führen die Beatles mit »Penny Lane« die deutsche Hitparade an. Der Schah von Persien besucht die BRD. In Berlin findet eine Gegendemonstration statt. Der Student Benno Ohnesorg wird dabei von einem Polizeibeamten erschossen. Vom 5.–10. Juni führt Israel einen Sechs-Tage-Krieg. Charles de Gaulle äußert sich bei einem Staatsbesuch in Polen dahingehend, die Oder-Neiße-Grenze anzuerkennen. Karin Storch wird für ihre Abiturientenrede »Erziehung zum Ungehorsam« mit dem Theodor-Heuss-Preis ausgezeichnet. Weitere Hits des Jahres sind »Puppet On A String« von Sandie Shaw, »Morgen beginnt die Welt« von Freddy, die »Schiwago-Melodie«, »Meine Liebe zu dir« von Roy Black und »All You Need Is Love« von den Beatles. Die Mao-Bibel erreicht eine Auflage von 400 Millionen, in 26 Sprachen übersetzt und in 180 Ländern vertrieben. An deutschen Filmen werden u.a. gezeigt »48 Stunden bis Acapulco« von Klaus Lemke, »Katz und Maus« von Hansjürgen Pohland nach der Erzählung von Günter Grass, »Alle Jahre wieder« von Ulrich Schamoni, »Tätowierung« von Johannes Schaaf und »Zur Sache, Schätzchen« von May Spils. In München wird die Gesellschaft zur Förderung der Verhaltenstherapie gegründet. In der Sowjetunion wird mit großen Feiern der 50. Jahrestag der Oktoberrevolution begangen. Boxweltmeister Cassius Clay wird wegen Wehrdienstverweigerung zu 5 Jahren Gefängnis verurteilt und verliert den Weltmeisterschaftstitel. Ernesto Che Guevara wird ermordet. Auf der Funkausstellung in Berlin wird offiziell das Farbfernsehen für die BRD eröffnet. Und wiederum in München wird der vom Goldmann Verlag ausgelobte Edgar-Wallace-Preis 1967 für das beste deutschsprachige Kriminalromanmanuskript verliehen.

Zu dieser Ausschreibung hat die damals 30jährige Irene Rodrian gleich zwei Geschichten unter Kennziffern eingereicht. Die erste Geschichte spielt in Hamburg und trägt den Titel »Tod in St. Pauli«. Der Plot: Paul ist nach zwei Jahren aus dem Knast entlassen worden. Er ist Anfang Zwanzig, und in dem Alter sind zwei Jahre eine lange Zeit. Sie können eine ganze Jugend sein. Paul ist von seinen Freunden verschaukelt worden. Er hat sich seinerzeit für ihren Anführer Harald geradegemacht und ihn nach einem gemeinsam ausgeführten Raubüberfall mit Todesfolge nicht verpfiffen. Aber anstatt ihm dafür zu danken, erhält Paul am Tag seiner Entlassung von der Gang erst einmal eine Tracht Prügel. Es soll ein Vorgeschmack darauf sein, daß ihm auch weiterhin die Arschkarte zugedacht ist. Die Jungs von früher sind inzwischen groß geworden und haben auf dem Kiez von St. Pauli ein gewichtiges Wort mitzureden. Das aber begreift Paul erst später. Er will sein eigenes Ding durchziehen. Doch dabei gibt es drei Tote. Zum Schluß kann Paul einen Verräter entlarven, der allerdings noch einen Schuß auf ihn abgibt. Mit einer Fleischwunde und der Aussicht auf sechs Monate mit Bewährung enden für Paul die Nächte auf St. Pauli.

Er wollte einfach nicht glauben, daß das Manuskript von einer Frau war. Er war überzeugt gewesen, das Buch hätte ein richtiger St.-Pauli-Typ geschrieben.

Die zweite eingereichte Story ist etwas komplizierter und hat den Titel »Bis morgen, Mörder!« Sie spielt in einem Umfeld, in dem Irene Rodrian sich bestens auskennt, auf dem Terrain der betrieblichen Intrige: Theo ist 26 Jahre alt, und er nennt sich selbst ein faules Aas, einen Besserwisser, Säufer, Angeber und ein Schürzenjäger. Kurz gesagt: Er ist ein Versager oder auch ein Vollidiot. Theo arbeitet in einer Münchner Werbeagentur. Eines Tages wird er telephonisch geweckt, und eine ihm unbekannte Stimme fragt, wie er sich nach einem Mord fühle? Das ist kein Witz, denn als Theo in seine Firma kommt, stößt er auf die Leiche eines Kollegen. Sein Chef aber läßt den Toten kurzerhand verschwinden und steckt seinen willigen Helfern Schecks zu. Doch für Theo ist genau das der Auslöser, an der Sache dranzubleiben. Es wird für ihn ein langer Tag und eine noch längere Nacht, in der er kreuz und quer durch München kutschiert, mal freiwillig, mal als brutal Überwältigter. Zum Schluß allerdings hat er von Betriebsspionage erfahren und einen Rauschgiftring auffliegen lassen. Er hat knapp 48 Stunden gegen jegliche Obrigkeit rebelliert und vergißt letztlich sogar, sein Firmengehalt entgegenzunehmen.

Irene Rodrian wollte gewinnen. Mit kühlem Kopf hat sie sich ausgerechnet, welche Stories Mitte der sechziger Jahre den größtmöglichen Erfolg haben, und da die Einsendungen zum »Edgar-Wallace-Preis« anonym zu erfolgen hatten, reichte sie sowohl »Tod in St. Pauli«, den »typischen Männerkrimi« ein, wie auch »Bis morgen, Mörder!«, ein Buch, ganz so, wie sie gern weiterhin Krimis geschrieben hätte. Dieses Manuskript aber kam gleich wieder zurück, während »Tod in St. Pauli« den begehrten Preis erhielt: »Das Schöne war, daß der erste Preis, neben der Veröffentlichung des Manuskripts, mit 5 000 DM verbunden war, der zweite mit 3 000 DM und der dritte mit 1 500 DM. Aber ich bekam«, erzählt Irene Rodrian, »nur 3 000 DM, und Herr Goldmann, der Verleger, sagte dann auch noch: ›Das restliche Geld legen wir zurück für den nächsten Preis. Nächstes Jahr bewirbt sich dann vielleicht ein richtiger Schriftsteller.‹ Er war einfach sauer. Er war überzeugt gewesen, das Buch hätte ein Mann geschrieben, ein richtiger St.-Pauli-Typ. Er wollte einfach nicht glauben, daß das Manuskript von mir war. Der dachte bis zuletzt, jemand habe mich bloß vorgeschoben.«

Diese Kränkung steckte Irene Rodrian keineswegs kommentarlos weg. »Ganz wie ein Mann« zeigte sie dem Herrn Verleger dann bei der Verhandlung der mit Preis und Veröffentlichung verbundenen Option über die drei nächsten Bücher, was sie eigentlich wert ist. Professionell setzte sie den vom Verlag zu zahlenden Betrag dermaßen hoch an, daß man zähneknirschend auf weitere Werke aus ihrer Feder verzichtete. »Bis morgen, Mörder!« erschien dann 1969 in der Rowohlt-Thriller-Reihe neben den ersten Romanen der »neuen deutschen Krimiautoren« Hansjörg Martin und Friedhelm Werremeier und der von Irene Rodrian hochverehrten Patricia Highsmith. Weitere Romane der Münchner Autorin sollten folgen.

DIE SIEBZIGER JAHRE BRECHEN AN

Mit der Regierungsübernahme durch die SPD im Oktober 1969 hatte eine neue Ostpolitik begonnen. Ein Abschied vom Gestern. Im August 1970 schließen die Bundesrepublik und die Sowjetunion einen Vertrag über Gewaltverzicht, in dem sie auch die Staatsgrenzen »einschließlich der Oder-Neiße-Linie und der Grenze zwischen der Bundesrepublik und der DDR« für unverletzlich erklären. Bundeskanzler Willy Brandt kniet vor dem Mahnmal im Warschauer Ghetto. George Harrison von den Beatles landet den Hit des Jahres. Der Song heißt »My Sweet Lord« und der Rockkritiker Nik Cohn urteilt: »Mit greinender Stimme wiederholt Har-

rison ein über das andere Mal, wie gern er seinen Gott sehen würde und wie lange es dauerte, bis er sich zeigte. Dazu psalmodierte ein Jungmädchenchor im Hintergrund ›Hare Krishna‹, als gelte es, ein Waschpulver an der Mann zu bringen.« Eine Tendenz zeichnete sich ab. Einsicht und zur Schau gestellte Demut. Eine neu verstandene Liberalität. Öffentlicher Meinungsaustausch über Sexpraktiken ist fortan kein Tabu mehr. Busen frei! Die Folge: Krise in der Miederwarenbranche. Überall wird ab sofort mit nackter Haut geworben. Alles muß jetzt schön bunt sein. Lebendig. Das Straßenfest wird fester Bestandteil des Großstadtsommers. Der deutsche Schlager gibt sich sozialkritisch und umweltbewußt. Gesucht wird der Platz an der Sonne und eine Welt, die frei ist vom »Rauch aus tausend Schloten«. 25 Millionen Bundesbürger reisen jährlich ins Ausland. Eine multinationale Eßkultur entsteht. Man spricht von offener Ehe und wirbt für Zahnersatzpflege.

Den »bösen Deutschen« aber gibt es immer noch. Irene Rodrian hängt an ihm ihren nächsten Fall auf: Robert leidet unter seinem wesentlich älteren Bruder Erich. Der ist, im Gegensatz zu ihm, sportlich schlank und eine ausgesprochene Drecksau. Erich hat seine Journalistenkarriere beim »Völkischen Beobachter« begonnen, jüdisches Vermögen in die Schweiz geschafft und mit dem Geld nach Fünfundvierzig eine Skandalpostille mit dem Titel »Der Schlüssel« etabliert. Jetzt will er in dem Blatt einen korrupten Bauunternehmer anprangern und geschäftlich und privat ruinieren. Erich führt eine lieblose Ehe mit Herta und prügelt den Sohn Kurt. Sex hatte und hat er mit seiner Sekretärin Hanne, die ihm auch die Tochter Doris gebar. Doch eines Nachts setzt Robert sich gegen den übermächtigen Bruder zur Wehr. Erich stirbt und nach und nach klären sich die Zusammenhänge auf. Robert findet erstmals etwas mehr Selbstvertrauen, gewinnt Herta und den verschüchterten Kurt, der in Wirklichkeit sein leiblicher Sohn ist. Erich ist nicht mehr da, sagt Herta zum Schluß. Aber Robert bleibt vorerst noch skeptisch. Bist du ganz sicher? sind seine letzten Worte in dem 1970 veröffentlichten Rodrian-Krimi »Wer barfuß über Scherben geht«. Sind die Meinungsmacher wirklich entmachtet?

Schon als fünfzehnjährige war Irene Rodrian von dem Genre Kriminalroman fasziniert. Doch die angelsächsischen und amerikanischen Schauplätze ödeten sie bald schon an. Kriminelles fand schließlich auch in deutschen Landen statt, und gerade die damalige Zeit, der rasante Einstieg ins Wirtschaftswunderleben, bot genügend Stoff. Aber die blitzgescheite Schülerin kam über einen ersten Entwurf nicht hinaus. 1956 machte sie ihr Abitur und bewarb sich an der Kunsthochschule München. Sie wollte Graphikerin werden, wurde aber nicht aufgenommen. So jobte sie erst einmal zwei Jahre in einer Werbeagentur und noch ein halbes Jahr in einer Industriefirma, bevor sie sich als freie Werbeassistentin versuchte. Wichtiger als ein festes Einkommen war ihr jedoch, in größtmöglicher Freiheit zu leben: »Wir, also mein Mann und ich, waren damals oft in Südfrankreich. Eines Tages gaben wir dann in München alles auf, packten unsere sieben Sachen und die Schreibmaschinen und zogen ganz in die Provence. Aber auf die Dauer war Frankreich einfach zu teuer. Das Geld, das wir für ein Jahr beiseite gelegt hatten, ging weg wie nichts. Da hörten wir von Freunden, es gäbe so eine kleine spanische Insel ... Insel? Davon wollten wir aber anfangs gar nichts wissen. Eine Insel, wo man nicht jeden Tag seine Zeitung bekommt und dann auch noch im Franco-Spanien? Nein, das kam überhaupt nicht in Frage. Aber unser Geld wurde weniger und weniger. Da haben wir uns dann doch diese Insel einmal auf der Karte angesehen. Formentera – ein winziger Fliegendreck!«

Formentera war eine der ersten Hippi-Hochburgen. Die Blumenkinder aus aller Welt kamen in bunten Scharen. Formentera war eine ›offene‹ Insel.

»Formentera«, schreibt Niklaus Schmid, ebenfalls ein Krimi-Autor, in seinem Reiseführer über die Insel, »Formentera liegt bei Ibiza, gehört zu den Balearen, ist klein, überschaubar, nichts Spektakuläres, aber ganz groß in Kleinigkeiten. Das Licht dort zum Beispiel, grell, gnadenlos, aber es bringt die Gedanken zum Tanzen. Und dann die Leute: Maler, Schelme, Lebenskünstler, Spaßvögel, eine Menge Sonderlinge, die irgendwann, irgendwo einen Spaziergang auf der wilden Seite des Lebens riskiert haben und jetzt ihren Träumen nachhängen. Die Insel ist so eine Art tintenblauer Tranquilizer.« Formentera war eine der ersten Hippie-Hochburgen. Die Blumenkinder aus aller Welt kamen in bunten Scharen. Sie fanden unverbrauchte Natur, friedliche Bewohner und niedrige Preise vor. Formentera ist eine in mehrfacher Bedeutung des Wortes offene Insel. Auch heute gibt es nicht viel mehr als die eine große Straße, die vom Hafen längs durch das Land zur Mole führt und die beiden größe-

ren Städte verbindet: San Francisco Javier und San Fernando. Der Rest sind unzählige Feldwege, die zu den in Pinienwäldern versteckten Häusern führen. Einige Kilometer hinter San Fernando, von der Stadt kommend nach rechts zum Meer hin, wohnt Irene Rodrian in einem hübschen und praktikabel eingerichteten Haus.

»Vom Meer aus wirkte die Insel grün. Nicht braun oder rot. Saftig grün«, heißt es in ihrem ersten Insel-Krimi »Finderlohn«, der 1971 erschien. Doch ein Paradies ist die im Roman namenlose Insel nicht, auch keine Heimat. Eine Zuflucht bestenfalls, ein Versteck für Verweigerer jeglicher Art: »Wir sind alle voneinander abhängig hier auf der Insel; wir gehören zusammen – auch, wenn wir uns vielleicht manchmal nicht mögen ... Ach Gott! Große Familie und lauter so'n Scheiß! Schon diese alberne Duzerei – als ob wir alle miteinander geschlafen hätten! Und wie sieht das dann in Wirklichkeit aus?« Der Amerikaner Tim ist aus der Army desertiert, wollte nicht nach Vietnam. Seine Frau Jane wollte das gemeinsame Baby nicht. Ein verrückter Katzenliebhaber nimmt alles und jeden ins Visier seines Gewehrs. Die Schwedin Britt angelt sich junge Männer, und der einheimische Paco zieht das Steuer herum und tuckert aufs offene Meer hinaus: »Verrückt, diese Ausländer. Vollkommen verrückt.« Der Holländer Harry ist von dem Altnazi Max gelinkt worden, der tagtäglich auch seine Schwester Erika schikaniert. Und dann gibt es noch Ruth, die sich einmischt, letztlich aber dann doch das Weite sucht: »Na, weg eben. Zu mir selber. Wo ist das? Keine Ahnung, Amigos. Jedenfalls hier nicht. Adi Ma.«

Irene Rodrian lebt seit Anfang der sechziger Jahre jedes Jahr mindestens sechs Monate auf der Insel. Die Hälfte davon ist die Zeit, die sie für einen ihrer Kriminalromane einplant. Drei Monate für knapp 180 Manuskriptseiten. Was sie für ihre Geschichte braucht, hat sie vorher recherchiert, sich zumindest grundsätzlich kundig gemacht: »Ich habe mal ein Buch geschrieben, das fängt im Gefängnis an, das habe ich aus dritter Hand, aus bereits veröffentlichten Berichten entnommen. Ich kann da nicht unbefangen mit einem Häftling oder einem, der gerade entlassen worden ist, sprechen. Der Gedanke, über den dann einen Roman zu schreiben, wäre mir irgendwie peinlich. Ich könnte dann höchstens eine Dokumentation darüber machen. Insofern recherchiere ich nicht so, daß ich hingehe und den Mörder frage: Wie war das denn, als sie das Messer in der Schwiegermutter drin hatten?« Es geht ihr ohnehin um eine andere Dimension, und die liegt mehr im Ausloten der fremden und eigenen Psyche. Aber wie auch immer, der grobe Handlungsablauf der Story steht jedenfalls. Auf Formentera füllen sich dann die Seiten, je nach Stimmung, aber doch meist vormittags, weil es in der Anfangszeit abends und

vor allem nachts keine Elektrizität gab. Die damalige Notwendigkeit tagsüber zu schreiben, ist inzwischen zur Regel geworden. Abends geht Irene Rodrian lieber mit Freunden und Bekannten essen, trinkt kühlen Weißwein in dem kleinen Restaurant am Meer, das sie ihr »Wohnzimmer« nennt. Ein ähnliches Lokal war es, in dem sie auch 1967, kurz nach der Veröffentlichung ihres ersten Krimis »Tod in St. Pauli« saß: »Da rief mich Jürgen Roland an, der wollte unbedingt die Filmrechte kaufen. Der rief mich hier auf Formentera an. Da gab es praktisch nur ein Telefon. Ich war wahnsinnig aufgeregt – der große Jürgen Roland will aus meinem Buch einen Film machen, toll. Also saß ich in dieser Bar, wirklich wie bei Somerset Maugham, einen Sherry in der Hand, die Fliegen summten so sum-

Irene Rodrian war die einzige deutsche Crime Lady in Rowohlts ›schwarzer Reihe‹. Bereits mit ihren ersten Kriminalromanen erreichte sie eine große Leserschaft.

sum-sum, und irgendwann läutete das Telefon. Ganz weit weg schrie Roland: ›Hallo, gnädige Frau, gnädige Frau!‹ – ›Ja, ja?‹ – Und bumms, war die Leitung unterbrochen. Also ein weiterer Sherry und wieder sum-sum-sum, so ging das noch einige Male. Ich wurde immer lakonischer, sagte nie viel mehr als ›Ja, ja‹, und er wurde immer aufgeregter. Der dachte dann wahrscheinlich, die ist so arrogant, die braucht das nicht mehr. Aber so wurden die Rechte sehr teuer verkauft. Doch der Film wurde nie realisiert.«

Bereits mit ihren ersten Krimis – Irene Rodrian war die einzige deutsche Crime Lady in Rowohlts »schwarzer Reihe« – erreichte die Autorin eine große Leserschaft. Das hat sicher auch damit zu tun, daß im Mittelpunkt ihrer Bücher das Aufbrechen aus gewohnten Lebens- und Denkweisen steht und die daraus resultierenden psychischen Verwicklungen und Verstrickungen der handelnden Personen: »Meine Bücher spiegeln das Hier und Heute der sogenannten Normalen wider«, erklärt Irene Rodrian, die in ihren Krimis zudem ein ungemein genaues Zeitbild der jeweiligen Jahre liefert, ohne jedoch politische oder kulturelle Ereignisse explizit zu benennen. Sie »swingen« förmlich mit und bilden den Hintergrund für ihre Geschichten.

WIR SCHREIBEN DAS JAHR 1974

Es ist gekennzeichnet durch politischen Führungswechsel in den USA, in Großbritannien, Frankreich und der BRD, durch Kriege in Zypern und in Nah-Ost, Umsturz in Portugal, Griechenland, Äthiopien, Regierungskrise in Italien, Krieg in Vietnam, weltweite Inflation, Ölkrise, Hungersnöte und Terrorakte. Walter Scheel wird zum Bundespräsidenten gewählt. Der Atomsperrvertrag wird ratifiziert. Heinrich Böll veröffentlicht »Die verlorene Ehre der Katharina Blum.« Die Gruppe Sweet führt im Februar / März mit »Teenage Rampage« die Hitparade an. Willy Brandt tritt als Kanzler zurück. Helmut Schmidt bildet eine neue SPD-FDP-Koalitionsregierung. Die beliebtesten Musiktheaterstücke der Deutschen sind »Die Fledermaus«, »Die Zauberflöte« und »Der Zigeunerbaron.« In Frankfurt kommt es aufgrund polizeilicher Räumung besetzter Häuser zu Straßenschlachten. Terroristen erschießen in Berlin den Kammergerichtspräsidenten von Drenkmann. »Szenen einer Ehe« von Ingmar Bergmann kommt in die Kinos. Deutschland wird Fußballweltmeister. Udo Jürgens singt »Griechischer Wein.« In der Herrenmode verdrängt das bunte Hemd das seit 1955 dominierende weiße. Frauen tragen in diesem Jahr wadenlange, schwingende Röcke und hohe Stiefel.

Und sich nun, zu dieser Zeit, wieder mit kritischem Blick in Schwabing umsehend, etabliert Irene Rodrian in »Küßchen für den Totengräber« einen ›ganz normalen‹ Mann: »seine Stadt mit seinen Häusern und seinen Türmen und seinen Straßen. Und seinen Cafés und seinen Mädchen.« Die Allmachtphantasien eines Ernst Lorenz. Eines Sohnes, der erben will. Mit allen Mitteln, bis hin zum Mord. Denn am Erbe partizipieren kann er nur, wenn auch er Vater eines Sohnes geworden ist. Das ist geschehen, doch die Mutter war lediglich seine Geliebte. Sie hat allerdings seine Vaterschaft abgestritten, und das läßt den Mann nun Amok laufen. Quer durch Schwabing: »Sein Kind in einer Kommune. Gammmler, Hippies, Neger, Rauschgift. Orgien … ›Einfach nur so. Ich mach mir Sorgen, verstehen Sie?‹ Er

BUCKINGHAM PALACE, LONDON

war ein normaler Bürger und machte sich Sorgen.« Er hört Sätze wie: »Du bist genau mein Typ«, »Küß mich« und »Wir wollen pennen«, und er sieht, wie sie den Joint entgegennimmt, tief inhaliert und hört dazu sanfte Flöten und pulsierende Trommeln. Mein Gott, sein Mädchen treibt es mit Langhaarigen! Seine Geliebte. Die Mutter seines Sohnes. Ernst Lorenz dreht vollends durch, überreizt es und muß sich schließlich auch noch von seiner bis dato verbündeten Gattin als Vollidiot beschimpfen lassen. Das ist zuviel für ihn. Mit der Cog-

Ganz normale Leute von nebenan und plötzlich, oft nur durch eine Winzigkeit ausgelöst, bricht etwas in ihnen auf.

nacflasche in der Hand tritt er auf die Terrasse, schaut ein letztes Mal auf seine Stadt, seine Häuser, seine Bars mit seinen Mädchen. Seine Mutter kommt ihm noch in den Sinn. Er schreit nicht, als er springt.

»Küßchen für den Totengräber« ist ein Psychothriller, der den internationalen Vergleich nicht scheuen muß. Irene Rodrian hat ihren Stil konsequent weiterentwickelt. Verzwickte Detektivspiele oder auch knochenharte Polizeiarbeit sind ihre Sache nicht. Ihre Protagonisten sind, in immer differenzierteren Ausformungen, das nette Paar von nebenan, der zuvorkommende Bankangestellte, die freundliche Buchhändlerin, der Außendienstmitarbeiter, die Schreibkraft, die unbekümmerte Studentin und die junge Ehefrau. Oft nur durch eine Winzigkeit ausgelöst, bricht plötzlich etwas in ihnen auf: eine Sehnsucht oder ein Verlangen, eine alltägliche Begierde. Und schon ändert sich alles, läuft es auf Mord- und Totschlag hinaus: Achim hat Nietzsche und Benn gelesen, ist aber klein, schmächtig, blaß und kurzsichtig, trägt anfangs verbeulte Hosen und altmodische Hemden. Volkers Cordhosen dagegen sitzen perfekt, und die Mädchen lachen über seine Witze. Trotzdem oder gerade deshalb werden die beiden Freunde, sehr enge Freunde sogar. Volker kann Geschäfte ankurbeln, und Achim ist allemal gut genug, daraus Kapital zu schlagen. Eher zufällig landen sie bei einem öffentlich-rechtlichen Sender einen Fernseh-Serien-Hit, die Fälle des Inspektor Klein, »Der Große Klein«. Achim hat die Ideen und entwickelt die Dramaturgie. Volker steuert lockere Dialoge bei, doch das Gesamtwerk läuft unter dem Namen Volker Reichl. Der Erfolg hat zum Erwerb eines Bauernhauses geführt, in das nun auch Achims Freundin Nora miteingezogen ist. Jetzt aber will sich Achim von Volker emanzipieren, und Volker von Achim, und Nora schließlich von beiden, was für alle böse endet.

Mit »Ein bißchen Föhn, und du bist tot« sind wir nun exakt in der Mitte der siebziger Jahre und bei den die Zeit charakterisierenden Begriffen wie: Hier und heute; faschistoider Bullenstaat; das Fahrradschloß; die aus dem Untergrund; der Schalenstuhl; das Verhältnis Polizei und Bevölkerung; die Werbepause; Eifersucht und Freiheit; Liebe und Treue; die endlose Diskussion; in Büchern schnüffeln; der vom Abriß bedrohte Altbau; die Brutalität der Obrigkeit; Jeans, Kojak und das Radl; die Bürgerinitiative; das weißlackierte Kunststoffschränkchen; der Flipper; die Jeansweste auf nackter Haut; das Reisfleisch; der Spannteppich; die Songs von Cat Stevens; Coltrane-Jazz; die Morgenzeitung für 30 Pfennig; das Olympiazentrum; der Campingsack; das Barwägelchen; die 9 mm-Waffe; das Nato-Modell – allesamt zitiert aus dem ebenfalls 1975 erschienenen Rodrian-Krimi »Die netten Mörder von Schwabing«, den man vor dem Hintergrund der gewaltsamen Räumung des AKW-Geländes in Whyl und dem Beginn des Prozesses gegen die RAF in Stammheim durchaus als Sympathisanten-Roman rezipieren kann.

»Ein bißchen Föhn, und du bist tot« wird von der Provobis Film- und Fernsehgesellschaft optioniert und im Dezember 1975 unter der Regie von Günter Gräwert für das ZDF verfilmt. Obwohl hochkarätig besetzt – Horst Frank spielt den Mediengünstling Volker –, ist die Autorin von der Realisation nicht begeistert. Ihr fehlt die Schärfe, das genaue Ausleuchten der Charaktere, das Hintergründige. Doch sie weiß natürlich auch, daß das Fernsehen einen solchen Anspruch nur bedingt einzulösen vermag. Irene Rodrian hat an TV-Vorabendserien wie »Hamburg Transit« mitgearbeitet, Drehbücher für »Ein Fall für Zwei« geschrieben und auch »Tatort«-Kommissarinnen mit Geschichten beliefert: die nur dreimal zum Einsatz gerufene Marianne Buchmüller (Nicole Heesters) in »Mitternacht, oder kurz danach« und die Kriminalkommissarin Wiegand (Karin Anselm), über deren ersten Aufritt die »Süddeutsche Zeitung« schrieb: »Autorin Irene Rodrian und Regisseur Imo Moszkowicz unternahmen den Versuch, den ›Tatort‹ zu entkriminalisieren, einmal alle überstrapazierten Action-Muster zu vermeiden und eine Art Kammerspiel zwischen Kommissarin und Täter zu entwickeln.« Titel des hochgelobten Fernsehstücks ist »Das Lederherz«. Ein weiterer »Tatort« scheiterte: »Auf dem beruht die später als Roman erschienene Geschichte ›Vielliebchen‹. Da ermitteln die Kommissare in einem Mordfall, und sie ermitteln vollkommen korrekt, machen keinen Scheiß und gar nichts. Aber sie lösen durch ihre Ermittlungen unwissentlich einen Mord aus. Das erschien mir als eine interessante Volte, alle fanden es sehr gut. Der Umgelter hat es verfilmt, und als der Film schon fast fertig war, kam plötzlich in der ›Bild-Zeitung‹ eine Meldung: Berliner Polizisten haben 30 000 Mark geklaut, Geld aus

einem Polizeidepot. Daraufhin kam sofort ein Anruf vom Sender: Auf keinen Fall ein ›Tatort‹, in dem die Polizei schlecht dasteht. Und so wurde dann aus der Geschichte ein allgemeines Fernsehspiel.«

1976 veröffentlicht Irene Rodrian nach einem kurzen Brasilien-Aufenthalt ihren zweiten im Ausland spielenden Krimi – »Du lebst auf Zeit am Zuckerhut«. »Ich sah am Swimmingpool des Hotels eine ungeheuerlich dicke, ältere Amerikanerin, wie so ein großer Vanilleeisberg, in einem winzigen, rosaroten Bikini, aus dem die sonnenverbrannten Fettmassen hervorquollen, und die wurden von einem vielleicht 17jährigen Mulatten eingeölt. Die Frau kicherte und wand sich voller Wonne, und die ganzen Leute drumherum guckten halb angewidert, halb neugierig; es war eine unglaubliche Szene. Da wurde mir klar, daß das eigentlich sehr viel Verschiedenes symbolisierte, und ich begann mich damit zu beschäftigen. Ich war mir freilich klar darüber, daß ich eine solche Geschichte, die in Rio spielt, nur aus der Perspektive einer Person schreiben kann, die nicht länger in der Stadt war als ich.« Und das ist ihre Story geworden: Arnold sieht sich in seiner Münchner Firma übergangen. Sein bläßlicher Kollege Werner soll nach Rio reisen und dort einen Geschäftstermin wahrnehmen. Das kann Arnold nicht akzeptieren. Er lockt Werner in eine Falle, schlägt ihn bewußtlos und fliegt statt seiner in das Abenteuer. Aber Rio ist erst einmal kein Zuckerschlecken. Arnold muß in einem Armenviertel am Berg nächtigen, das Hotel mit Meerblick bleibt ihm versagt. Doch dann geht er zielstrebig vor. Er mimt den Gigolo, und die unglaublich fette Schweizerin mit dem Namen Barbara langt zu. Arnold glaubt mit ihr zu spielen, aber in Wirklichkeit ist er ihr Mäuschen. Als Arnold das dämmert, ist es bereis zu spät. Eine junge Frau dümpelt tot im Meer, und Arnold ist der Tat verdächtig. Er flieht über die Grenze, wird zurückgeholt und landet im brasilianischen Gefängnis. Seine Unschuld am Tod der jungen Frau kann zwar nachgewiesen werden, frei ist Arnold dennoch nicht. Der in München von ihm zusammengeschlagene Werner ist elendig umgekommen, und das hat allein Arnold auf dem Gewissen. Sein Traum ist ausgeträumt.

WIR SCHREIBEN DAS JAHR 1976

Der wegen vierfachen Kindermordes verurteilte Jürgen Bartsch stirbt nach seiner Kastration. Ulrike Meinhof wird erhängt in ihrer Zelle aufgefunden. In Peking stirbt Mao Tse-Tung. Wolf Biermann wird aus der DDR ausgewiesen. Im italienischen Seveso entweicht aus einer Chemiefabrik eine Giftgaswolke. In Brokdorf demonstrieren 30 000 Menschen gegen den Bau eines Kernkraftwerkes. In Soweto kommt es zu blutigen Auseinandersetzungen zwischen Schwarzen und der Polizei. In einem »Konkret«-Essay schreibt Karl Pawek: »Es ist an der Zeit, sich, uns zu wehren. Noch gibt es Live-Sendungen im Fernsehen, noch kann eine ganze Industrie ohne linksbürgerliche Intellektuelle schwerlich funktionieren. Schluß mit dem Maulheldentum in linken Kneipen, in denen es sich so schön über Berufsverbote ereifern läßt, während man am Arbeitsplatz die Anweisung des Intendanten befolgt, derzufolge es Berufsverbote gar nicht gibt. Wir sollten wieder Mut haben. Diese Welt ist schrecklich, diese Gesellschaft verrottet, und ihre Veränderung ist mühsam. Aber schließlich haben wir etwas anzubieten: Vergnügen, Freude, Lust zu leben, Glück – und das können letztlich nur wir, die Linken, bieten. Was aber bieten wir zur Zeit? Selbstmitleid.«

Wer gar nichts tut, wer sich aus allem raushält, macht sich mitschuldig. Absolute Toleranz ist böse.

In »Der Tod hat hitzefrei« fragt Irene Rodrian nach den Ursachen einer solchen Haltung: Es ist heiß in München, Ende Mai und den ganzen Juni hindurch. Doch Studienrat Joachim Zauner schwitzt aus einem anderen Grund. Seine Schüler terrorisieren ihn. Sie werfen sein Fenster ein. Sie tricksen ihn auf dem Pausenhof aus. Die Schülerinnen entblössen während seines Unterrichts ihre Busen. Zauner wird klein, unsicher und macht nur noch Fehler. Er ist übel dran, beruflich und auch privat. Zauner wohnt im Haus seiner verstorbenen Eltern, sein Kinderbettchen steht da, wo es immer schon stand. Manchmal möchte Zauner hineinkriechen und einfach dort liegenbleiben. Nichts mehr hören, nichts mehr sehen, nichts mehr sagen. Keine Stellung beziehen. Doch dann stirbt ein Schüler. Tot sitzt er im Chemie-Raum. Und wieder soll es Zauner sein, der auch das zu verantworten habe. Der Schüler ist zu Tode stranguliert worden. Hat sich aufgeknüpft, stellt sich dann heraus. Aufgrund von Leistungsdruck? Schulstreß? Autoritärer Pädagogik? Es sieht eng aus für Zauner. Ein Kommissar muß die Sache in die Hand nehmen. Aber der bleibt eher im Hintergrund. Das Interesse bei »Der Tod hat hitzefrei« richtet sich wieder einmal auf Personen, die »sauber« sein wollen. Irene Rodrian sagt dazu: »Ein ganz wichtiges Thema bei mir, das sich durch alle meine Bücher zieht, ist der Fakt, daß, wenn man gar nichts tut, wenn man sich aus allem raushält, man sich mitschuldig macht. Das liegt auch an unserer Vergangenheit in Deutschland. Alle sagen, ich habe nichts gewußt oder ich habe nichts gemacht. Nichts tun, sich aus allem heraushalten, kann tödlich sein. Absolute Toleranz ist böse. Und von daher kommen bei mir immer Personen vor, die sich eigentlich aus allem raushalten und dann mittendrin stecken in der Scheiße, die sie nie wollten, und gezwungen werden, Stellung zu nehmen, durch die Umstände gezwungen werden, die sie gerade vermeiden wollten.«

Eins der besten Beispiele dafür ist ihr 1978 erschienener Roman »... trägt Anstaltskleidung und ist bewaffnet«. Es ist die Geschichte der Anita Birgmaier. Die 34jährige Frau wird beschuldigt, ihrem Mann Boris erst das Gesicht zerkratzt und ihn dann getötet zu haben. Anita ist in die Psychiatrie eingeliefert worden, soll mit Tabletten ruhig gestellt werden. Es gelingt ihr, zu fliehen. Das Einfamilienhaus der Eheleute Christine und Horst wird zu ihrem Versteck, das Aufeinandertreffen der drei Personen zu einer bitterbösen »Zimmerschlacht.« Die bürgerlichen Masken fallen, Geilheit und Haß aufeinander werden sichtbar. Bei einem mißglückten Hammelbraten wird mit den jeweiligen Eltern abgerechnet, angebliche Erbanlagen werden wie Trümpfe ausgespielt. Es braucht noch nicht einmal ein ganzes Wochenende, und die ach so harmonische Ehe geht endgültig den Bach runter, das Paar spricht schon von Scheidung, doch ein Finger am Abzug der Pistole ist schneller: Christine tritt schließlich da an, wo Anita ausgebrochen ist. Ein Teufelskreis hat sich geschlossen. Niemand ist völlig frei von Schuld.

Ein Teufelskreis schließt sich, und niemand ist völlig frei von Schuld.

DAS ENDE DER SIEBZIGER JAHRE

Die RAF-Häftlinge sind in ihren Stammheimer Zellen tot aufgefunden worden. Der Schah von Persien hat den Iran verlassen. In Nicaragua wurde Somoza gestürzt. Im Ruhrgebiet und am Niederrhein gab es den ersten Smog-Alarm. Bei Harrisburg ereignete sich der bis dato schwerste Unfall in einem AKW. In Bonn demonstrierten über 100 000 Menschen gegen die Atomenergie. Rudi Dutschke starb in Aarhus. Frauenprojekte hatten sich inzwischen fest etabliert. Schon seit einiger Zeit waren Bücher von Frauen ausschließlich für Frauen auf dem Markt, auch die ersten »Frauenkrimis.«

Irene Rodrian kann mit dem Begriff nichts anfangen. Sie schreibt Thriller, Psychothriller und mitunter versucht sie auch, das Genre ad absurdum zu führen. »Schlaf, Bübchen, schlaf«, erstmals 1980 als Hardcover veröffentlicht, ist dafür ein Beispiel: Die halbwüchsige Tochter provoziert mit Minirock und Frühstücksgewohnheiten. Die Gattin achtet verschärft auf Ordnung. Die Firmenkollegen schütten sich zu und sind durchgängig gefrustet. Eine Mitarbeiterin gibt sich in bezug auf den Mann als solchen verständig. Doch dem geht das alles nur auf den Geist. Er braucht eigentlich keinen Namen. Er ist der Mann der Siebziger schlechthin. Muttersöhnchen und Versager. Ein Auslaufmodell. Rasant geht es mit ihm bergab. Im Betrieb allmählich ausgebootet, von der Frau vermeintlich betrogen, bei einem Seitensprung der totale Hänger – dann folgen Auto, Haus und Familie als weitere Katastrophen. Alles bricht in sich zusammen. Jeden Tag wird das schwarze Loch größer. Und hinter seinem Rücken wird gelästert, gekichert und auch mal so richtig abgelacht. Es scheint, als mache sich die ganze Welt allein über ihn lustig, den kleinen Jungen, das

Bübchen, das doch nur geliebt werden will. Bis er es wirklich nicht mehr aushält, zurückschlagen muß, ob er will oder nicht. Der Griff nach dem Messer ist das Ende der Geschichte, Bübchens Anfang möglicherweise. Seine Emanzipation zu einer erwachsenen Person. Mehr läßt sich vorerst nicht sagen.

Irene Rodrian hat auch in den Achtzigern und Neunzigern weiterhin Kriminalromane geschrieben, aber auch andere Romane und vor allem Jugendbücher. Doch ihre absoluten Highlights sind die Thriller aus den Jahren des Aufbruchs und der Revolte. Es ist das Porträt unserer Gesellschaft, unserer Zeit und unseres Alltags.

Nach wie vor pendelt die Autorin zwischen München und Formentera, nimmt in der bayrischen Metropole Atmosphären, Stimmungen und Geschichten auf, die sie in ihrem Haus auf Formentera zu Romanen und auch wieder Fernsehspielen ausarbeitet – in lässiger Disziplin, was soviel heißt, daß für Schwimmen und Tennis allemal Zeit sein muß und für lange, gesellige Abende in dem kleinen Restaurant am Meer ohnehin. Manchmal aber, gesteht sie, setzt sie sich danach doch noch einmal an ihren Laptop und verfolgt eine Idee, die ihr beim gemeinsamen Essen gekommen ist, eine Phantasie, die in die Abgründe der Seele führt, und uns unsere bösen Seiten vor Augen hält.

Der rote Platzhirsch

Michael Molsner – Ein Autor kommt bei sich an

Angaben zur Person

==================

Name: MOLSNER

Vorname: Michael

Spitzname: Mike

Geburtsdatum: 23.4.39

Geburtsort: Stuttgart

Beruf: Schriftsteller

Wohnort: Fischen, Allgäu

Besondere Kennzeichen: Sommersprossen

Größe: 1,73

Haarfarbe: Braun

Religionszugehörigkeit: Katholisch erzogen

Politische Einstellung: Ziemlich links

Wieviel Leichen gehen auf Ihr Konto:
Habe ich nicht gezählt, wirklich nicht.

Bereuen Sie Ihre Taten: Jein

Strafregisterauszüge: Und dann habe ich geschossen, Reinbek 1968 · Harakiri einer Führungskraft, Reinbek 1969 · Rote Messe, Frankfurt 1973 · Das zweite Geständnis des Leo Koczyk, München 1979 · Tote brauchen keine Wohnung, München 1980 · Wie eine reißende Bestie, München 1981 · Die Schattenrose, München 1982 · Die Euroermittler: Der Castillo-Coup, München 1985 · Gefährliche Texte, München 1985 · Der ermordete Engel, München 1986 · Die Ehre einer Offiziersfrau, Dortmund 1988 · Die Strategie des Beraters, München 1992 · Spot auf den Tod, Köln 1997

Michael Molsner holt uns in Kempten am Bahnhof ab. Die Hundedecke auf dem Rücksitz muß zur Seite geräumt werden, dann geht es bei strahlendem Sonnenschein auf die Fahrt ins Allgäu. Wie häufig, wenn sich Krimikollegen treffen, versuchen wir zunächst zu rekonstruieren, wann wir uns das letzte Mal gesehen haben. Es scheint so, als hätten sich unsere Lebenswege an vielen Stellen überschnitten, obwohl wir uns nur selten persönlich begegnet sind. Im Laufe der nächsten zwei Tage wird dies zur Gewißheit werden.

Der Blick aus dem Wohnzimmer des Hauses in Fischen ist überwältigend, ein tiefes und weites Tal, dahinter hochansteigend die schon schneebedeckten Berge. Als wir auf die Veranda treten, ist die Luft kristallklar. Im Garten bellt der Hund. Zunächst gibt es eine Brotzeit mit Weißwürsten und Laugenbrezeln, dazu ein Hefeweizen. Jeanette, Mikes Frau, die mit ihm recherchiert und reist, hat alles vorbereitet. Dann setzen wir uns ins Arbeitszimmer, einen Stock tiefer.

Die Lektüre des letzten Kriminalromans von Molsner »Spot auf den Tod« kommt in Erinnerung. Der Autor uns gegenüber hört auf den gleichen Vornamen: Mike.

Übrigens stammen alle Texte der Zwischenüberschriften dieses Beitrags aus Michael Mosners Arbeitszimmer; sie sind an seinen Bücherregalen angebracht.

Michael Molsner, oder der Mike, wie ihn Freunde und Kollegen nennen, ist ein gedrungener Mann mit einem störrischen Kopf, heißt es mitunter in der Branche; ein Grantler, aber das ist ebenso falsch wie manches andere, wie sich schnell herausstellt. Der Mike ist lediglich geradeheraus und radikal in bezug auf sich und sein Schreiben. Kaum verschlüsselt tritt er uns in seinem neuesten Roman entgegen – ein Medienkrimi, in dem es um den Mord an dem beliebten Schauspieler Walter Sedlmayer geht, ein packender Thriller aus dem Münchner Schwulen- und Ledermilieu. Mike, Mike Ratys – ein Schriftsteller, der von seinen literarischen Veröffentlichungen allein nicht leben kann – recherchiert und ermittelt für eine Sensationsillustrierte. Als die Sprache auf sein letztes Buch kommt, sagt Molsner: »Ich habe mit Mike Ratys eine Figur geschaffen, die ich nicht zu beschädigen gedenke.«

Nach vielen biographischen Umwegen ist Michael Molsner bei sich angekommen.

IMMER VERSUCHT, IMMER GESCHEITERT, WIEDER VERSUCHT, WIEDER GESCHEITERT

Samuel Beckett

Ob Michael Molsner der Sohn des Bestsellerautors C. W. Ceram ist, weiß er bis heute nicht. Seine Mutter hatte ihm das einmal erzählt. Er wollte diesem berühmten Kollegen, der mit bürgerlichem Namen Kurt W. Marec hieß, bei einem Empfang auf der Buchmesse gegenübertreten und ihm sagen, daß er sein Sohn sei. Aber zu dieser Begegnung kam es nie. »Meine Mutter hat dauernd Kinder gekriegt, immer von anderen Männern, fast alle unehelich, obwohl sie zweimal verheiratet war. Ich habe bestimmt zehn Halbgeschwister, von denen ich drei nicht mal kenne. Meine Mutter war hochtalentiert, sie hat mir die Literatur nahegebracht, aber bei ihr paarte sich dieses Verständnis von Kunst mit einer unglaublichen sozialen Verkommenheit.«

Michael Molsner war der älteste Sohn. Wie seine Geschwister wurde er eine Zeitlang mitgeschleppt und dann beim Großvater »geparkt«. Dieser Mann, der eins von zwanzig Kindern einer ostpreußischen Famlie war, wurde zum Idol des jungen Mike, ein Übervater, einer, mit dem er sich nicht auseinandersetzen mußte, sondern den er stets grenzenlos bewundern durfte. »Immer wieder wollte der

Großvater bestätigt werden. Beim Spaziergang gab es eine Redewendung. Und zwar sagte er: ›Opa‹ und ich mußte antworten: ›Kann alles!‹. Wir haben uns vorm Spiegel gemeinsam rasiert.«

Das Photo oben zeigt Michael Molsners Mutter; das Photo rechts ihn selbst.

Michael Molsner wuchs in großer Armut auf, die bis zum Hungern ging. Nicht einmal beim Abitur trug er einen neuen Anzug, immer reichte es nur zu gebrauchten Klamotten. Mit einem Zeitungsjob in Aalen bei der Schwäbischen Post begann seine journalistische Kar riere, dann ging er nach München. Er wollte studieren, Germanistik und Anglistik, mußte aber sein Geld selbst verdienen. So klapperte er alle Redaktionen ab: »Süddeutsche Zeitung«, »Abendzeitung«, »Münchener Merkur«. Niemand wollte ihn einstellen, obwohl die Themen seiner Reportagen den Redakteuren gefielen. Beim »8-Uhr-Blatt« hatte er Glück. Der Gerichtsreporter hatte gerade gekündigt. Monatspauschale 500 Mark, plus Zeilengeld, wenn er über diese Summe hinauskam.

»Der erste Prozeß, den ich wahrgenommen habe, war geradezu von biographischer Bedeutung, nämlich der Prozeß gegen Peter Hössl. Peter Hössl war damals eine Berühmheit, also berüchtigt, wie später dann Jürgen Bartsch. Hössl war ein Sohn aus wohlhabender Uppermiddleclass-Familie, sehr fromm, katholisch, Ministrant, wie ich, hatte sogar in einer Kapelle, die neu geweiht wurde, die Nachtwache mitgehalten. Er hatte sich Waffen besorgt, auf einen Ausweis von jemand anderem, ging in ein Geschäft und kriegte tatsächlich einen Karabiner. Nachts ging er in den Wald und erschoß Leute, die einfach des Wegs kamen. Drei Morde dieser Art sind ihm nachgewiesen worden. Es ist wie in dem Lied von Johnny Cash gewesen: ›I killed him just to see him die.‹ Darauf kam es ihm an. Er empfand sexuelle Erregung, wenn er jemand sterben sah, den er selbst ermordet hatte. Der Prozeß war deshalb so wichtig für mich, weil all die Einflüsse prägender Art, die auf Hössl gewirkt haben, auch auf mich gewirkt haben. Und diese Einflüsse, die ihn so fühlbar zerstört haben, hatten auch mich, wie ich fand, schwer beschädigt. Natürlich bin ich nicht wie Hössl hingegangen und hab solche Sachen gemacht, aber es hatte nicht mehr viel gefehlt, und ich wäre auch in irgendeiner Art ausgeflippt. Ich hatte praktisch das Gefühl, da könnte auch ich auf der Anklagebank sitzen.«

In seinen Gerichtsreportagen hatte Michael Molsner immer sehr viel Platz, meistens eine ganze Zeitungsseite, dennoch konnte er nichts von sich selbst unterbringen. Und so kam es ein paar Jahre später zu seinem ersten Kriminalroman, der dem Hössl-Prozeß nachempfunden ist. Titel: »... und dann hab ich geschossen«. Geschrieben aus der Ich-Perspektive. Molsner verschmolz sein Autoren-Ich mit dem Ich des Mörders.

Doch angefangen hatte das fiktive Schreiben, wie bei einigen anderen Kollegen, schon früher. Mit den Heften: Gary Webb, ein Westernheld. John Drake, der Geheimagent. Molsner schrieb zunächst für den Moewig-Verlag.

»Die Heftromane habe ich geschrieben, als ich mit meinem Redaktionsvolontariat fertig war und neben meiner Monatspauschale als Gerichtsreporter noch Geld dazu verdienen mußte. Es sind an die fünfundzwanzig bis dreißig Romane gewesen. Mit Titeln wie ›Der Tod geht in die Falle‹, ›John Drake schießt einen Staatschef ab‹, oder ›Der Tod geht durch das Niemandsland‹ – ein Spionageroman, so explosiv wie Dynamit. An einem Tag schrieb ich an einem Western und am nächsten Tag eine Doppelseite Gerichtsreportage für die ›Zeit‹ in Hamburg.«

Michael Molsner war es, der später als Rowohlt-Krimi-Autor seinen Kollegen Martin,

UMWELT
GÄRTNER

Rodrian, Werremeier und dem (verstorbenen) Ulf Miehe vorschlug, die Form der Heftchenromane zu verwenden und sie für die politische Aufklärung zu nutzen. Ein Detektiv oder eine Detektivin sollte die Hauptperson sein, die für die Befreiungsbewegungen in der 3. Welt arbeitete. Es gab zwar einige Vorbesprechungen zu diesem Projekt, aber dann sagten die Finanziers ab, das Projekt erschien ihnen eine Nummer zu groß.

»Gelesen habe ich damals die Autoren der Gruppe 47 – Johnson, Grass, Enzensberger, Frisch – aber sie waren für mich kein Schreibvorbild. Zu wenig konkret, zu wenig Realität, an die ich mich halten konnte. Eines Tages kaufte ich beim Tandler meinen ersten Raymond-Chandler-Roman, ich glaube, es war ›Betrogen und gesühnt‹. Die Lektüre traf mich wie ein Blitzschlag und dabei ist es bis heute geblieben.« Unter dem Titel »Lebwohl, mein Liebling« kennen Krimifreunde den Roman, der für Michael Molsner die Initialzündung darstellte.

Das exakte Recherchieren, das Ermitteln in den unterschiedlichsten Milieus – oft bis hin zur Selbstverleugnung – hat sich der gebürtige Schwabe also von der Pike auf erarbeitet. Schon nach den ersten Semestern entschied er sich, die Schicksale aus der Bahn Geworfener zu seinem Thema zu machen; über Opfer wollte er schreiben, über Menschen, die unter den herrschenden Verhältnissen zu Tätern geworden waren und vor Gericht gestellt wurden. Nach Stationen beim »8-Uhr-Blatt« in München, beim »Grünen Blatt« in Dortmund, bei der »Kristall« in Hamburg kam Mike Molsner schließlich nach Hannover und schrieb dort während seiner Festanstellung bei der »Hannoverschen Presse« seinen ersten Kriminalroman: jeden Morgen vor Dienstbeginn etliche Seiten. Danach war alltägliche Redaktionsarbeit angesagt – und Politik.

Der fast dreißigjährige Journalist hatte sich inzwischen im SDS, dem »Sozialistischen Deutschen Studentenbund«, engagiert, Marx und Lenin für sich entdeckt und »schulte« sich in Arbeitsgruppen und Aktionskreisen. Marcuse, Adorno, Luxemburg – er fing an, diese Autoren, von denen er bisher nie etwas gehört hatte, zu lesen. Hannover war seinerzeit, Ende der sechziger Jahre, eine nicht gerade unbedeutende »Kaderschmiede«. Im Jahr der Studentenrevolte 1968 erschien Michael Molsners Debüt-Krimi. Nach Hansjörg Martin, Friedhelm Werremeier und Irene Rodrian war er nun der vierte deutsche Kriminalromanautor in der erfolgsträchtigen »Schwarzen Reihe« des Rowohlt-Verlags.

DER MÄNNLICHE HAARSCHNITT HÖRT AUF, GEGENSTAND DER ÖFFENTLICHEN MORAL ZU SEIN

»Eine gewisse Ehre war das schon, die veränderte Wahrnehmung; in den Augen der anderen war man nun jemand Besonderes. Die SDSler in Hannover sagten natürlich zunächst: bürgerlicher Literat, und sowieso käuflich, Preßbengel. Aber dann passierte etwas: Wir hatten eine absolute Autorität in Hannover, geradezu ein Guru, der einzige Guru, den ich je in meinem Leben als solchen auch anerkannt habe. Er hieß Hansjürgen Krahl. Und als der zum ersten Mal nach Hannover kam und sich zu uns an den Tisch setzte bei Tante Mary, wie die Wirtin hieß, und sein übliches Wasserglas voll Doppelkorn kriegte, da guckte er mich so an und sagte: ›Ich hab deine beiden Krimis bei Rowohlt gelesen‹. Vollkommenes Schweigen am ganzen Stammtisch. Ich blickte auf, bereit mich zu verteidigen und er sagte: ›Das find ich gut, das ist die Art Arbeit, die wir jetzt machen müssen, sehr, sehr gut, darüber reden wir noch ganz ausführlich.‹ Von da an war ich Promi. Das geht mir manchmal noch heute so, auf der Buchmesse, daß da wildfremde, alternde Menschen auf mich zukommen und sagen: ›Mike, erinnerst du dich noch an den Langen Marsch, ich saß da immer am Tisch abseits, und hab dich bewundert, wenn du da mit den anderen zusammen standst und diskutiert hast.‹ Ich wurde also aufgenommen in die Gesellschaft der richtigen Genossen. Und wurde von der Basis auch so wahrgenommen.«

Als Michael Molsner seinen ersten Roman fertiggeschrieben hatte, nahm er direkt Kontakt zu Richard K. Flesch auf. Er traf auf einen freundlichen Mann, der ihn allen Ernstes fragte, ob er seinen Text nicht lieber in die literarische Abteilung des Verlages geben solle, die würden ihn bestimmt auch akzeptieren. Aber da hatte Molsner schon sein Chandler-Erlebnis gehabt.

Flesch erteilte ihm damals gleich eine erste Lektion für Krimischreiber: Der Detektiv muß einen schnellen Wagen fahren, einen sehr guten Whisky trinken und die schönsten Blondinen kriegen. »Das war auf goldenem Tablett das Bestseller-Rezept. Aber ich hab mich nie daran gehalten, vielleicht hab ich deswegen noch keinen Bestseller geschrieben.«

Obwohl 1968 von vielen führenden Intellektuellen die Parole »die Literatur ist tot« ausgegeben wurde, war für Molsner die Literatur immer genau die Form, die es ihm erlaubte, aus den Grenzen des Journalismus herauszutreten.

DIE PSYCHE VERSCHÄRFT DIE LAGE

Mit dieser neuen Wahrnehmung des Autors traten plötzlich ganz neue Schwierigkeiten auf: Schwindelanfälle, Herzstottern, Migräne, Schweißausbrüche, besonders, wenn Molsner auf Veranstaltungen oder im Fernsehen auftreten mußte. Kein Arzt fand irgendwelche Symptome, bis ihm jemand riet, eine Analyse zu beginnen. »Ein Glücksfall«, sagt Molsner heute, über seinen damals für Genossen eher verdächtigen Weg auf die Couch.

Zwei Jahre ließ er sich von einem Analytiker helfen, der zu Beginn keineswegs ein Vertrauter war. Kriegsveteran und Kirchenmann zugleich. Irgendwann stellten Arzt und Patient fest, daß sich eine Lösung der Traumata abzuzeichnen begann. Der Therapeut versprach ihm, daß die körperlichen, lebensbedrohlichen Symptome bald verschwinden würden, aber der wirklich steinige Weg erst danach beginnen werde.

Es war für Molsner wie eine Befreiung festzustellen, daß er sich als politisch denkender Mensch auch mit den reaktionärsten Typen auseinanderzusetzen vermochte. Bis dahin hatten ihm konservative Aussagen Brechreiz verursacht.

»In der Analyse lernt man Träume beobachten. Ich hatte drei Träume, in drei Wochen, jede Woche einen Traum. In der ersten Woche begegnete ich meinem Vater im Traum. Ich bin ein uneheliches Kind und hab meinen Vater nie kennengelernt. Wir haben uns umarmt, beide geweint, und ich habe gesagt: ›Ich verzeih dir, daß du mich unehelich hast aufwachsen lassen.‹ Und er hat gesagt: ›Machs gut, mein Junge.‹ Und wir haben uns verabschiedet. Das war der erste Traum. Und im zweiten habe ich mich von meiner Mutter, die zehn Kinder hatte, die alle in Heimen aufwuchsen, in gleicher Weise verabschiedet: Wir haben beide geweint, uns in den Arm genommen, alles vergeben und vergessen. Und im dritten Traum, das war die große Überraschung, damit hatte ich nie gerechnet, begegnete mir mein geliebter Großvater, mein Held, der meine Kindheit behütet und umsorgt hat, dem hab ich auch verziehen. Ich wußte bis dahin gar nicht, daß er schuldig an mir geworden war, auch ein Abschied unter Tränen. Und da fiel mir das schöne Grimmsche Märchen von dem Heinrich ein – ich heiße ja auch Heiner Michael –, dem die Eisenbänder ums Herz springen. Als ich diese drei Träume hatte, sprang jedesmal einer dieser Ringe, die ich um mein Herz gelegt hatte, damit es nicht zerspringt. Und da spürte ich, daß ich nun ohne Therapeut meinen Weg gehen konnte.«

DON'T GET MAD – GET EVEN

Es gibt keinen Roman, der nicht zugleich auch ein Stück Biographie ist, auch wenn es sich um eine Fantasy-Erzählung aus der entferntesten Galaxy handelt, drei Millionen Jahre nach unserer Zeitrechnung.

Michael Molsner hat ein solches Stück Biographie mit dem Roman »Die Ehre einer Offiziersfrau« abgeliefert. Er schreibt darin ziemlich offen über seine eigene Therapie und stellt den Fall einer psychotisch gestörten Frau dagegen, der auch die Psychoanalyse nicht helfen kann. Schon bei diesem Roman, den sein damaliger Lektor lieber vernichtet als gedruckt sehen wollte, konnte man mehr über den Autor lesen als manchem anderen seiner Kollegen lieb gewesen wäre.

»Spot auf den Tod«, Molsners letzter Krimi, enthält weitere Einblicke in die Psyche des Autors, der nach Anerkennung strebt, aber sich fürs Geld nicht verbiegen lassen will. Der Medienkrimi spielt in der Welt der Sensationsillustrierten, zeigt die unsauberen Recherchemethoden, nach dem Motto: erst die verkäuflichen Fotos schießen und dann die Polizei benachrichtigen. Er gibt Einblicke hinter die glitzernde Fassade eines beliebten Volksschauspielers und dessen übermäßigen Geiz, seine dunklen Geschäfte mit der Mafia und seine dunklen Triebe, für die er sterben wird. Florian Waibel nennt Molsner den Volksschauspieler; unschwer zu erkennen, daß es sich um Walter Sedlmayer handelt. Mit ihm hatte Molsner bei seinem ersten »Tatort«, der »Tote brauchen keine Wohnung« hieß, persönlich zu tun. Warum Waibel dermaßen geldgierig ist, be-

DES MISSLINGENS
Alte Gerichtsbarkeit
Das Essen
FICTION
KONRAD ADENAUER
Die Völkerwanderung
Jan Foudraine
Preußen
Trotz alledem

Herder
MOSSAD

schreibt Molsner in einer überaus einfühlsamen Szene: »Florian Waibel geht regelmäßig zum Grab seines Vaters und erzählt ihm, was er wieder verdient hat. Sein Vater hat ihn abgelehnt. Aus dir wird nie was Rechtes, hat er ihn angejammert ... Heute sagt Florian, wenn er ihm Blümchen hinstellt: Also, Bappa, in der Woch hab i wieder dreißigtausend verdient. Mark, nicht Lire. Meinst immer no, aus mir wird nix, hm?«

Aber auch Hinweise auf die schmerzlich empfundene mangelnde Anerkennung als Autor finden sich in diesem Roman, nicht einmal versteckt, zum Beispiel, wenn es heißt, ein

Rechtsanwalt habe seinen Namen im WER IST WER nachgeschlagen. »Mein Unglück ist, du mußtest ihn erst nachschlagen. Von Grass hättest du es gewußt.«

Die Abneigung des Autors gegen Krawatten, die er für abgeschnittene und offen zur Schau gestellte Schwänze hält, und Anzüge, die er als Uniformen bezeichnet, findet sich wieder. Dieser Medienkrimi, dem weitere folgen sollen, ist so etwas wie ein Resümee des Mike Molsner über seine Zeit als Boulevardjournalist, über die Enttäuschungen und Entdeckungen, über die Verlockungen und Verletzungen. Und auch seine vagabundierende Mutter spielt zu Beginn des Romans eine Rolle. Als freie Journalistin, die sich gelegentlich prostituiert, um sich und ihre Kinder durchzubringen.

»Und deine Bestseller, wann kommen die?« ,läßt Molsner den Volksschauspieler Waibel im Roman seine Hauptfigur Mike Ratys fragen. Eine Frage, die sich der Autor sicherlich mehr als einmal gestellt hat. In unserem Gespräch jedenfalls ging es eine ganze Weile um die Frage, ob es überhaupt ein Rezept für die Bestsellerei geben kann.

DER KREIS HASST DIE QUADRATUR

Von allen deutschen Krimi Autoren der ersten Stunde war Michael Molsner der politischste. Er engagierte sich als Pressesprecher beim SDS, berichtete für die »Frankfurter Rundschau« über die Demonstrationen in Hannover. Eine veritable Stimme der 68er-Bewegung. Zwei Romane veröffentlichte Mike Molsner bei Rowohlt, und dann kam es zu einem politischen Disput zwischen dem Lektor Richard K. Flesch und dem Autor. Die Auseinandersetzung wurde nicht nur in der Krimi-Öffentlichkeit zur Kenntnis genommen. Es war ein klarer Fall von politischer Zensur. Der Titel des Romans hieß »Die rote Messe«, und es handelte sich um ein engagiertes Stück Literatur.

»Es war damals nicht so, daß ich einfach eine Geschichte aus Erfahrung oder Bedürfnis entwickelt hatte, und die dann so zusammengepfriemelt habe, daß sie wie ein Krimi klang. Nein, damals setzte ich mich hin und versuchte schreibend herauszufinden, welche Eindrücke überhaupt literaturfähig waren und welche nicht. Ich schrieb viele, viele Seiten und stellte oft fest, das ist es noch nicht, und tastete mich dann so langsam zu dem vor, was ich

Ein Marxist als Sympathieträger? Das darf nicht sein!

als das Herz der Geschichte empfand. Also, das Herz der Geschichte ›Rote Messe‹ war eigentlich das, was ich als erstes geschrieben hatte: Ein Junge sitzt am kleinen Bach, der durch eine Wiese läuft, und der Bach wird immer weiter, immer breiter und es ist der Mississippi und Huck Finn fährt mit seinem Floß und der kleine Junge sagt ›Huck, halt an, nimm mich mit‹, aber der Fluß ist zu weit und die Stimme zu schwach, und Huck fährt weiter mit einer Würde, die unantastbar ist ... und das Floß fährt vorbei. Das war das Herz der Geschichte, alles andere ergab sich eigentlich daraus. Das kann man aber nicht in einem Kriminexposé schreiben. Und das hatte mein Lektor auch eingesehen. Ich hab ihm die erste Fassung dessen, was der Roman werden sollte, geschickt, und seine Reaktion war: ›Sowas auf gar keinen Fall.‹ Und ich sagte: ›Warum, was ist nicht richtig?‹ – ›Ein Marxist als Sympathieträger, das werde ich nicht zulassen.‹ – ›Mei, Richard, ich bin Marxist und ich bin doch sympathisch.‹ – ›Du bist erstens kein Marxist, zweitens hast du keine Ahnung, wovon du redest. Marxisten sind Leute, die Autos anzünden.‹ – ›Ich bin Marxist, aber ich zünde keine Autos an.‹ – ›Du erzählst Scheiße, du weißt nicht, was du sagst. Ich bin verantwortlich für diese Reihe, und in dieser Reihe taucht kein Marxist als Sympathieträger auf …‹ «

Der Lektor hatte Molsner damals zu Hause aufgesucht, um mit ihm zu diskutieren. »Gesellschaft beruht auf Ausbeutung, sagt eine Figur in meinem Roman. Flesch forderte mich auf, dazu zu schreiben, daß das falsch ist.«

Das Manuskript lag ein dreiviertel Jahr im Schreibtisch, bis die Lektorin eines anderen Verlages anfragte, ob Molsner einen Krimi fertig hätte. Dann ging es ganz schnell. Mit ein paar kleinen Änderungen wurde der Roman bei S. Fischer veröffentlicht. »Gudrun Eckert hatte gesagt, ›ich nehm das Manuskript an, aber ich weiß, daß ich danach entlassen werde.‹ Ich hab sie noch beruhigt. Doch ist sie tatsächlich ein Jahr später entlassen worden. Ich weiß allerdings nicht, ob das nur wegen meines Romans war.«

Michael Molsner erzählt, wie sich nach der Veröffentlichung im Verlag die Lektoren um ihn geschart haben. Fünfundzwanzig Lektoren kamen an, nur um Molsner anzuschauen und diskutierten mit ihm, als ob er Hansjürgen Krahl, der schon erwähnte »Guru«, gewesen sei. Hinterher verlautete aus der Runde, Kriminalromanautoren wüßten besser über die Gesellschaft Bescheid als die Theoretiker, von denen ebenfalls einige bei S. Fischer verlegt wurden.

Molsner hat oft seine Verlage gewechselt, was ihm sicher nicht immer genützt hat. »Ich bin ein Autor, der sich nicht gern von Verlagen in ein Schema einpressen lassen will, ich will meine Geschichten erzählen.«

WO ICH FREI BIN, IST MEIN VATERLAND

Nach seinen ersten Romanen bekam Michael Molsner vom Bayrischen Rundfunk das Angebot, einen »Tatort« zu schreiben. Man akzeptierte sein Drehbuch und übertrug dem berühmten Regisseur Wolfgang Staudte die Regie. Die beiden verstanden sich auf Anhieb. Staudte war nach Querelen mit Bertolt Brecht in den Westen gegangen, um hier Filme für Kino und Fernsehen zu realisieren. Titel des sehr umstrittenen »Tatorts«, der 1973 ausgestrahlt wurde, war »Tote brauchen keine Wohnung«. Molsner erinnert sich gut daran, wie er

mit Wolfgang Staudte *slamming* gegangen war. »Wir fuhren in seinem weißen Rolls Royce, um die Drehorte, in den verkommensten Neubauvierteln Münchens auszusuchen. An seiner Seite eine 17jährige Blondine, die zwei weiße Windhunde an der Leine führte. Staudte selbst trug Jeans und reichlich verzierte Cowboystiefel.«

Hauptdarsteller des Filmes war Walter Sedlmayer als mieser, widerwärtiger Wohnungshai. Eine glänzende Rolle, die mehr offenbarte, als die Zuschauer zum damaligen Zeitpunkt von dem beliebten Volksschauspieler wußten.

»Es gab einen richtigen Skandal nach der Ausstrahlung des ›Tatort‹; der Intendant hat böse Briefe gekriegt, und der Film ist fünfzehn Jahre schubladisiert worden. Sie haben ihn nicht gezeigt, auch nicht für eine Staudte-Retrospektive in Berlin. Der Film wurde nicht rausgerückt, nicht mal für eine Diskussion über Kriminalfilme in Tutzing. Dann gab es einen neuen Intendanten, und da habe ich nochmal einen Brief geschrieben. Darin stand, ich hätte erfahren, daß ich als böser Linker gelte, als radikaler Sozialist, und das sei ich auch, das sei kein Gerücht, das würde stimmen. Ich sei aber noch weiter gegangen, ich hätte mich jetzt der sozialistischen Partei angeschlossen, nämlich der SPD, und noch weiter sei ich gegangen. Ich hätte mich in den Gemeinderat wählen lassen, und es ging noch weiter, ich sei so radikal gewesen, ich sei jetzt Fraktionsführer unserer zweiköpfigen SPD-Fraktion im Gemeinderat in Fischen und säße da zwölf CSUlern gegenüber, er solle mal mit dem Bürgermeister über mich reden, der könnte ihm alles Böse über mich sagen – und ich wundere mich gar nicht, daß der Bayrische Rundfunk meinen Film nicht mehr bringen würde. Das hat genützt. Inzwischen ist dieser ›Tatort‹ mehrfach wiederholt worden.«

Und auch zu diesem Kriminalfilm weiß Molsner von einer Geschichte zu berichten, in der es wieder um seine Anerkennung als Autor geht. Er bekam eine Einladung der VW-Vertrauensleute. Als er in den Saal kam, war alles festlich geschmückt und der Tisch gedeckt. Die Arbeiter defilierten an ihm vorbei und jeder schüttelte ihm die Hand: ›Gut gemacht! Toll! Genauso geht es bei uns zu! Du bist unser Mann!‹

THINK GLOBAL – ACT LOCAL

Nach seiner Zeit in Hannover zog es Michael Molsner wieder in den Süden, ins Land der weiß-blauen Wolken, erst einmal nach Augsburg, und später dann in das Haus seiner Frau Jeanette nach Fischen im Allgäu, wo die beiden inzwischen seit mehr als fünfzehn Jahren leben. Und weil der Mike es doch nochmal wissen wollte, engagierte er sich in der SPD, auch um herauszufinden, wie er mit den Reaktionären der CSU klarkommt. Was ihm früher noch Kopfschmerzen bereitet hatte, die Diskussion mit eingefleischten Reaktionären, nun konnte er sich beweisen, daß er seinen Mann stand.

»Nach der ersten Gemeinderatsitzung sagte der Bürgermeister, wir wollen uns alle miteinander bekanntmachen, auch auf der geselligen Ebene, und jetzt gehen wir alle noch einen trinken ins ›Kreuz‹ an unseren Stammtisch. Und da saßen schon welche, und die Leute, die hier eingesessen sind, das sind urige Figuren, die haben lange Haare, manchmal bis zur Hüfte, Pferdeschwanz, Ohrringe, die sehen nicht angepaßt aus, die sind sowas von unangepaßt, das gibt es gar nicht. Manche sehen aus wie ein Waldschrat. Und mich guckt einer so an, sie saßen alle hinter ihren Maßkrügen. Wir nehmen Platz, da fixiert mich der Typ, der mir gegenübersitzt: ›So, du bist jetzt also der rote Platzhirsch in Fischen. – Bist du auch für die Asylanten?‹ Ich antworte: ›Na ja, das ist ein komplexes Thema, da kann man schwer was dazu sagen.‹ – Sagt er: ›Dann nimm doch welche auf bei dir, so ein paar Asylanten in deinem Haus.‹ – Ich antworte: ›Die SPD ist der Meinung, und ich teile diese Meinung, daß es sich hier um ein Problem handelt, das auf staatlicher Basis angepackt werden sollte, nicht auf Privatleute abgeschoben werden darf.‹ – Sagt er: ›Früher hat man auf zehntausend Meter Höhe ne' Klappe aufgemacht und fertig war's.‹ – Da fiel mir folgende Antwort ein, ein Glücksfall: ›Die größte Klappe geht bekanntlich am Stammtisch auf, besonders nach der dritten Maß.‹ – Einige Gemeinderatsmitglieder sagten nur ›Öha‹. Der Bürgermeister saß neben mir, er war leichenblaß: ›Nein, nein, Herr Molsner, mit dem Bier hat des nix zum tun beim Xaver, der meint es grad so, wie er's sagt.‹ – Darauf ich: ›Da bin ich dankbar für die Aus-

künfte, denn das bedeutet, daß wir alles tun müssen, um Leute wie den Xaver dauerhaft von allen Ämtern mit politischer Verantwortung fernzuhalten. Leute wie Xaver dürfen nichts zu sagen haben bei uns.‹ Daraufhin kam wieder ein ›Öha‹, von den anderen. Der Xaver trank, fixierte mich, streckte mir die Hand über den Tisch und sagte: ›I hoaß' Xaver, i bin der Koch da drüaben im ›Sonnenblick‹, kommst amal, da moach i dir was Guates.‹ «

WER HEUTE ALS SELBSTDENKER TÄTIG IST, MUSS DAMIT RECHNEN, SEHR ALLEIN ZU SEIN

Immer wieder stößt man bei diesem Selbstdenker, der eben nicht in eine Schublade zu pressen ist, auf neue Facetten. Sein letzter Krimi, »Spot auf den Tod«, war für ihn eine Erholung, und zwar vom Schreiben seines großen historischen Romans »Wege der Vorsehung«. Fünf Jahre hatte er allein an diesem Buch über den antifaschistischen Widerstand recherchiert, viele Archive zwischen Potsdam und Schweiz aufgesucht und mit Geheimdienstagenten gesprochen. »Zwischendurch hatte ich das Bedürfnis mit der Recherche aufzuhören – und dann kam die Sedlmayr-Geschichte. Ich habe das so hingeschrieben, in zwei, drei Monaten die erste Fassung, rausgeschrieben. Ganz ohne große Recherche, ich kannte das Material genau.«

Michael Molsner spricht gerne über diesen Medien-Krimi: »Mike Ratys hat viel von mir. Der Autor muß mit seiner Hauptfigur in Verbindung stehen, das habe ich bei Chandler gelernt, der war mit seinem Philip Marlowe schon identisch. Als ich Krimis zu schreiben begann, da war ich noch nicht so weit, auch wenn meine Bücher immer sehr viel Persönliches enthalten. Jetzt nach fünfundzwanzig Jahren bin ich endlich so weit. Ich fühle wie Mike Ratys, ich denke wie er, so bin ich.« Der Name Ratys lehnt sich an den Namen des ersten Ehemanns seiner Mutter an, der Radic hieß: Mike Molsners erster Name war Heiner Radic, weil der Mann ihn adoptiert hatte.

Wir wollen von Molsner wissen, ob die Schlußszene des Romans authentisch ist, denn diese Art von Gesprächen sind jedem Krimischreiber nur allzu bekannt. Mike Ratys wird zu einem Produzentengespräch nach Frankfurt eingeflogen. Zwischen zwei, drei anderen Besprechungen fragt ihn der Produzent, ob er sich vorstellen könnte, nach dem Waibel-Fall einen »Tatort« zu schreiben. Ratys kann es nicht, auch weil die Geschichte zu leicht zur Tunten-Klamotte abrutschen könnte. Die zentrale Szene im »Spot auf den Tod« ist jene, in der Mike Ratys als Rechercheur ins Schwulenmilieu geht, was nicht nur gefährlich war, sondern zugleich auch ein Betrug gegenüber seinen Informanten darstellte. Er hat damals diese Recherche zusammen mit einem Privatdetektiv durchgeführt, der ihn als Reporter in der Szene vorstellte.

Und dann kommt eine Passage, die den Selbstdenker Mike Molsner in klarem Licht erscheinen läßt: »Letzten Endes sind Sie der Autor und schreiben, wofür Sie bezahlt werden«, entgegnete der Produzent wohlwollend. »Nein«, widersprach ich, »ich bin Schriftsteller. Ich lehne sogar hohe Honorare ab, um meine Vorstellungen von einem Stoff oder von einer Figur nicht verraten zu müssen ...« Seufzend blickte er in die Runde meiner Kollegen. »Ein Schriftsteller! Und ich hab schon gehofft, die sind ausgestorben.«

Ganz ähnlich war es Molsner einmal ergangen, als ein Produzent ihm sagte: »Ich hab was von Ihnen gelesen, Sie sind ja ein richtiger Schriftsteller!«

Inzwischen gibt es eine Option auf »Spot auf den Tod«, vielleicht wird ja doch eines Tages ein Kino- oder Fernsehfilm aus diesem ausgezeichneten Buch, verdient hätte es das allemal.

Als wir uns von Mike und Jeanette Molsner auf dem Bahnhof in Kempten verabschieden, stellen wir über die gemeinsamen biographischen Entsprechungen hinaus fest, daß der Kollege durchaus keinen Unterschied macht zwischen der hohen Literatur und der sogenannten Unterhaltungsliteratur. Selbstbewußt ist er, der Mike.

»Ich verstehe mich als ein ganz ernsthafter Schriftsteller und halte mich persönlich für absolut gleichwertig mit jedem Zeitgenossen, auch mit Grass. Daß ich mich dabei überschätze, oder daß ich das eine oder andere Buch von mir überschätze, das sei allen Kritikern unbenommen. Aber das ist die Meinung, die ich von mir habe, und ich würde nicht sagen, ich schreibe Krimis, weil ich das andere nicht kann, also davon kann überhaupt keine Rede sein. Ich fühle mich jedem gegenüber gleichwertig, und wenn mir heute jemand ein Angebot machte, neben Walser und Grass vorzulesen, würde ich antreten mit dem Gefühl, die aus dem Feld schlagen zu können. Also das würde ich mir zutrauen, vor jeder Art von Publikum.«

Ein Modelleisenbahner erzählt

-ky (alias Prof. Horst Bosetzky) –
Bramme wird erschaffen

ANGABEN ZUR PERSON
=================

Name: Horst BOSETZKY

Künstlername: -ky

Vorname:Horst Otto Oskar

Geburtsdatum: 1.2.1938

Geburtsort: Berlin-Köpenick

Beruf: Gelernter Industriekaufmann, Soziologieprofessor, Schriftsteller

Wohnort: Berlin, einmal ganz im Norden und einmal in der Mitte

Familienstand: Verheiratet, aber getrennt lebend, und dann mit 59 Jahren nochmal Vater geworden

Wieviele Leichen gehen auf Ihr Konto: Hochgerechnet könnte das schon auf die 500 zugehen.

Warum kehren Sie immer wieder zum Tatort Bramme zurück: Irgendwie mußten die norddeutschen Erlebnisse ja verarbeitet werden.

Bereuen Sie Ihre mörderischen Taten: Ja, wenn ich daran denke, was aus mir geworden wäre, würde ich jetzt im Vorstand eines Industrieunternehmens sitzen mit 400-500000 Mark im Jahr, und so ist man nur ein armer Poet.

Haben Sie etwas zu Ihrer Verteidigung zu sagen: Hier sitze ich und kann nicht anders, wie der große Martin es gesagt hat.

Strafregisterauszüge: Zu einem Mord gehören zwei, Reinbek 1971 · Einer von uns beiden, Reinbek 1972 · Von Beileidsbesuchen bitten wir abzusehen, Reinbek 1972 · Stör die feinen Leuten nicht, Reinbek 1973 · Ein Toter führt Regie, Reinbek 1974 · Es reicht doch, wenn nur einer stirbt, Reinbek 1975 · Ein Reihenhaus für Robin Hood, Reinbek 1979 · Feuer für den großen Drachen, Reinbek 1982 · Die Klette (zusammen mit Peter Heinrich), Reinbek 1983 · Ich lege Rosen auf mein Grab, Reinbek 1988 · Schau nicht hin, schau nicht her (zusammen mit Steffen Mohr), Reinbek 1989 · Catzoa, Reinbek 1990. Brennholz für Kartoffelscheiben, Berlin 1995 · Capri und Kartoffelpuffer, Berlin 1997 · Champagner und Kartoffelchips, Berlin 1998

Diesem Mann ist nicht zu trauen. Jahrelang hat er sich hinter einem Pseudonym versteckt. Doch wenn man ihm gegenübersitzt, denkt man: ein netter, etwas gealterter Hippie mit silbrigem Pferdeschwanz und Lederweste, ein verschmitztes Lachen und eine ungebrochene Gesprächsfreude. Die Rede ist von -ky, dem Berliner Krimikollegen, der mit richtigem Namen Horst Bosetzky heißt und seit vielen Jahren dem SYNDIKAT vorsteht. Verläßlich und berechenbar.

Wir kommen mal wieder aus verschiedenen Richtungen, um einen weiteren Schreibtisch-Täter zu vernehmen und treffen uns in Berlin am Bahnhof Zoo. In der Hauptstadt der Macht. Doch dieses Mal wird unser Vernehmungsprotokoll ganz anders sein. Aus -kys Aussagen und unseren Recherchen ist ein innerer und äußerer Monolog entstanden, samt Angaben zur Person. Beweisaufnahme und Plädoyer in einem.

Es spricht der Autor. Direkt und ungeschminkt. Sogar die Worte, die wir ihm in den Mund gelegt haben.

BRAMME: DER ORT

Mein Traum ist, eine Turnhalle zu haben und da die ganze Bundesrepublik im Modell nachzubilden. Landschaften, Berge, Flüsse, Städte. Man fühlt sich als Gott, wenn man so etwas tut. Ein bißchen bin ich darin Karl May gefolgt, der hat ja auch schöne Städte erfunden, besonders in den in Deutschland spielenden Büchern. Mich hat das einfach gereizt, eine Stadt zu erfinden.

Meine Stadt heißt Bramme.

Das klingt ein bißchen nach Bremen. Es sind aber eher die Gemeinden, die ich in den Jahren besucht habe, in denen ich in Bremen gearbeitet habe: Worpswede, Achim, Osterholz, im Umkreis von hundert Kilometern. Bramme ist die Summe der niedersächsischen Gemeinden.

Zunächst brauchte ich einen Fluß, die Bramme, auf der ich mit dem Faltboot paddeln konnte, und eine romantische Burgruine zum Versteckspielen, und einen Wall mit Wallgraben, wie in Bremen, und einen Marktplatz, wie wir ihn in Berlin nicht haben. Jemand wie ich, der in Berlin geboren wurde, hat immer eine Sehnsucht nach kleineren Städten, nach heilen, gut erhaltenen mittelalterlichen Städten.

Irgendwann kam der Soziologe in mir durch – ich wollte Mechanismen dieser Gesellschaft herausstellen, Mikropolitik aufzeigen.

Ich habe Bramme gezeichnet.

Es gibt also ganz genaue Stadtpläne, alle Straßen sind verzeichnet, ebenso all die Orte, wo in einem der Romane Personen angesiedelt sind, wo etwas passiert. Ich habe Listen gemacht. Genrefremde Menschen trauen uns das nicht zu, daß wir die pingeligsten Pedanten sind, daß wir alles ganz genau vermerken müssen. Ich habe meine Stadt immer variiert, weil man nicht von sich selber abschreiben kann. Bei Bramme habe ich angestückelt, wenn ich eine Gasanstalt gebraucht habe, dann habe ich die auf eine freie Fläche gesetzt, ein Arbeiterviertel mußte her, das wurde das Sternenviertel, ich mußte immer etwas hinzudenken, hinzufügen.

In Bramme war das alles möglich. In Berlin hätte ich niemals ein Atomkraftwerk hinsetzen können. Bramme hat etwa 80 000 Einwohner, das schreibe ich an mehreren Stellen, aber eigentlich ist es in meinem Kopf immer etwas kleiner gewesen.

Als ich anfing, über Bramme zu schreiben, war ich schon aus Bremen weg, konnte aber meine Stoffe in Berlin nicht ansiedeln.

Kriminalromane sind immer auch Reduktion von Komplexität, man kann nicht die ganze Gesellschaft erklären, auch in dieser Kleinstadt mußte ich einiges aussparen.

In Berlin war schon vieles mickrig, z.B. in der Politik, aber in Bremen war alles noch kleiner, wurde jedoch mit großer Arroganz vorgetragen. Da heißt einer Senator, der aber eigentlich bloß ein Stadtrat ist.

Irgendwann kam der Soziologe in mir durch, da brach etwas durch, Mechanismen dieser Gesellschaft herausstellen zu wollen, praktisch im Laborexperiment Bramme eine Welt zu schaffen und zu zeigen, was in diesem Lande die Menschen dahin gebracht hat, entweder glücklich oder unglücklich zu sein. Die Verfestigung der Machtstrukturen, Mikropolitik zu zeigen, Zusammenhänge aufzuzeigen, wie das Establishment in solchen sozialen Systemen soweit Herrschaft ausübt, daß Veränderungen der Verhältnisse nur sehr schwer möglich sind.

Das ging eben am Beispiel Bramme sehr viel besser als am Beispiel Berlin.

Das Ganze hat etwas damit zu tun, daß ich Modelleisenbahner bin, und Modelleisenbahner träumen immer davon, große Städte auf ihren Anlagen zu entwerfen und zu bauen. Wie gesagt, am liebsten hätte ich eine Turnhalle gehabt. Ich hatte aber nur ein kleines Zimmer, und insofern ist das literarische Bramme eigentlich etwas, was ich als Modelleisenbahner nie geschafft habe, eine eigene Stadt zu bauen, einen Mikrokosmos zu entwerfen.

In »Pardon« stand mal: Bramme ist überall.

Bramme ist schon eher eine abstrakte Stadt, die gleichzeitig eben doch idealtypisch ist, im Sinne Max Webers, ein Modell für viele bundesrepublikanische Städte, die Art Städte, die das Land eben prägen.

-KY: EIN PSEUDONYM

Der Lektor Richard K. Flesch und ich haben überlegt, als die ersten beiden Romane, »Zu einem Mord gehören zwei« und »Einer von uns beiden«, fertig waren, was für einen Namen wir da drauf schreiben. Damals war gerade ein Fußballspieler bei Hertha BSC, der hatte den schönen Namen Lorenz Horr, der kam aus dem Pfälzischen und spielte bei Hertha, halb links oder halb rechts, ich sagte: »Wie ist es denn mit Vinzenz Horr?« Dabei auch an den Horror denkend. Und so haben wir dann Namen für Namen durchgespielt. Eins war klar, ich wollte nicht, daß Bosetzky draufsteht, um mir in Bremen meine Chancen in der Politik nicht zu verderben.

Ich arbeitete damals in einer Stabsstelle von Bürgermeister Koschnick und war auch SPD-Mitglied. Es sah gar nicht mal so schlecht aus, in der Mischung Partei und Gremien Karriere zu machen. Wenn die nun merkten, daß meine ganze Kraft a) nicht der Bremer Verwaltung, b) nicht der Partei zur Verfügung gestellt wurde, sondern ich schreibsüchtig war, dann hätten die mich nicht weiter unterstützt. Es war so die Rede davon, mal nach Mainz zu gehen und Verbindungsmann zum ZDF zu werden, Parteibaracke undsoweiter, das hätte ja ne' Menge Geld, ne' Menge Macht gegeben, das wäre ein Einstieg gewesen. Da stellte sich für mich die Frage: Machst du das oder schreibst du?

Der Flesch hat ja immer viel Whisky getrunken und dann, weil ich ja Horst Otto Oskar heiße, habe ich gesagt, wie ist es denn mit Oskar Kentucky, naja, deutscher Stoff, im norddeutschen Bramme angesiedelt, und dann Kentucky drauf, das ist ja wohl auch nichts. Aber im Laufe des Tages, mit dem vielen Whisky, ist dann tatsächlich von Kentucky, Whisky, Bosetzky und halbtrunken »the key to success«, das -ky übriggeblieben. Während des Abends einigten wir uns darauf, daß da bloß Bindestrich ky draufstehen soll.

Im Rowohlt-Verlag wußten nur der Lektor und seine Sekretärin, Frau Fröhlich, Bescheid. Das wurde alles unter Verschluß gehalten, in der Honorarabteilung wußten sie es natürlich auch alle.

Viele haben gedacht, das sei eine gute Werbung, ein PR-Gag gewesen, aber es war nicht

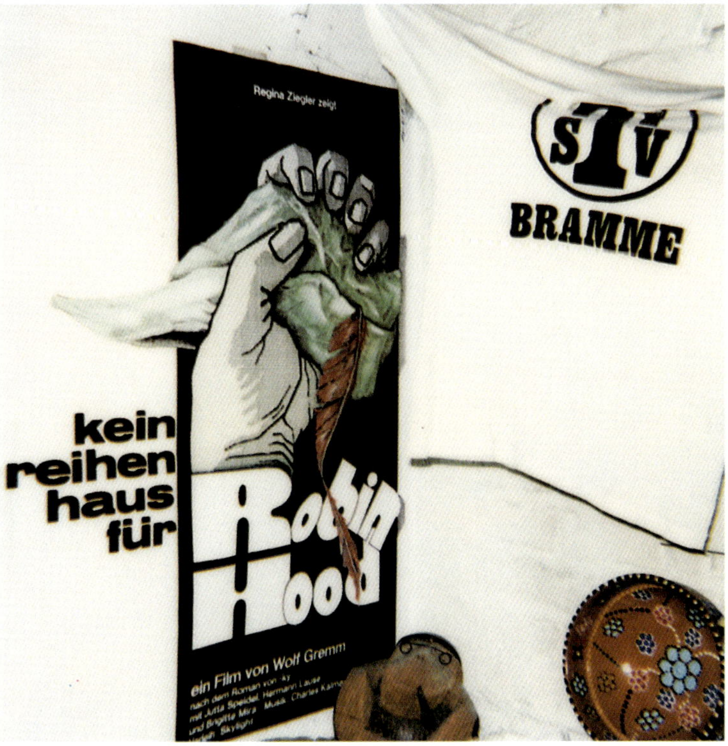

geplant, sondern nur zu meinem Schutz gedacht. Niemand hat geglaubt, daß das diese Wirkung haben könnte, ein Glücksfall.

Irgendwann gingen nämlich die Spekulationen los. Walter Jens wurde verdächtigt, als -ky getarnt, die Romane geschrieben zu haben, Bundeskanzler Helmut Schmidt, der Soziologe Urs Jaeggi, sogar der österreichische Bundeskanzler Bruno Kreisky und der Schriftstellerkollege Kieseritzky.

Irgendwann gingen die Spekulationen los, doch bis zur Enttarnung sollten viele Jahre vergehen.

Ich arbeitete inzwischen an der Fachhochschule für öffentliche Verwaltung in Berlin und erfreute mich an diesem Versteckspiel. Es hat ja auch Spaß gemacht, ach wie gut, daß niemand weiß ...

Zu einem Krimi-Kongreß, auf dem meine Anwesenheit angekündigt war, habe ich ein besprochenes Tonband geschickt, das vor den Zuhörern abgespielt wurde.

1975 versuchte zum ersten Mal eine Kollegin von der Hochschule, mich zu überführen. Der habe ich Aufsatzhefte gezeigt, wo klar wurde, daß ich gar nicht schreiben konnte. Meine Deutschlehrer hatten mir das immer bewiesen. Mein Standartsatz lautete: Indizien sind noch kein Beweis.

Später wurde ein Kopfgeld von 1 000 DM ausgesetzt, um das Pseudonym zu lüften und den Namen herauszufinden.

Ich habe mich mit dem Kollegen Hansjörg Martin in einer Berliner Pension konspirativ getroffen. 1978 bin ich noch getarnt zum Treffen mit den anderen nach Wedel gefahren, alle Kollegen haben wirklich dicht gehalten.

Die Enttarnung kam 1981, zehn Jahre später, als Wolf Gremm meinen Roman »Kein Reihenhaus für Robin Hood« verfilmt hat. Die Produzentin Regina Ziegler meinte, mein Pseudonym aufzugeben, sei für die Promotion des Films ein guter Effekt. Ich wußte ja auch, daß es nicht viel länger zu halten war. Immer stärker konzentrierte sich der Verdacht auf mich. Jürgen Kritz von »Titel Thesen Temperamente« hat dann zum Filmstart am 1. April die Story an die Öffentlichkeit gebracht. Alles ganz aufregend. Als meine Mutter den Bericht dann im Fernsehen sah, wollte sie mich tatsächlich fast enterben.

In den zehn Jahren waren viel zu hochgeputschte Erwartungen entstanden, denn nun stellte sich heraus, daß ich ein stinknormaler Mensch war, mit Frau und zwei Kindern, Professor in einer Fachhochschule. Es begann die Phase der vielen Anfeindungen.

Auf einer Tagung 1982 in Loccum wurde mir von den Kritikern Compart und Schmidt vorgeworfen, ich könne gar nicht schreiben und habe genau deswegen unter Pseudonym geschrieben.

Besonders kompliziert wurde es für mich in der Hochschule. Wir sind in unserem Fachbereich zwanzig Leute, es ist ein unheimlich austariertes Gefüge. Nun gibt es welche, die haben wenig veröffentlicht und wenig Ansehen bei den Studenten. Die einzige Veröffentlichung, die ein Kollege hatte, war eine Wohnungsanzeige in der Berliner Zeitung. Und dann gibt es einige, die haben viel veröffentlicht, und wenn einer von denen auch noch auffällig wird, dadurch nämlich, daß er Bücher schreibt und in den Medien zu sehen ist, dann ist das für viele von den lieben Kollegen doch ein bißchen erschütternd, weil sie meinen, daß es das Gleichgewicht ein wenig durcheinanderbringt.

JUGENDSÜNDEN: DIE ANFÄNGE

Mit 16 bekam ich eine Schreibmaschine geschenkt, habe Kurzgeschichten geschrieben und zweimal an den »Telegraf« geschickt. Aber die wollten die nicht.

Auch während meiner Lehre bei Siemens habe ich geschrieben, da mußte ich früh um vier Uhr aufstehen und anderthalb Stunden hinfahren und es gab dafür 571 DM im Monat, trotz der fertigen Lehre als Werkstudent.

Und dann las ich im »FU-Spiegel« eine Anzeige: BASTEI sucht Autoren, John-Drake-Romane. Das war nicht schwer, die nachzuschreiben. Ein bißchen äußere Spannung, ein *Whodunit*, immer bringt der Held die Welt wieder in Ordnung. Oder: Feindliche Mächte wollen die CIA-Zentrale in Langley in die Luft sprengen, und John Drake schafft es in letzter Sekunde, den Zünder aus der Bombe zu drehen. Es gab Vorgaben vom Verlag: kein Sex, keine Beleidigung der USA. Drake konnte viel rumjetten in der Welt, dafür hatte ich die Pläne von Polyglott.

Ich habe etwa einen pro Woche geschrieben, rund dreißig Stück, von denen etwa fünfzehn gedruckt worden sind. Das waren so meine Jugendsünden.

Meine Frau sagte damals, warum schreibst du nicht mal einen richtigen Roman.

Aber es bedurfte noch eines anderen Anlasses. Mein Vater starb 1968, und da bin ich lange Zeit nicht drüber hinweggekommen, fast ein Jahr Trauerarbeit. Damals habe ich die ersten zwanzig Seiten von »Einer von uns beiden« geschrieben. Die Geschichte spielt im

Hochschulmilieu und handelt von einer plagiierten Dissertation, Erpressung und Mord. Darin steckte auch die Wut des armen Studenten in Kreuzberg gegenüber den reichen Profs in Dahlem. Damals wurden die Olypmischen Spiele in Mexiko immer nachts übertragen und ich konnte nicht schlafen, wollte fernsehen und schreiben, bin fast durchgedreht, ausgeflippt.

Irgendwann war der Roman fertig, und ich hab' ihn an Rowohlt geschickt. Lange nichts gehört. Wochen später habe ich angerufen und

Frau Fröhlich war dran, eine richtige Berlinerin aus Pankow, die wußte, welche Buslinie nach Pankow fuhr, die A 9. Aber es kam erstmal nur zu Floskeln. Ich wußte damals noch nicht, daß die Fröhlich die Seele vons Buttergeschäft war.

1969 fand ein Kongreß von Verwaltungswissenschaftlern in Hamburg statt. Das wollte ich nutzen, um den Lektor persönlich aufzusuchen. Ich hab mich einfach in die S-Bahn gesetzt und bin rausgefahren nach Reinbek, für mich heute immer noch unvergeßlich, weil ich S-Bahn ohne Passierschein fahren konnte, und nicht mit der feindlichen DDR-S-Bahn, sondern mit der eigenen West-S-Bahn, ohne Passierschein, nicht mit dem Desinfektionsmittelgeruch der DDR drin, und über Stadtgrenzen hinaus, ohne daß man Angst haben mußte, von Stasi-Leuten verfolgt oder verhaftet zu werden.

Es war ein wunderschöner Sonnentag, es ging über die Felder: Moorfleet, Mümmelmannsberg, und irgendwann kam Reinbek, da lag die Rowohlt-Villa, das war für mich wie ein Schloß, das war ein Gral, das war alles, alles: Neuschwanstein, ein Tempel. Ich stand staunend davor: da war das, wo ich immer hinwollte.

Ich wollte da gedruckt werden. Das war die allerwichtigste Sache für mich, sogar noch wichtiger noch als Liebe, Ehe, Doktortitel, Universitätskarriere, ich wollte da gedruckt werden, bei Rowohlt in einem Reihenroman; eine Fixierung mit möglicherweise schon leicht pathologischen Anteilen.

DER AUTOR UND SEIN LEKTOR

Flesch hat meinen Roman akzeptiert, aber gleichzeitig noch einen zweiten von mir gefordert. Dann erst hatte ich mein sehnlichstes Ziel erreicht. Anfangs ging alles glatt, bis ich merkte, daß der Flesch oberlehrerhaft ist, der wollte mitschreiben. Er war ein verhinderter Autor, der immer den Überroman schreiben wollte.

Manchmal habe ich mein Manuskript abgegeben und keine Druckfahnen, sondern erst das fertige Buch gesehen und darin Sätze entdeckt, die nicht von mir stammten. Ich hatte auch mal einen großen Krach mit ihm wegen einer Sektengeschichte.

HORST BOSETZKY
DER LETZTE ASKANIER
-ky
Wie ein Tier
Dokumentarischer Roman
Argon
-ky
-ky
Der Satans-
braten
Roman
-ky
Sonst
Kinderkrimi
DER LETZTE ASKANIER
-ky
Stör die
feinen Leute nicht
Mein Lese
Einrichtung von Seiten
Autokorrektur

Belinea

Es war ein Ritual: Die Autoren kamen nach Reinbek, in Bismarks Hotel in Aumühle, meistens zwei Tage am Wochenende, dann ging Flesch fast jeden Satz mit einem durch. Dabei wurde immer viel Whisky getrunken und gut gegessen. Fleschs Standartsatz war: Der Verlag zahlt ja. Zwei Tage, Seite für Seite.

Es ging um stilistische wie auch inhaltliche Veränderungen. Warum hustet der da? Flesch hat einen immer dann vorgeführt, wenn etwas nicht stimmte. Das kann aber nicht sein, sagte er häufig. Flesch war ein Patriarch, er hatte Charisma, es war natürlich auch ein Machtspiel, ganz klar. Seine Sorge galt seiner Krimi-Reihe, einen guten Stoff wollte er haben. Das war keineswegs immer bloße Rechthaberei.

Die Konditionen am Anfang: 3 000 DM Vorschuß, 15 000 – 18 000 Startauflage, und 5 % bei einem Ladenpreis von 2,80 DM. Ganz hübsch. Zu der Zeit hatte ich gerade eine halbe Assistentenstelle an der FU.

Frau Fröhlich hat meine ersten Romane abgetippt, weil ich noch mit der Hand schrieb. Mit der Maschine habe ich dann meine Schreibgeschwindigkeit deutlich verschnellert. Ich komme aus einer Handwerkerfamilie. Schon gleich beim ersten Computer habe ich zugegriffen, Computer sind etwas Herrliches. Am Anfang schrieb ich auf einem Texie. Im Computer mache ich heute statt Kommissar Mannhardt nur ää. Pro Tag schreibe ich sieben bis zehn Seiten, wenn ich gut in Form bin. Einen Roman kann ich in drei, vier Wochen schaffen.

Im Sommer stehe ich um vier Uhr auf, bevor die Zeitung kommt, habe ich schon eine Stunde gearbeitet, im Winter um halb sechs, bis zehn Uhr muß ich fertig sein, dann gehen die Störungen los, meine kreative Zeit ist morgens. Ich schreibe im Stehen, nicht nur wegen meines kaputten Rückens, sondern man hat auch eine größere Beweglichkeit. Ich bin ein 100-Meter-Läufer und ich will schnell ans Ziel; ich bin kein Marathonläufer, so ist es mir auch zuwider, den Text nochmal und nochmal vorzunehmen; wenn der Text im Computer ist, schau ich ihn durch, mit dem ABC-Programm, sind Wortfehler drin, dann lese ich ihn schon mit einem Widerwillen durch, will ihn eigentlich nicht zum zweiten Mal sehen. Das ist eine Qual, obwohl ich ihn liebe, den Text.

SCHREIBANLASS: DIE EIGENEN ÄNGSTE

Wie ist es bei meinem Roman »Stör die feinen Leute nicht«gewesen? Da kommt jemand, der das Produkt eines Verbrechens ist, in eine Stadt und merkt, diese Stadt stößt ihn ab, verfolgt ihn irgendwie. Also, ich gehe vom Individuum aus, von dieser Katja und meinem eigenen Gefühl, was passiert mir. Das ist meine eigene Angst, in eine fremde Stadt zu kommen. Ich habe in Erlangen gelebt, in Göttingen, auch in Bremen, jedesmal, wenn ich in eine fremde Stadt gekommen bin, habe ich zunächst Angst gehabt.

Oder bei meinem Roman »Ich lege Rosen auf mein Grab«. Ich habe in Berlin für ein Senatsgutachten viele Interviews im Knast gemacht, in Tegel und in Moabit, habe mit Mördern und anderen in der Zelle gesessen und habe damals immer gedacht, was passiert jetzt, wenn der dich niederschlägt oder deine Karte nimmt, man kriegt ja immer so eine Karte beim Besuch im Knast, und der haut damit ab ... Und auch bei diesem Roman ist der Plot Folge meiner eigenen Ängste gewesen. Daß ich durch die individuellen Ausgangspunkte ein wenig versucht habe, meine Ideologie rüberzubringen, wo immer man sie ansiedeln soll, mal marxistisch, mal sozialistisch, mal plump sozialdemokratisch, mal ein bisschen grün, in bestimmten Fragen auch mal christdemokratisch, das ist sicherlich wahr, aber das ist bestimmt nicht der Ausgangspunkt gewesen.

Die Ängste kommen sicherlich aus meiner Jugendzeit, als die Bomben fielen, das ist klar. Dann waren wir ja alle, zumindest alle, die hier im Osten waren, bei Vergewaltigungen dabei,

das muß man sich mal vorstellen, sieben- oder achtjährige Kinder sind bei Vergewaltigungen dabei, im selben Zimmer – das ist natürlich ein Trauma. Dann die Angst, im Keller verschüttet zu werden oder die fürchterlichen Ängste bei Tieffliegerangriffen.

Es gab nach dem Krieg immer so lustige Tanten, die sagten, wenn es mal ein Stückel Fleisch auf dem Teller gab und das schmeckte so ein bißchen komisch, wie Fleisch ja immer so komisch schmeckt, dann sagten die: da ist ne Nachbarin verschwunden, das wird bestimmt die Dicke sein. Kannibalismus war nicht ausgeschlossen in der damaligen Zeit.

Dann muß man sich vorstellen: Stromsperre im Krieg, in der Blockade in Berlin, ab achtzehn Uhr gingen alle Lichter aus, Bahnen fuhren nicht mehr, Stromsperre, da mußte man als Kind durch dunkle, zerbombte Städte laufen, das sind natürlich tiefsitzende Ängste.

Ich vertrete ja die These, daß man Kriminalromane nur schreiben kann, wenn man zum einen aggressiv ist, haßt – und das tue ich, ich hasse viele Menschen und bin unheimlich ag-

gressiv –, und zum anderen, wenn man selber Angst hat.

Laue Menschen werden nie vernünftige Krimis schreiben, gleichzeitig muß man aber auch Moralist sein, nach meiner Meinung.

Wir haben in Bremen mal einen Kollegen schön gepiesackt, ich war auch dabei, weil es einfach Spaß gemacht hat. Mobbing macht ja Spaß für die, die es ausüben. Das muß man auch mal sagen. Der Kollege fuhr zum Spiel Werder gegen Bayern München – damals war gerade zu der Zeit Stunk zwischen den Fans. Und da er uns geärgert hat, wollten wir ihn auch ärgern und haben heimlich einen Aufkleber von Bayern München gekauft und auf sein Auto geklebt. Der fuhr ganz stolz damit ins Weser-Stadion, und die hauten auf sein Auto drauf, hätten ihn fast erschlagen. Da haben wir Mitleid gekriegt und ihn da wieder rausgezogen. Dabei war der ein glühender Werder-Fan, aber mit dem Aufkleber hintendran, haben die Werderfans ihm das Auto demoliert. Das ist so ein bißchen Aasigkeit und Aggression, die habe ich in meinen Büchern ja auch ablassen können.

Ich muß zum Beispiel jedes Messer, das ich offen liegen sehe, zuklappen. Meine Mutter hat 1945 versucht, Selbstmord zu machen und sich die Pulsadern aufschneiden wollen, weil sie vergewaltigt worden ist. Ich habe ihr das ausgeredet, habe sie davon abhalten können. Mein Vater war im Krieg verschollen. Meine eigene Frau hat zwei Selbstmordversuche hinter sich. Ich selbst könnte das nicht, auch nicht bei tiefsten Depressionen, insoweit bin ich noch ein gläubiger Mensch.

REAKTIONEN, KRITIKER UND MISSACHTUNG

Ich kann mich noch an den ersten Leserbrief erinnern, von einer Frau aus Osnabrück, die hat an Flesch geschrieben, sie hätte »Zu einem Mord gehören zwei« in Hamburg gekauft, und auf der Höhe von Osnabrück hätte sie den Roman aus dem Fenster geworfen – damals konnte man die Fenster noch aufmachen in den Zügen, 1971 –, weil dieses Machwerk auf keinen Fall jungen Menschen in die Hand fallen dürfte, sie würden damit verdorben werden, und sie habe es voller Ekel und voller Abscheu rausgeworfen. Es ging darum, daß Kommissar Mannhardt sich da irgendwie aufgegeilt hat, weil eine Frau einen kurzen Rock anhatte. Das hat mich aber doch gefreut, wenigstens eine Reaktion.

Als die ersten deutschen Krimiautoren haben wir uns gefühlt wie Boris Becker, als er Wimbledon gewonnen hatte, da wurde er mit seiner Sportart endlich wahrgenommen. Das haben wir von der alten Garde geschafft, der Martin, die Rodrian, der Werremeier, Molsner, Huby und ich Anfang der siebziger Jahre, da gibt es Deutsche, die Kriminalromane schreiben können, das war schon ein schönes Gefühl, so wie Deutsche Tennis spielen können, oder wie Armin Hary die hundert Meter laufen konnte, was man den Deutschen ja nicht zutraut, so hat man uns nie zugetraut, daß wir Kriminalromane schreiben können. Anfang der siebziger Jahre war Aufbruch, Wahrnehmung, Erfolg, Freude, dann kam aber relativ schnell die Ernüchterung, einmal die übermächtigen Ausländer, die uns vorgehalten wurden, da wurden die Auflagenzahlen verglichen, und dann gibt es Kollegen, die alles hassen, wo deutsch drauf steht, ob das nun die deutsche Butter, die deutsche Küche oder der deutsche Kriminalroman ist.

Diese Schimäre Hochliteratur hat mich nie interessiert, aber es ärgert mich, wenn im hintersten Neuseeland jemand ein Büchlein schreibt, was mich nicht interessiert, und dann im »Tagesspiegel« darüber eine halbe Seite erscheint, während meine eigenen Bücher mit ein paar kurzen Bemerkungen, und dann noch drei Bücher auf einmal, abgehandelt werden, und dann auch noch negativ. Da werde ich wirklich böse.

Auf der gegenüberliegenden Seite sind Michael Molsner, Irene Rodrian und Felix Huby zu sehen

Es ist schon ganz schön, wenn einer meinetwegen zehn Seiten übers Rasieren schreibt, alles: was man so an Gedanken beim Rasieren hat, wie der Urgroßvater sich rasiert hat, finde ich herrlich, hör ich gerne zu und denke, so möchte ich auch mal schreiben. Bloß, wenn ich im Kriminalroman zehn Seiten übers Rasieren habe, passiert ja doch folgendes: Erstmal streicht der Lektor acht Seiten davon raus, und wenn zwei Seiten drinbleiben und man fragt engere Bezugspersonen, wie fandest du das, dann sagt die eigene Bezugsperson, hab ich überschlagen, interessiert mich nicht.

Wir in unserem Genre sind ja dazu verurteilt, diese Dichte, was man gemeinhin die Hochliteratur nennt, zu vermeiden, weil das doch sehr hemmend ist im Erzählfluß, weil das zu sehr Detail oder zu sehr Innenschau ist, zu verspielt, zu kunstvoll ist für einen Gebrauchsgegenstand wie einen Kriminalroman. Die beiden literarischen Krimis, die ich geschrieben habe, »Ich lege Rosen auf mein Grab« und »Friedrich der Große rettet Oberkommissar Mannhardt«, haben den Krimifans nicht gefallen. Das konnte man ganz klar an den Auflagenzahlen ablesen.

Was mich aber besonders ärgert, ist die Übermacht der Amis, die Überwälzung der anglo-amerikanischen Seite, was ja real bedeutet, daß viele von uns auch nicht gedruckt werden. Der deutsche Anteil bei der Krimiproduktion liegt nur bei 15 %, das muß man sich mal

19 06
VOR EINFAHRT HALT

vorstellen. Da gibt es gleich einen Kult um Autorinnen wie Sarah Paretzky oder Patricia Cornwall, wie es schon immer einen Kult um Agatha Christie und Edgar Wallace gegeben hat. Das ist deprimierend.

Es gibt ja diese Jack-Lang-Position – für die französische Kultur, gegen die Vorherrschaft der Amerikaner, zum Beispiel im Kino. Aber wir können nach 1945 so eine Position nicht vertreten, das können die anderen machen, wir dürfen das nicht.

DIE REVOLTE: NIEDERGESCHLAGEN

Einmal haben wir aufgemuckt, auch gegen den »Vater«, den Flesch, weil wir merkten, daß wir zwar hohe Auflagen hatten, aber irgendwie im Abseits standen. Das war 1978, der sogenannte Wedeler Aufstand der Krimiautoren gegen den Rowohlt-Verlag.

Die *claims* waren abgesteckt. Wir stellten fest, die Verlage tun nichts, sie machen zu wenig Werbung, sie zahlen zu wenig, unsere Taschenbücher werden auf den Kulturseiten nicht besprochen, nach acht Jahren Blütezeit waren wir enttäuscht und depressiv. Wir waren auch generell über der Verleger Ledig-Rowohlt sauer, weil er den Krimi so abgewertet hat. Michael Molsner und Irene Rodrian sind zu anderen Verlagen gegangen und haben verhandelt, aber die Konditionen waren nicht besser gewesen.

Unsere Forderung lautete: von jedem Krimi-Autor sollte ein Hardcover gemacht werden. Unter dem Roland von Wedel haben wir uns mit dem Geschäftsführer Matthias Wegner getroffen. Hey, Huby, Rodrian, Werremeier, Hendricks, Andresen und Molsner waren da. Es sah aus wie ein Aufbruch in eine herrliche Zukunft. Wir haben den Verleger zum Essen eingeladen und sind damit ruhiggestellt worden, daß Wegner uns sofort versprach, ein Hardcover zu machen, Vorschuß: 7 500 DM. Dann kam das Hauptgericht.

Ich bin ja nun in zwei Gewerkschaften drin und mag ja auch gerne Aufstände, aber wir waren schon ein verlorener Haufen und haben begriffen, daß wir nicht die Macht haben; entweder wir passen uns an oder wir gehen. Dieser Wedeler Aufstand war im Grunde schon ein Erlebnis der Ohnmacht. Richard Hey hat dann noch den »Verlag der Autoren« gehabt, das war auch eine Möglichkeit auszuweichen. Aber daß unsere Chancen bei den großen Buchbürokratien gegen Null gehen, das war uns damals schon klar. Also endete dieser Aufstand damit, wie so viele andere Aufstände auch, daß wir ziemlich betrübt in die achtziger Jahre gegangen sind.

Wir kamen nicht auf die Idee, einen eigenen Verlag zu gründen. Es war kein Macher da, keiner mit einer Managerbegabung, obwohl wir die einzigen waren, die damals in Deutschland Krimis schrieben.

SOZIOKRIMI: DER BEGRIFF

Der Soziokrimi soll die Integration von Urbauelementen des Kriminalromansl leisten, originell phantasievolle Vorbereitung und Ausführung eines Verbrechens, meist eines Mordes, Auf- und Erklärung dieses Mordes, Umkipp- und Verwehreffekte, Einbringung von Spannungsmomenten wie Autojagden, Schießereien, Fahndungsaktionen oder Explosionen und Urbauelementen einer kritischen Sozialwissenschaft, Erklärung menschlicher Handlungen aus ihrer schicht- bzw. klassenspezifischen Situation heraus, Beschreibung und Analyse der sozialen Lage von Unterpriviligierten und Deprivierten.

Dieser Text ist auch neulich nochmal bei einer Diskussion in einer Krimi-Tagung aufgetaucht. Wahrscheinlich eine Definition von mir, obwohl mir der Begriff Soziokrimi bloß angeheftet worden ist. Wahrscheinlich hat mal irgendjemand gelesen, daß ich Soziologe bin, vermutlich in der »Zeit«, vermutlich auch noch von einem Gegner, ob das aus der Compart-Fauser-Schmidt-Ecke kommt, ich weiß es nicht. Ich habe ja diesen Soziokrimi gar nicht auf die Spitze getrieben, darum rege ich mich immer über dieses Etikett auf, ich hab ja nicht über Atomkraftwerke geschrieben oder Giftmüllfässer, das haben ja Werremeier oder Huby gemacht. Ich selbst, der als der Begründer oder Erfinder gelte, habe das ja nicht übertrieben. Ich bin ja eigentlich viel mehr Psychologe und Psychiater als Soziologe, obwohl ich das im Hauptfach studiert habe. Ich habe ja noch nicht mal eine Mafia-Geschichte geschrieben.

BRAMME IST ÜBERALL

Soziokrimi habe ich immer als einen Krimi verstanden, der sich politisch einmischt, auch wenn er in erster Linie spannend und unterhaltend sein muß.

Seit meiner Bremer Zeit hadere ich mit der Sozialdemokratie, obwohl ich immer in der Partei geblieben bin. Es ist fraglich, ob ich überhaupt wieder als Landesdelegierter aufgestellt werde, weil ich immer so meckere. Doch nun plötzlich soll ich mit Walter Momper in den Berliner Bürgermeister-Wahlkampf ziehen. Vielleicht mach ich später mal einen Roman daraus: das Innenleben der Partei, ein schönes Thema, da gibt es einiges zu erzählen.

Ich habe irgendwo in einem Roman geschrieben: »Mannhardt dachte mit Stolz, daß er nun schon dreißig Jahre SPD-Genosse war und damit unendlich Gutes bewirkt hatte«. Das war wahrscheinlich etwas ironisch gemeint.

Wahrscheinlich gibt es durch sozialdemokratische Politik schönere Schulen und ein paar Ampeln mehr, aber gleichzeitig haben sich die großen Strukturen, die Kapitalstrukturen, in den Besitzverhältnissen nicht verändert, und die Zahl der Arbeitslosen ist immer weiter gestiegen, da muß man gar nicht drüber reden. Ich habe allerdings auch nie geglaubt, daß das Kapital ein Papiertiger ist und daß die Kräfte der Arbeiterbewegung ausreichen, diesem System den Garaus zu machen. Aber ein guter Terrorist wäre ich auch nicht geworden. Zu feige, zu ängstlich, zu viele Wenns und Abers.

Für mich gilt heute noch das Mißtrauen meines Vaters, der sagte: »Ich glaube nur, daß zwei Pfund Rindfleisch eine gute Brühe geben, mehr glaube ich nicht.«

BRAMME: ZUM LETZTEN

Ich stehe auf dem Marktplatz meiner Stadt Bramme, bin gerade erst angekommen. Wenn ich zum Rathaus hochgucke, sehe ich einen Schützen, auf dem Rathausdach ... und da ich auf dem Unglücksstein stehe, gehe ich lieber einen Schritt zur Seite, sonst wird er gleich auf mich anlegen, denn Bramme ist die Hochburg der Kriminalität in Deutschland, Bramme ist überall. Wenn ich mich nicht verstecke, wird ein Schuß fallen, und ich werde getroffen zu Boden sinken. Ich gehe lieber schnell in die Knochenhauergasse, wo der erste Bramme-Roman spielt; der Name Knochenhauergasse ist wunderbar. Ich vermute, da werden jetzt noch mehr Leichen herumliegen, denn ich habe ja ein paar Jahre keine Bramme-Romane mehr geschrieben. Das Verbrechen wird überhand genommen haben, meine reinigenden Kräfte sind nicht mehr zum Einsatz gekommen. Wenn man hier einmal gelebt hat, dann kommt man schon auf die Idee, für immer nach Bramme auszuwandern.

Bienzle und der Medienmann

Felix Huby –
Auf allen Kanälen

RISTORANTE
Bild der Frau

ANGABEN ZUR PERSON
==================

Name: HUNGERBÜHLER

Vorname: Eberhard

Künstlername: Felix Huby

Geburtsdatum: 21.12.38

Geburtsort: Dettenhausen bei Tübingen

Beruf: Journalist und Schriftsteller

Wohnort: Berlin Grunewald

Wieviele Leichen gehen auf Ihr Konto: Nicht viele, bei mir kommen gar nicht so viele Leichen vor.

Bereuen Sie Ihre Taten: Manche ja, aber nicht die, die ich beim Schreiben begangen habe.

Strafregisterauszüge: Der Atomkrieg in Weihersbronn, Reinbek 1977 · Tod im Tauerntunnel, Reinbek 1977 · Ach wie gut, daß niemand weiß ... Reinbek 1978 · Bienzle stochert im Nebel, Reinbek 1983/1999 · Bienzle und die schöne Lau, Reinbek 1985 · Bienzles Mann im Untergrund, Reinbek 1986 · Bienzle und das Narrenspiel, Reinbek 1988 · Bienzle und der Sündenbock, Reinbek 1990 · Gute Nacht, Bienzle, Reinbek 1992 · Bienzle und der Biedermann, Reinbek 1994 · Bienzle und der Champion, Reinbek 1999

Ort: Literarisches Colloquium in Berlin. Zeit: ein sonniger Septembernachmittag 1998. Drehbuchseminar bei der 12. Criminale des SYNDIKATS, der Vereinigung deutschsprachiger Kriminalschriftsteller und Kriminalautorinnen. Felix Huby berichtet aus der Welt des alltäglichen Horrors eines Drehbuchschreibers. Und er nennt Namen von Leuten in der Branche, mit denen er auf keinen Fall mehr zusammenarbeiten will. Deftige Bemerkungen fallen. Zugleich eine Warnung an die jungen Autoren. Die Namen von Fernsehgewaltigen und Redakteuren, Produzenten und Schauspielern lassen manchen erschauern, nicht nur diejenigen, die gerade mit dem einen oder anderen zu tun haben.

Zwei Stunden später in einem österreichischen Lokal in der Kantstraße, wir genießen gerade unseren exzellenten Tafelspitz mit Kren, erschrickt Felix Huby vor sich selbst. »Mein Gott, da saßen siebzig, achtzig Leute im Seminar, die werden natürlich weitererzählen, was ich gesagt habe. Ach, egal ... Die einen werden weiser, die anderen radikaler.«

»In dieses Haus wollte Wolfgang Schäuble ziehen«, hatte er ein paar Stunden vorher gesagt, »doch da wollte ich sofort von dem Vertrag zurücktreten. Nicht, weil der ein CDU-Mann ist, sondern weil ich keine Lust habe, vierundzwanzig Stunden am Tag von zwei Polizisten bewacht zu werden. Alle Gäste hätten durch einen Sicherheitscheck gemußt. Aber dann ist der Schäuble doch nicht hier eingezogen.«

Seit Anfang 1998 wohnen Felix und Marielis Hungerbühler in dieser hellen Wohnung in der Wernerstraße. Der große Tisch im Eingangsbereich für viele Gäste, die in dieser Familie stets willkommen sind. Wenn man Felix Huby beim Interview in seiner Wohnung gegenübersitzt, denkt man unwillkürlich, sein Kommissar Bienzle sei aus den Buchseiten aufgestanden. Fast 1,90 groß, bärtig, freundliche, warme Augen, buschige Augenbrauen, und, weil er das Essen so liebt, durchaus von kräftigem Körperwuchs – oder wie eine frühere Bezeichnung im Paß lautete: vollschlank.

PEDRO CAMACHO LÄSST GRÜSSEN

Natürlich kennt er Pedro Camacho, jenen Autor von »radionovelas« aus Peru, dem Mario Vargas Llosa in dem Roman »Tante Julia und der Lohnschreiber« ein Denkmal gesetzt hat. Den *escribidor*, der sich Narrenkappen aufsetzte und Kostüme anzog, um sich beim Schreiben besser in die verschiedenen Personen hineinversetzen zu können. Dessen Geschichten immer verworrener wurden. Der sich die Finger wund tippte und doch nicht den großen Hunger seines Publikums und der geldgierigen Sendergewaltigen erfüllen konnte. »Am Komischsten fand ich, wie der mit den Figuren durcheinanderkommt. Das kann ich sehr gut nachempfinden, weil es mir auch schon passiert ist. Als ich an der Serie ›Auto-Fritze‹ geschrieben habe und parallel dazu eine andere Serie entwickelte, da tauchte plötzlich der Typ von ›Auto-Fritze‹ in der Serie ›Hafendetektiv Stepanek‹ auf.«

Auf die Frage, wann er seine Fabulierlust entdeckt hat, verweist Felix Huby gerne auf seinen Vater, der ein begnadeter Geschichtenerzähler gewesen sein muß. »Der hatte richtige Entertainerqualitäten.« Immer Punkt achtzehn Uhr gab es Abendessen im Hause Hungerbühler. »Da hatte man sich gefälligst zum Schluß einzufinden. Es war Pflicht, daß jeder eine Geschichte erzählen mußte. Wir haben miteinander konkurriert, natürlich waren die Geschichten schon ganz bald nicht mehr wahr, und das hat auch jeder gewußt, weil man ja nicht jeden Tag eine Geschichte erlebt, die erzählenswert ist. Ein Handballspiel in der Schule wurde als Heldengeschichte gestaltet. Mein Bruder hat sich rausgehalten, dem war das peinlich, der wurde Versicherungskaufmann. Aber meine Schwester, die war acht Jahre älter als ich, die hat sogar mich noch überboten.«

Die Schwester hat Lore-Romane verfaßt, um das Studium ihres Mannes zu bezahlen.

Der Vater war ein sehr gebildeter Mann, Rektor an einer Volksschule, der seinen Kindern nicht nur das Erzählen beibrachte (seine beste Anekdote war, wie er in seiner »revolutionären« Jugendzeit mal die Polizei »geleimt« hat), sondern er gab ihnen auch Musikunterricht. Mit achtzehn war er Kommunist, während des Dritten Reiches Gau-Propagandaredner, was ihm drei Jahre Internierungslager einbrachte. Felix Huby erinnert sich an heftige Auseinandersetzungen mit seinem Vater aufgrund dessen Nazi-Vergangenheit. Aber er war in Dettenhausen so beliebt, daß die Einwohner mit den französischen Besatzungstruppen einen Vertrag abschlossen: wenn der Hungerbühler wieder Schulrektor werden darf, kann der französische Kommandant den Sechszehnender schießen. Erst kürzlich hat Felix Huby das Dokument über diesen »Hirschhandel« wiederentdeckt.

Kaum einer der deutschsprachigen Fernseh-Autoren ist derart produktiv wie der jetzt in Berlin lebende Schwabe. Schon die Liste seiner Fernsehserien würde diesen Rahmen sprengen. Das hat natürlich oft Neider auf den Plan gerufen, nicht zuletzt, weil sich mancher kaum vorstellen kann, so viel Text in so kurzer Zeit auf Papier zu bringen. Einmal hat Felix Huby während einer »Sitzung« so lange getippt, bis die Finger nicht mehr mitmachten. Herauskamen sechzig Manuskriptseiten.

»Ich bin sehr fleißig, weil ich faul bin und Angst vor meiner eigenen Faulheit habe. Das ist ja auch bei manchen Leuten ein Antrieb. Karriere habe ich vielleicht deswegen gemacht, weil ich aller Welt beweisen wollte, daß man auch ohne Abitur und Studium etwas leisten kann. Schreiben ist für mich das schiere Vergnügen. Ich arbeite so, wie ich lese. Ich geh' an den Schreibtisch, das fängt an mit einem Satz oder mit einer Figurenkonstellation, die Personen setzen sich in Bewegung. Das ist anfänglich manchmal etwas mühsam, bis, wie wir Schwaben sagen, es den Pfropfen ›naushaut‹, der Korken, der aus der Flasche getrieben wird, und dann läuft es. Oft ist es so, daß ich mit dem Schreiben nicht nachkomme, weil sich die Dinge so schnell entwickeln, und daß ich auch an den Schreibtisch zurückkehre, um zu erfahren, wie es weitergeht. Ich gehöre zu den Autoren, die am Schreibtisch hell auflachen oder Rotz und Wasser heulen über das, was sie gerade geschrieben haben. Ich leide mit meinen Figuren und amüsiere mich mit ihnen. Manchmal sagen sie Sätze, die ich wirklich überraschend finde, die ich selber nie sagen würde. Und weil ich so schreibe, ist Schreiben eigentlich keine Arbeit für mich.«

Ja, Pedro Camacho läßt grüßen.

Felix Huby bezeichnet den Zustand, wenn er gut mit dem Schreiben vorankommt, als Trance, halbwach, »dann befinde ich mich in dem Zustand, daß ich schreibe, was kommt, ich löse mich dann von allem.«

1. Folge: Durchgefallen

Wie war noch das englische Wort für »Vortäuschung?« Eberhard H. bückte sich nach unten. Irgendwo mußte das Wörterbuch liegen. Zur Tarnung hatte er die Hose heruntergelassen. Aber wer sollte ihn hier aufspüren? Die Lehrer hatten ihre Vorkehrungen getroffen. Alle Toilettenfenster waren verdunkelt worden. Damit Sie nicht pfuschen, meine Herren. Die englische Vokabel wollte ihm nicht einfallen. Es war nicht precaution. Eberhard H. schaltete die kleine Taschenlampe ein. Auf dem Boden stapelten sich Schulbücher, ein Buch mit mathematischen Formeln, Lexika für Französisch und Englisch. Aber die Schüler hatten ebenso ihre Vorkehrungen getroffen. Auch nach einem heftigen Streit, in dem sich Eberhard H. hervortat, ließ sich Gymnasialdirektor S. nicht erweichen. Ihre Einsprüche halfen nichts. Die Fenster mußten vom Hausmeister abgeklebt werden. Sorgfältig. Und genauso sorgfältig brachten die Abiturienten nach Mitternacht ihre Unterlagen in die Schultoilette. Eberhard H. schlug Cassells Dictionary auf. Mit dem Mund hielt er die Taschenlampe, mit der linken Hand das Buch, mit der rechten blätterte er. Voreingenommen? Vorspiegelung?

In diesem Augenblick gab es einen heftigen Schlag. Die Toilettentür wurde eingetreten. »Das haben wir von Ihnen nicht anders erwartet, Hungerbühler! – Das paßt zu dem Bild, das wir uns von Ihnen gemacht haben! – Das Abitur ist für Sie beendet!« Eberhard H. erhob sich zu voller Größe und stand seinem Religionslehrer ohne Hosen gegenüber. Verzog keine Miene. Nun fiel ihm auch die englische Vokabel ein. Bluff!

Wie wird Eberhard H. diesen Rauswurf seinem Vater, dem Schulrektor, beibringen? Muß der Religionslehrer um sein Leben fürchten? Kann aus diesem Schüler noch etwas werden?

Lesen Sie weiter in der nächsten Fortsetzung.

JOURNALISTENJAHRE

Vater Hungerbühler war nicht gerade begeistert, als er von dem unfreiwilligen und vorzeitigen Ende der Abiturprüfung erfuhr. Aber für den Sohn war dies Ansporn, nun erst recht zu beweisen, was in ihm steckte. Er bewarb sich bei verschiedenen Zeitungen und schaffte es bei der »Schwäbischen Donauzeitung«, heute

»Südwestpresse«, angenommen zu werden. Immer, wenn er gefragt wurde, ob er dieses oder jenes könne, sagte Huby: »Ja, das kann ich.« Wenn er von einer Pressekonferenz kam, ging er zunächst auf seine Bude und formulierte den Artikel in Steno aus, kehrte erst danach in die Redaktion zurück, setzte sich an die Schreibmaschine und tippte unverdrossen los. Manchmal kratzte er sich am Kopf, als müsse er nachdenken. Jeder hielt den Text auf dem Stenoblock für Notizen. Schnell bekam er den Beinamen: das Naturtalent. Die Kollegen konnten nicht begreifen, was sie sahen. Man gab dem jungen Journalisten eine feste Stelle auf der Schwäbischen Alb, in Blaubeuren, wo er täglich eine Lokalseite zu füllen hatte und am Wochenende in der Beilage, dem »Blaumännle«, bis zu vierundzwanzig Zeitungsseiten. Außerdem hatte er Anzeigen zu akquirieren und mit den Austrägerinnen abzurechnen. Daneben begann er, frei zu schreiben, kleine Texte für »Pardon«, Szenen für den Stuttgarter Sender.

Von 1961 bis 1979 war Felix Huby Journalist, eine Zeitlang Chefredakteur der Warentest-Zeitschrift »DM« und sechs Jahre Stuttgarter Korrespondent des »Spiegel«. Aus dieser Zeit rührt auch sein Pseudonym, obwohl er schon als Schüler Huby gerufen wurde. Als sein erster Kriminalroman erschien, sagte der Herausgeber Rudolf Augstein: »Es ist das Grundrecht eines jeden Menschen, ein Buch zu schreiben, aber ich möchte nicht, daß Sie als Mitarbeiter des ›Spiegel‹ mit dem gleichen Namen auf einem Krimi erscheinen.«

Eine der größten »Taten« des Journalisten Hungerbühler war, dem baden-württembergischen Ministerpräsidenten Filbinger auf die Spur zu kommen. Rolf Hochhuth hatte das schlimme Kriegsgerichtsurteil des SS-Marinerichters Filbinger entdeckt, Felix Huby konfrontierte ihn damit, gemeinsam mit einem Kollegen, in der Nacht auf Himmelfahrt. Und Filbinger sagte den verhängnisvollen Satz: »Was damals Recht war, kann heute nicht Unrecht sein.« Filbingers Frau drohte Huby mit bösen Konsequenzen, falls er diese Geschichte veröffentlichte. Es kam auch zu Konsequenzen. Filbinger mußte abtreten.

»Mein Plan war immer, daß ich mit vierzig – mit vierzig wird der Schwabe gescheit, die anderen nicht in Ewigkeit, sagt man bei uns – den Journalismus, den ich ab meinem zwanzigsten Lebensjahr ausgeübt habe, durch etwas anderes ersetze. Ich konnte mir nicht vorstellen, mit raushängender Zunge bis zur Pension den Fakten oder Stories nachzuhecheln – immer im Wettbewerb mit vielen anderen Kollegen. Beim ›Spiegel‹ mußte man zwar nicht schneller, aber man mußte exklusiv sein. Es wurde einem immer abverlangt, daß man das Besondere hatte, und das ging an die Kraft. Meine Traumvorstellung war: nicht recherchieren, lieber fabulieren.«

Während seiner Zeit als »Spiegel«-Korrespondent begann Felix Huby, seinen Kommissar Ernst Bienzle zu entwickeln.

»Ich habe angefangen, Krimis zu schreiben, als ich die Glauser-Romane gelesen habe. Dieses regionale Kolorit und dieser Umgang mit der Sprache, Glauser schreibt zwar Schriftdeutsch, aber mit einem schweizerischen Duktus, das hat mich unglaublich fasziniert. Seine Landschaftsbeschreibungen, die Menschen in der Landschaft, die verqueren Typen, die ich aus dem Schwäbischen auch gekannt habe. ›Der Chinese‹ war wohl der erste Roman von Glauser, den ich gelesen habe. Damals dachte ich: das mußt du auch mal probieren.«

Felix Huby ist nicht der einzige deutsche Autor, den der immer noch viel zu wenig be-

***Du liabs Herrgöttle von Biberbach,
wie hend die di Mucke verschisse.***

kannte Schweizer Kollege Friedrich Glauser inspiriert hat. Nicht umsonst ist der wichtigste deutsche Krimipreis, der jährlich verliehen wird, nach ihm benannt, obwohl immer wieder Pressekollegen fragen, wer das denn sei. Wenn man heute vom »Regionalkrimi« spricht, fast jede größere Stadt kann den dazugehörigen Krimiautor aufweisen, so gehört Glauser sicherlich zu den Vorläufern, ebenso wie Felix Huby. Obwohl die Bezeichnung »Regionalkrimi« eine Schublade für das Genre darstellt, denn realistische Krimis spielen seit jeher an wiedererkennbaren Schauplätzen.

Durch den Einfluß von Glauser ist ein Markenzeichen für alle Huby-Romane entstanden: der Einsatz der schwäbischen Mundart.

»Ich bin der Meinung, daß man im Dialekt unglaublich viel genauer schreiben kann, weil das Schwäbische, das ja aus dem Alemannischen kommt, Wörter und Formulierungen bereithält, die die Hochsprache nicht hat. Was sagt ein Schwabe, wenn ein Seil unter großer Anspannung reißt? Dann sagen wir: das fatzt. Dieses wunderbar Lautmalerische, was da drin steckt. Oder wenn der Schwabe sagt: Der furzt höher als ihm der Arsch gewachsen ist – das kann man nicht besser ausdrücken. Ich habe mal in der Kneipe gesessen, in einer richtigen schwäbischen Weinwirtschaft, und da saßen drei Männer am Nebentisch und haben über einen vierten gesprochen, und irgendwann hat der eine gesagt: ›Also, du, dumm isch der net.‹ Und dann verstrich ganz viel Zeit, und alle haben in ihre Weingläser geguckt, haben geschwiegen und getrunken. Und irgendwann hat ein anderer gesagt: ›Aber g'scheit isch er au net.‹ «

In jedem der Bienzle-Romane taucht ein Sprichwort auf, mit dem Felix Huby immer wieder gerne spielt: »Du liabs Herrgöttle von Biberbach, wie hend die di Mucke verschisse.« Da geht es um eine kleine Holzfigur in einer Gemeinde mit Namen Biberbach, in der Nähe von Augsburg. Sie hat viele Muckenschisse, vielleicht sind's auch Holzwurmlöcher, wer weiß. »Ein Pater, der diese Figur in der Hand hatte, soll diesen Satz gesagt haben. So wird das erklärt, ob es stimmt, weiß ich nicht. Das stammt, wie vieles bei mir, von meinem Vater. Der Satz hat irgendetwas, was man nicht so ganz leicht deuten kann. Also der Heiligenfigur ist etwas ganz Banales passiert, sie ist nicht mehr so adrett, ja eigentlich bekleckert, das steckt da alles mit drin. Und wenn dann so eine Situation eintritt, mit der man nicht gerechnet hat, wo man auch mit jemand ein bißchen Mitleid hat und die Überraschung dazukommt, daß es sich so gewendet hat, dann paßt das genau.«

2. Folge: Durchgekommen
Eberhard H. stand dem grauhaarigen Redaktionsleiter der »Schwäbischen Donauzeitung« gegenüber und blickte ihn herausfordernd an. »Und Sie können wirklich genug Englisch für dieses Interview?« – »Of course, Sir!« schwäbelte der Volontär in der fremden Sprache. – »Also gut, dann fahren Sie ins Parkhotel und interviewen Louis Armstrong.« Eberhard H. wurde etwas mulmig zumute. Diesmal war er wirklich zu weit gegangen.

Der Photograph, der schon ein paar Jahre bei der Zeitung angestellt war, nahm ihn in seinem Volkswagen zu dem Termin mit. Eberhard H. dachte, es sei das Beste, ihm seinen Übermut zu beichten. Der Photograph konnte ein wenig englisch und war bereit auszuhelfen.

Im Hotelzimmer traf Eberhard H. auf die Jazz-Größen, deren Schallplatten er seit langem kannte. Nicht nur auf Louis Armstrong, auch Ella Fitzgerald war da. Der Jazztrompeter merkte sofort, was los war. Alle lachten über die vertrackte Situation. Und dann diktierte Louis Armstrong dem Volontär das Interview in die Feder. »He asks – I answer.« Unter großem Gelächter kam der Text zustande. Mit Hilfe des Fotografen wurde das Interview übersetzt.

Mit vorbereiteten Notizen kehrte Eberhard H. in die Redaktion zurück. »Und Sie haben das Interview wirklich so geführt, Herr Hungerbühler?« – »Of course, Sir!« – »Ausgezeichnet, wirklich ganz ausgezeichnet. Dann gehen Sie heute abend zum Konzert und schreiben für uns die Kritik. Trauen Sie sich das schon zu?« – »Ja, sicher doch.«

Fällt der Bluff doch noch auf? Wie kann Eberhard H. weiterhin vertuschen, daß sein Englisch eher mangelhaft ist? Wird er von dem Fotografen erpreßt? Kann aus diesem Volontär noch etwas werden?

Lesen Sie weiter in der nächsten Fortsetzung.

DER MAIGRET VOM NESENBACH

Der erste Krimi, den Felix Huby verfaßte, hieß »Tod im Tauerntunnel.« Er schickte das Manuskript an Rowohlt, an den bis dahin einzigen Lektor für deutschsprachige Kriminalromane, Richard K. Flesch, und der, so gibt Huby heutzutage gerne zu, spekulierte damit, daß ein »Spiegel«-Redakteur als Autor Aufsehen erregen würde. Der Lektor wollte wissen, woran der Journalist gerade arbeite, und Huby erzählte ihm von den Atommüllfunden auf einer baden-württembergischen Abfallkippe. Flesch forderte ihn auf, doch darüber einen Roman zu schreiben. Herauskam: »Der Atomkrieg in Weihersbronn«, der erste veröffentlichte Huby-Krimi mit dem Kommissar Ernst Bienzle.

»Der Bienzle ist Mitte 50, fast 1,90 m groß, zu dick, weil er gerne ißt, hat buschige Augenbrauen, sehr warme, freundliche Augen, seine Eigenart ist die des Wartenkönnens, sich Einfühlens, ihn interessieren die Menschen, und entsprechend verhält er sich, er ist auf keinen Fall sportlich, er liest gerne und zieht sich gerne in sich selber zurück. Er lebt mit einer Freundin, nachdem er sich von seiner Frau hat scheiden lassen.«

Ein Journalist schrieb in einer Rezension über einen der ersten Bienzle-Romane, es handele sich um den Maigret vom Nesenbach. Denn Stuttgart liege nicht am Neckar, sondern an dem inzwischen vollständig »eingedeckelten« Nesenbach.

Der erste Kontakt mit dem Fernsehen kam zustande, als im ZDF 1977 eine Serie unter dem Titel »Es muß nicht immer Mord sein« geplant wurde, in der viele Newcomer im Krimi-Genre eine Folge schrieben. Einige Monate später suchte dann die Bavaria-Filmproduktion in München Autoren für einen neuen »Tatort«-

Serienkommissar. Zusammen mit dem Producer Bernd Schwamm, dem Chefdramaturgen Hartmut Grund, dem Regisseur Hajo Gies und dem Schauspieler Götz George wurde gemeinsam die Schimanski-Figur entwickelt. Felix Huby schrieb den zweiten Fall unter dem Titel »Grenzgänger«, unter der Regie von Ilse Hoffmann.

»Damals waren die Straßen leer, wenn ich von meinem Häuschen auf der Schwäbischen Alb nach Stuttgart reinfuhr, waren alle Fenster offen, überall wurde mein Fernsehspiel gesehen, 45 % Einschaltquote. Davon kann man heute nur träumen.«

Felix Huby schrieb vier der erfolgreichen Schimanski-Folgen, doch mit den Verfilmungen seiner Bienzle-Romane dauerte es. Lange Zeit bekam Felix Huby zu hören: »Es gibt keinen Schwaben, der den Bienzle spielen kann, und Sie selbst sind leider kein Schauspieler.« Eines Tages sah Felix Huby den Schauspieler Dietz Werner Steck auf einer Stuttgarter Bühne. Am nächsten Tag berichtete er den Fernsehspielredakteuren von seiner Entdeckung, und die sahen sich ebenfalls den Schauspieler und das Stück an. So kam es – mal wieder eher zufällig – zu der Besetzung und der von nun an kontinuierlichen Verfilmung der Bienzle-Stoffe.

3. Folge: Verhaftet

Eberhard H. hielt den Geigerzähler an den Ionenaustauscher. Das Gerät war alarmiert, es piepte wie wild. »Das ist hoch radioaktiv«, sagte der »Spiegel«-Journalist zu seinem Kollegen. »Die werfen doch tatsächlich diesen radioaktiven Mist einfach in die Gegend.« Der Auftrag des Nachrichtenmagazins war eindeutig gewesen: Alle Müllkippen, auf denen die AKWs entsorgen, kontrollieren. Eberhard H. hatte sich der ungeheuren Mühe unterzogen. Nun war er fündig geworden. Die Story würde Aufsehen erregen.

Eine halbe Stunde später war die nächtliche Müllkippe in helles Licht getaucht. Riesige Scheinwerfer überstrahlten das Areal, das Meßmobil der Polizei fuhr auf die Kippe. Mit hochrotem Kopf erschien der Bürgermeister der kleinen Stadt, die seit der Errichtung des AKWs einen Goldrausch erlebte. Mit den Einnahmen durch die schon geplanten weiteren zwei Kraftwerksblöcke würden alle hochfliegenden Pläne des Gemeinderates zu finanzieren sein. Der Bürgermeister ließ sich den Ionenaustauscher zeigen, betrachtete ihn

kurz und steckte ihn schnell in seine Hosentasche. Wütend funkelte er den Reporter an, der erschreckt einen Schritt zurücktrat. »Sie werden sich verseuchen, Herr Bürgermeister«, sagte Eberhard H. Ein Wissenschaftler der nahegelegenen Universität fügte hinzu: »Auf jeden Fall sollten Sie keine Kinder mehr zeugen.« Der Ionenaustauscher wurde in einen mit Blei ausgelegten Koffer verfrachtet und noch immer schlug der Geigerzähler aus.

»Sie sind verhaftet, Herr Hungerbühler«, sagte der kleine, dickliche Hauptkommissar Härtling. »Wahrscheinlich haben Sie dieses Gerät hier nur plaziert, um es dann zu finden – damit Sie a Reportasch für Ihr Blättle hinschmiere könnet.« Eberhard H. wurde abgeführt und mußte die kommende Nacht in der Zelle verbringen.

Gelingt es dem Journalisten, aus dem Gefängnis herauszukommen? Wird seine Story die erwünschte Sensation? Bekommt der Bürgermeister mißgestaltete Kinder? Kann sich der Journalist vor dem wütenden Gemeinderat retten?

Lesen Sie weiter in unserer nächsten Fortsetzung.

QUOTENPOLITIK

Es ist keine Frage, daß Felix Huby mit seinen Romanen und Fernsehspielen stets eine politische Aufklärung betreibt. Auch wenn er weiß, daß die Medienzwänge die Rolle des Autors immer mehr zurechtstutzen.

Die langjährige Mitgliedschaft in der SPD, Ortsverein Stuttgart-West, ohne jedoch je eine Funktionärsstelle angestrebt zu haben, sowie die engagierte Mitarbeit in der Schriftstellergewerkschaft, viele Jahre war Felix Huby Landesvorsitzender des Berliner Verbands deutscher Schriftsteller, weisen einen Autor aus, der sich einmischen möchte und dies nach seinen Kräften tut. Gelegentlich aber kann man auch einen resignierenden Huby erleben, einen, der jahrelang Basisarbeit für die SPD gemacht und sie praktisch inzwischen eingestellt hat: »Die ständige Vergeblichkeit macht mich mürbe.«

Felix Huby sieht seine Möglichkeiten in der so oft gescholtenen »seichten« Fernsehunterhaltung. Gerne zitiert er den Kollegen Herbert Lichtenfeld, dem es mit seiner positiven Figur eines Kriegsdienstverweigerers in der Serie »Schwarzwaldklinik« gelang, eine veränderte Sicht auf diese »kriminellen Drückeberger und

Vaterlandsverräter« zu vermitteln. Oder er erinnert an die Szene in seiner Serie »Airport«, wo sich ein Abschiebehäftling auf dem Flughafen erschießt, um wenigstens seine Familie zu retten. Oder an Jureck Beckers Rechtsanwalt »Liebling Kreuzberg«, der stets auf der Seite der Schwächeren steht und die Botschaft verbreitet, daß Recht haben und Recht bekommen immer noch zwei paar Stiefel sind. »Das absolut Dominierende heutzutage ist die Einschaltquote. Das heißt übrigens nicht, daß man nicht Themen anpacken kann, die sozialkritisch sind. Solange das Quote bringt, ist es egal. Daß man aber etwas macht, weil man die Notwendigkeit spürt, diesen oder jenen gesellschaftlichen Mißstand zur Sprache zu bringen, also da gibt es nur noch ganz wenige Redakteure, die sagen: ›Ja, das ist ein Thema, wir haben da einen Auftrag‹, die begründen ihre Entscheidung mit dem Satz: ›Wir versprechen uns davon mindestens vier Millionen Zuschauer.‹ Zwischen zehn und elf Uhr morgens liegt ja die professionelle deutsche Fernsehlandschaft völlig brach, weil da die Einschaltquoten kommen. Da gucken alle den Teletext, was gab es gestern für Einschaltquoten; die starren wie die Kaninchen auf die Schlange.«

Seit vielen Jahren hat Felix Huby einen Vorschlag für eine Serie über Zivilcourage in der Schublade – acht Folgen mit beispielhaften Geschichten fiktiv erzählt, alles schon recherchiert. Aber die Exposés wollte bisher keiner haben. »Ich stehe im Verdacht, politisch zu agieren, hinter vorgehaltener Hand wird gelegentlich gesagt, den Huby kann man nicht beschäftigen, der würgt einem, ohne daß man es merkt, sein sozialdemokratisches Gedankengut rein.« Auch eine Satire über die Quotenabhängigkeit der Fernsehgewaltigen kann Huby nicht unterbringen.

Schon die ersten Bienzle-Romane handelten von organisierter Kriminalität, illegaler Atommüllentsorgung, Obdachlosigkeit, kriminellen Politspießern, Drogenmafia, allesamt politisch brisante Themen. Dennoch bekam Huby nicht das Etikett, er schreibe Soziokrimis. Vielleicht liegt das an seiner überaus charmanten Hauptfigur Ernst Bienzle.

»Die Politik kann sich heute darauf verlassen, was im Fernsehen läuft. Vorauseilender Gehorsam, mit Siebenmeilenstiefeln, jegliche soziale Kritik läßt man freundlich aufsaugen, es ist eine Umarmungstechnik hoch drei. Diese Art der Sozialtechnik nötigt einem wie mir Respekt ab. Vier Wochen ohne Fernsehen und es würde in Deutschland eine Revolution geben, aber aufgrund fünf Millionen Arbeitsloser geht kaum einer auf die Straße.«

4. Folge: Ermordet

Eberhard H. sonnte sich auf der Terrasse eines griechischen Hotels, als das Telefon klingelte. »Du bist umgebracht worden, Huby!« – »Was ist los?« Die Verbindung war nicht gerade besonders gut. Er bekam nur Bruchstücke mit. Irgendwo in einem Roman, Uta Maria H., literarischer Mord, ganz klar, er sei gemeint.

»Wenn es so ist, daß die mich in ihrem Roman porträtiert, dann soll sie sich warm anziehen, weil so etwas, wie sie mir unterstellt, habe ich nun wirklich gar nie gemacht. Und wenn sie das insinuiert, kriegt sie große Schwierigkeiten«, sagte Eberhard H. dem anrufenden Zeitungskollegen.

Erst als er aus dem Urlaub zurückkam, hörte er die ganze Geschichte. Er kaufte sich sofort den Roman. Darin wurde tatsächlich ein schwäbischer Fernsehautor, der auch noch seine Initialen trug, aus dem Weg geräumt. Tod durch Erhängen. Manches stimmte. Er hatte vor ein paar Jahren eine Comedy-Serie, »Die lieben Verwandten«, geschrieben, an denen verschiedene Autoren mitgearbeitet hatten, unter anderem auch Uta Maria H. Ihr Name wurde bei der Ausstrahlung der Folge nicht im Abspann gezeigt. Also konnte die Autorin zu recht sauer sein.

Eberhard H. sprach sich damals mit der Kollegin direkt aus. Danach schien die Sache bereinigt. Aber in den »Stuttgarter Nachrichten« stand die Schlagzeile: »Uta-Maria H. ermordet ihren Vater Huby!« Und im »Spiegel« gab es eine Meldung in den Personalien. Eberhard H. versuchte, die Kollegin zu erreichen, bemühte sich um eine Klärung. Es gelang ihm zunächst nicht. Statt dessen las er in der »Frankfurter Rundschau«: »Wie kommt der Huby nur darauf, er sei gemeint?«

Als er ihr endlich gegenüberstand, sagte Uta Maria H., sie sei damals beim »Süddeutschen Rundfunk« gewesen, und habe dort solche Vorgänge beobachtet. Daß der Autor in ihrem Krimi die gleichen Initialen habe wie Felix Huby, das sei nun wirklich ein Zufall. Die Romanfigur sei doch viel jünger, würde ganz an-

ders aussehen und habe überhaupt nichts mit dem geschätzten Kollegen zu tun.

Glaubt Eberhard H. dieser Erklärung? Hat sich die Autorin ihre Wut aus dem Bauch geschrieben? Wird dem literarischen Mord ein perfides Verbrechen folgen? Kann sich Eberhard H. durch ein hohes Schmerzensgeld retten?

Lesen Sie weiter in der nächsten Fortsetzung.

DER ÄRGER MIT DER SCHREIBFABRIK

Es ist ein leidiges Thema für Felix Huby, denn das Wort »Schreibfabrik« taucht fast in jedem Interview auf, seitdem der »Stern« eine Titelgeschichte für die Medienbeilage mit dem Erfolgsautor aufmachte. Er hat ein Schreibfabrikle, hieß es. »Ein loses Team von rund zehn Mitarbeitern, die – meist neben bürgerlichen Berufen als Journalisten oder Juristen – beim Huby den Lohnschreiber machen«, schrieb der »Stern« damals. Und eine Journalistin setzte noch eins drauf: »Der Huby ist der mit den sieben Sklaven im Keller.« Die Vorwürfe trafen und treffen Felix Huby hart.

»Ich habe immer mal junge Leute beschäftigt, die mit mir geschrieben haben. Sie wurden immer im Vor- oder Nachspann genannt, bis auf Uta Maria Heim, mit der ich aber das Versehen des Senders geklärt habe. Aber um das klar zu stellen, alle haben nie an meiner Stelle geschrieben, es ging immer um kooperative Tätigkeiten, keiner wurde benachteiligt. Es hat sich so eine Legende gebildet, ich würde Kollegen ausbeuten. ›Ach ja, Sie haben ja doch so eine Werkstatt, mit der sie das alles betreiben, höre ich immer wieder.‹ Gegen so eine Legendenbildung kann man gar nichts machen.«

Wenn die Sender zwischen Weihnachten und Neujahr Quote machen wollen, sind manchmal über sieben oder acht Huby-Filme im Fernsehprogramm eingestreut, entweder wurden sie für diese Zeit produziert, oder es handelt sich um Wiederholungen. Nicht nur weniger erfolgreiche Kollegen äußern gelegentlich: Der Huby verstopft das Programm. Felix Huby aber steht längst woanders. Ihn ärgern die häufigen Eingriffe ins Drehbuch von eher Unfähigen, Unbefugten, Besserwissern, und das hat ihn dazu gebracht, mit bestimmten Produzenten und Sendern nicht mehr zusammenzuarbeiten.

»Es gibt ein wunderbares Wort von Samuel Goldwyn: ›So wie ein Fluß nicht höher steigen kann als der Quell, aus dem er entspringt, so kann ein Film nie besser werden als die Geschichte, die er erzählt, und die steht allemal im Drehbuch.‹ Das habe ich eine Zeitlang an den Anfang jedes Drehbuches von mir geheftet. Ich habe das Zitat mindestens hundertmal fotokopiert, weil mir diese Klugscheißerei von Leuten, die nie ein Drehbuch zustandebringen, unheimlich auf den Geist gegangen ist.«

»Die Produzenten würden gerne ihre *creative fingerprints* in den Drehbüchern hinterlassen«, so formulierte Joseph Wambaugh, einer der besten amerikanischen Krimiautoren, seine Erfahrung in Hollywood, nachdem sein Roman »Die Chorknaben« gegen die Absichten des Autors verfilmt worden war. Wie er hat auch Felix Huby immer zwei, drei Minispione am Drehort, die anrufen, wenn gröblich gegen sein Script verstoßen wird. »Da erfährst du dann plötzlich, daß ein Regisseur dreißig Seiten weggeschmissen und neu geschrieben hat, und es heißt lapidar, meine Dramaturgie habe nicht gestimmt.«

5. Folge: Gewonnen
Eberhard H. verlangsamte die Fahrt des schweren Volvo-Kombis und sah zu dem Fernsehspielchef hinüber, dem Schweißperlen auf der Stirn standen. »Ah, ich hab eine solche Scheiße am Hals, ich muß eine neue Serie für die ARD entwickeln und alle wollen Krimi machen. Die Münchener Produzenten schicken mir immer nur den gleichen Mist, ich bin wirklich ganz verzweifelt.«

Eberhard H. antwortete: »In meiner Schublade liegt ein Stoff: ›Oh Gott, Herr Pfarrer‹, das wär vielleicht was!«

Ein paar Monate zuvor hatte Eberhard H. eine einfache Idee gehabt. Er kannte seit vielen Jahren den Pfarrer in seinem Heimatdorf, dessen Frau Lehrerin war. Immer wieder hatte er gedacht, der wäre eigentlich eine wundervolle Serienfigur, hatte die Idee auf zweieinhalb Seiten zu Papier gebracht und das Exposé »Oh Gott, Herr Pfarrer« genannt. Dann war er beim ZDF gewesen, aber die hatten abgelehnt. Kaum war er zur Tür hinaus, riefen die ZDF-Redakteure eine Produzentin in Hamburg an: »Schnell, schnell, einen katholischen Pfarrer als Serie entwickeln, der Huby macht womöglich einen evangelischen!« Eberhard H. erzählte während der Fahrt dem Fernsehspielchef die Idee und der sprang sofort darauf an, nicht zuletzt, weil er ein ausübender Pietist war. »Das bringen Sie mir morgen vorbei, morgen nachmittag kommen nämlich die Leute aus München.«

Am nächsten Tag erschien der Autor mit seinem Exposé im Sender. Als die Produzenten aus München antraten, hörte sich der Fernsehspielchef erstmal ihre Pläne und Projektvorschläge an. Krimi, natürlich mal wieder Krimi.

Dann sagte er nach einer Weile schmunzelnd, wobei er das Papier von Eberhard H. hochhielt: »Das ist der Stoff, den wir machen werden. Und zwar als Hausproduktion mit eigenen Mitteln.«

Die Münchener Produzenten waren nicht wenig sauer.

Kann Eberhard H. den Konflikt durchstehen? Begehen die Münchener Produzenten ein schlimmes Verbrechen? Werden sich die ZDF-Redakteure rächen? Wer ist die Leiche im Fernsehkeller?

Alle Antworten finden Sie in der nächsten Serie: »Ein Medienmann sieht rot.«

ENTERTAINMENT AT ITS BEST

Es folgt ein Auszug aus Felix Hubys Referat: »Im Seichten kann man nicht untergehen«, auf der Bremer Tagung »Gegen den Mediensiff« am 5. November 1993:

»Der Krieg am Golf brach exakt zur besten Fernsehzeit in Amerika aus. Die angreifenden Flugzeuge waren zum Teil mit Spezialkameras bestückt, wie wir sie aus den Cockpits von Formel-1-Rennwagen kennen, oder wie sie auch schon mal an den Helmen von Skirennläufern angebracht worden sind, um dem Zuschauer den Nervenkitzel zu vermitteln ... Gesendet werden konnte nur, was die Herren des Kriege szeigen wollten.

So kam es, daß die Filmberichte von den ersten Kriegstagen aussahen wie die Werbespots der Hersteller von Kampffliegern und Raketen: ästhetisch ansprechende Bilder von startenden, landenden, im Tiefflug dahinrasenden Superjets, in den Himmel zischende Raketen; Feuerbälle, wenn eine traf. Ab und zu zeigte uns die subjektive Kamera den Blick durch die Zielinstrumente – im Fadenkreuz ein Bunker oder eine Landebahn ...

Keiner dieser Filme zeigte auch nur einen Tropfen Blut. Nicht ein Hauch dessen, was Krieg bedeutet, nämlich Tod und Verwundete, gnadenlose Angriffe auf menschliches Leben, das qualvolle Sterben im Bereich detonierender Benzinbomben. Menschen auf der Flucht vor dem Grauen. Von alledem sah man im Fernsehen nichts.

Vielmehr war es eine perfekte Show, oder, wie es ein amerikanischer Journalist ausdrückte: entertainment at its best ...

Das Wort ›Unterhaltung‹ hat im deutschen zweierlei Bedeutung. Es bedeutet Darbietungen, die Menschen nicht langweilen ebenso wie das Gespräch.

Für beide mag allerdings gleichermaßen zutreffen, daß sie zumeist doch nur im Augenblick interessant sind. Selten nur wird man sich an ein wichtiges und wirklich gutes inhaltsreiches Gespräch zurückerinnern. Unsere täglichen ›Friseurgespräche‹, wie Karl Krauss sie nannte, sind zumeist belanglos. Die tägliche Unterhaltung im Funk und Fernsehen, aber auch in den Print-Medien ist es in der Regel auch ...

›Das Fernsehen ist weder ein bebilderter Brockhaus noch eine moralische Anstalt oder eine Heimvolkshochschule‹, so brachte es Wolfgang Clement auf den Punkt, ›der Konkurrenzkampf zwischen öffentlich-rechtlichen und privaten Fernsehen wird in den neunziger Jahren auf dem Feld der Fernsehunterhaltung geschlagen werden.‹

So gesehen ist es nur folgerichtig, daß heute die politischen Parteien weit härter streiten, wenn es um die Besetzung wichtiger Funktionen im Unterhaltungsbereich der Sender geht, als etwa um eine Bestallung im Bereich der Redaktionen Politik, Zeitgeschehen oder Dokumentation.«

KEIN ENDE IN SICHT

Einen Plan hat er noch, der Felix Huby: Er möchte einen Jahrhundertroman schreiben, rund 1 000 Seiten, einen Dorfroman, der im Jahre 1900 beginnt und hundert Jahre später endet, einen Generationenroman, einen richtigen Schmöker, in dem man sich verlieren kann, ein Sittengemälde aus dem schwäbischen Wald, die Geschichten von nicht mal zweihundert Leuten, wie jene von der Frau, die von ihrem Pferd durchs ganze Dorf geschleift wurde, ihr Mann war im Krieg gefallen, sie konnte mit dem Gaul nicht umgehen, und beim Furchenziehen ist es dann passiert, einen breiten Mahlstrom von sich bedingenden Geschichten, Weltkrieg eins, die Demokratie kam im Dorf nie an, die Nazis, Weltkrieg zwei, nicht nur sensationelle Geschichten, eine *comedie humaine*, Alltagsgeschichten, Romeo und

Alle Antworten auf die Fragen am Ende der kursiven Passagen, die nach dem Konstruktionsprinzip von Mario Vargas Llosas' Roman ›Tante Julia und der Lohnschreiber‹ erzählt wurden, können sich die Leser selber geben.

Julia auf dem schwäbischen Dorfe, in dem Eberhard Hungerbühler lange Jahre ein Häuschen hatte; er hat schon viel Material gesammelt, aus der Mittelgebirgslandschaft, wo er jeden gekannt und sich mit manchem angefreundet hat, sogar in manche Geschichte involviert war, wie in das Eifersuchtsdrama, bei dem sich ein junger Mann mit Dieselöl übergoß und versuchte, sich auf einer Parkbank selbst zu verbrennen, oder die Geschichte vom Schreiner, der zugleich auch Leichenbestatter war, dem das Waschen und Ankleiden von Leichen außerordentliches Vergnügen bereitet hat, ein Familienbaum mit vielen Ästen und Zweigen, oder das Leben der Kräuterfrau, die Wunden bespricht, und die man nicht gegen sich aufbringen darf, damit sie einen nicht verhext, einen Roman, der am ersten Tag anfängt, 1900, »in dem Jahr ist mein Vater geboren«, Neujahr in dem Dorf, wie sie da gefeiert haben, ein Marquéz-Roman auf schwäbisch.

Ansichten eines Vaganten

Gisbert Haefs – Der Exzentriker unter den deutschen Krimiautoren

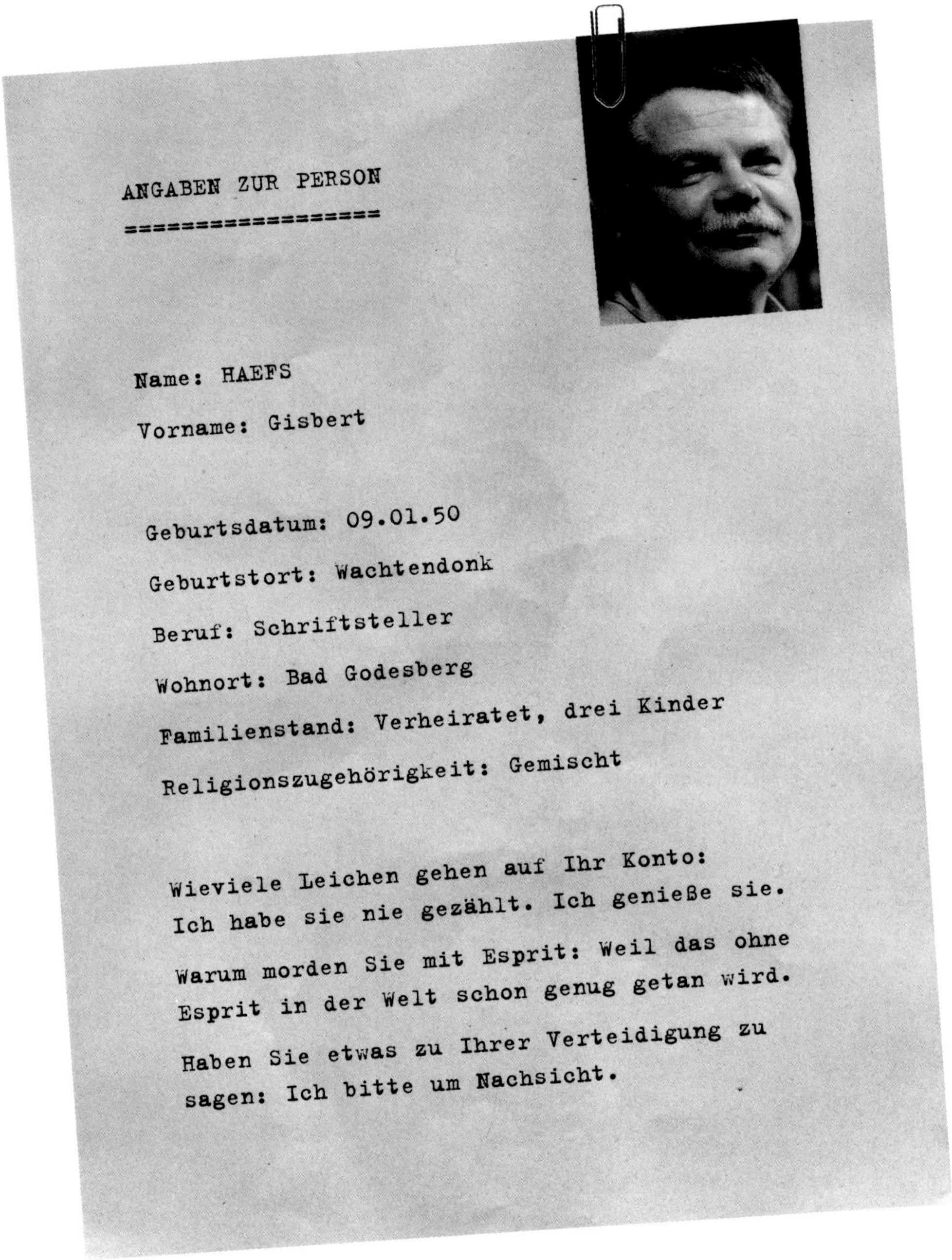

ANGABEN ZUR PERSON
==================

Name: HAEFS

Vorname: Gisbert

Geburtsdatum: 09.01.50

Geburtstort: Wachtendonk

Beruf: Schriftsteller

Wohnort: Bad Godesberg

Familienstand: Verheiratet, drei Kinder

Religionszugehörigkeit: Gemischt

Wieviele Leichen gehen auf Ihr Konto: Ich habe sie nie gezählt. Ich genieße sie.

Warum morden Sie mit Esprit: Weil das ohne Esprit in der Welt schon genug getan wird.

Haben Sie etwas zu Ihrer Verteidigung zu sagen: Ich bitte um Nachsicht.

Strafregisterauszüge: Mord am Millionenhügel, München 1981 · Und oben sitzt ein Rabe, München 1983 · Das Doppelgrab in der Provence, München 1983 · Mörder & Marder, München 1985 · Das Triumvirat und andere kriminalistische Geschichten, München 1987 · Die Schattenschneise, München 1989 · Matzbachs Nabel, München 1993 · Kein Freibier für Matzbach, München 1996 · Traumzeit für Agenten, München, 1997 · Das Kichern der Generäle, Zürich 1997 · Ein Schmusemord, München 1999

Ein Telefongespräch mit Gisbert Haefs endet häufig so: »Laß mir dir schnell noch ein Geschichtchen erzählen. – Also, da kommen ein Amerikaner und ein Chinese und ein Bonner in den Himmel. Petrus nimmt die drei an der Pforte in Empfang und sagt, sie sollen sofort rauf zum Chef, aber dalli. Der Herrgott erscheint in einem Strahlenkranz und befiehlt, daß alle drei umgehend wieder auf die Erde zurückgebracht werden, um ihren Regierungen zu sagen, der HERR *schickt eine Sintflut, wenn sie weiterhin so einen Unsinn anstellen würden, aber diesmal ohne eine Arche Noah. O weh ...«*

Wir werden auf dem Bonner Hauptbahnhof von Gisbert Haefs abgeholt, der aber, bevor wir nach Bad Godesberg fahren, noch seinen Zigarrenvorrat ergänzen muß. Gleich an der Ecke ist der wunderbar duftende Laden, in dem er seine Gelüste befriedigen kann. Mehr als eine halbe Stunde vergeht mit Gesprächen über die kubanischen Edelprodukte.

Dann noch einen kleinen Umweg. Gisbert Haefs liebt Umwege, nicht nur in seinen Romanen. Er fährt mit uns in Baltasar Matzbachs Viertel in der Bonner Nordstadt. Kaum zu glauben, daß die deutsche Provinzhauptstadt früher über ein lebendiges Quartier verfügte.

Zwanzig Jahre zuvor war dies eine Szene-Ecke, in der Studenten, alte Bonner, Arbeiter und Handwerker zusammen lebten, viele Kneipen; damals war das Viertel ziemlich heruntergekommen. Inzwischen sind die Gründerzeitfassaden schön restauriert und renoviert. »Wir stehen vor dem Gebäude einer Versicherung, zwei Häuser zurück war ein Milchladen, der von zwei alten Omas, beide um die neunzig, geleitet wurde. Als die keine Milch und keinen Käse mehr verkaufen wollten, wurde alles verscherbelt und umgebaut. Hier in einem dieser Häuser, an dieser Ecke wohnt Baltasar Matzbach. Er ist gerade, wenn ich mich an das letzte Buch erinnere, aus dem zweiten in den ersten Stock umgezogen, ein Tribut an seine Körperfülle. Doch bald wird er in die Nähe von Bonn ziehen. Seine Lebensabschnittsgefährtin Hermine besitzt einen Bauernhof. Da ist ein ganzer Flügel frei. Matzbach kann dort mehr Bücher unterbringen und braucht nicht so oft aufzuräumen, um zum Kühlschrank zu kommen. Ich nehme an, im nächsten Buch wird der Umzug stattfinden.«

Wir wollen wissen, welchen Blick der beleibte Privatdetektiv aus seinem Fenster hat.

»Von seinem Fenster aus sieht er einen Teil dieser älteren Häuser und der Bäume, die es vor zwanzig Jahren noch nicht gab, und er sieht über den gepflegten Jugendstilfassaden das Glas-Betonmonster des Bonner Stadthauses, von dem es hieß, ich glaube in meinem ersten Roman: Der Amtsschimmel hat zahllose Altbauten weggefurzt, um dieses bizarre Exkrement zu äpfeln.«

Auf der Fahrt zu seinem Haus in Bad Godesberg noch ein kleiner Umweg. Gisbert Haefs muß uns schnell ein paar wundervolle Botschaftsvillen zeigen, die demnächst zum

In Bonn hat der Ausverkauf begonnen. Wer kann, sollte jetzt »zuschlagen«.

Verkauf angeboten werden. Der große Exodus nach Berlin steht bevor. In den Zeitungen werden seit Monaten schon millionenschwere Schnäppchen angeboten. Seine Frau und er schauen gelegentlich, welchen dieser Prachtbauten sie gerne beziehen würden. Weitläufige Parkanlagen, vorbei an Traumhäusern mit Rheinblick, leben wie Gott auf Urlaub.

»Also, der Amerikaner schafft es in drei Wochen bis ins Weiße Haus vorzustoßen und irgendwann steht er im Oval Office und sagt: Mr. President, ich habe eine gute und eine schlechte Nachricht für Sie. Welche zuerst? Der Präsident überlegt nicht lange und will zunächst die gute hören. Der Amerikaner sagt: Der Herrgott existiert wirklich. Wunderbar, toll. Und die schlechte Nachricht? Wenn wir so weitermachen, schickt er uns eine Sintflut, aber ohne Arche Noah. Mr. President zuckt erschrocken zusammen ...«

Das Haus in der Petersbergstraße liegt in einem großen Garten, mit Steinterrasse und kleinem Kinderspielplatz. Gisbert Haefs zeigt uns seine zwei Arbeitszimmer, in denen sich Bücher wie in einem Antiquariat zu chaotischen Gemengelagen angesammelt haben. Im

Das flache Land, der Morgendunst über dem großen Fluß, fördern eine Stimmung, die zwischen Melancholie und Mordlust schwankt.

Slalom zwischen aufgetürmten Stapeln gelangen wir zum Schreibtisch, auf dem der Computer von Büchern eingerahmt steht. In den Regalen seltene Werke aus allen Wissensgebieten. Ein wütiger Sammler, ein Bücherwurm, ein manischer Liebhaber alles Gedruckten. Bevor wir uns zum Gespräch niederlassen, müssen noch ein paar frisch eingetroffene Buchpakete gesichtet werden. Gisbert Haefs wartet auf die Zusendung des ersten Exemplars seines neuen historischen Romans »Troja«. Diesmal ist es noch nicht dabei.

Wir wollen wissen, welche drei Bücher Gisbert Haefs aussuchen würde, wenn er auf einer einsamen Insel leben müßte. Der Schriftsteller zögert nicht lange: »Gargantua und Pantagruel« von Rabelais, »Kim« von Rudyard Kipling und »Die Insel des zweiten Gesichts« von Albert Vigoleis Thelen. Haefs fügt hinzu, daß diese drei auch dabei wären, wenn er zehn Bücher mitnehmen dürfte. Das wäre ihm sowieso lieber. Oder noch lieber tausend.

»Also, der Chinese braucht drei Monate, bis er zum Generalsekretär der Kommunistischen Partei im Haus des Volkes vorgelassen wird. Genosse, sagt er, ich habe zwei schlechte Nachrichten. Welche zuerst? Die schlechtere von beiden. Dieser verdammte Christengott lebt. Der Generalsekretär stöhnt auf. Und die andere Nachricht? Er schickt eine Sintflut, um alles zu vernichten, wenn wir so weitermachen, und diesmal wird es keine Arche Noah geben. Der oberste Chinese wird vor Entsetzen ganz bleich …«

Bevor wir uns zum Gespräch niederlassen, muß noch die Frage geklärt werden, was es zum Abendessen geben soll. Weil noch ein gemeinsamer Bekannter zu Besuch kommt, der Bonner Krimiexperte Thomas Przybilka, und die drei Kinder nicht vom Essen ausgeschlossen werden sollen, entscheiden wir uns für den Bringservice eines Italieners.

»Also, der Bonner sitzt drei Stunden später bei seiner Oberbürgermeisterin und sagt: Frau Oberbürgermeisterin, ich habe zwei jute Nachrichten. Welche zuerst? Sie lächelt rheinisch versonnen und antwortet: Is mich egal. Also erstens, der Herrjott lebt, is dat nit schön? Sie ist schon begeistert. Und die zweite Nachricht? Der Umzug nach Berlin fällt ins Wasser!«

SKURRILE GESÄNGE

Gisbert Haefs ist am Niederrhein aufgewachsen, und diese Gegend Deutschlands ist seit jeher guter Nährboden für skurrile Geister. Hans Dieter Hüsch mit seinen »Hagenbuch«-Geschichten ist einer der neueren Zeit-Ahnen. Das flache Land, der Morgendunst über dem großen Fluß, das fahle Abendlicht und die weit auseinanderliegenden Gehöfte, deren Bewohner sich dennoch beängstigend nah sind, fördern eine Stimmung, die zwischen Melancholie und Mordlust schwankt. Erschwerend hinzu kommt das Wissen, daß, wer von hier »weg ist, nit weit kütt«. Gisbert Haefs hat es immerhin bis nach Bad Godesberg verschlagen, knapp hundert Kilometer weit weg. Dort war die Familie – Vater, Mutter, ein vierzehn Jahre älterer Bruder und die einige Jahre jüngere Schwester nebst Großmama und Großpapa – ansässig geworden.

In dem Diplomatenstädtchen besuchte der mittlere Sprößling die Volksschule und ein von Jesuiten geleitetes Gymnasium, mit dem wohlklingenden Namen Aloisius-Kolleg, das nicht weit vom Elternhaus lag. Er war ein durchweg mittelmäßiger Schüler und las nächtens kreuz und quer – Perry Rhodan und Nietzsche schlossen sich nicht aus. Die Klasse zerfiel in kleine Grüppchen: zwei spielten Fußball, zwei lasen Woche für Woche die Science-Fiction-Abenteuer, wieder zwei andere diskutierten Philosophisches. Der Luxus einer humanistischen Bildung beeinhaltete auch das ausgedehnte Studium von Latein und Griechisch. Das Abitur verlief ohne nennenswerte Höhe- oder Tiefpunkte. In Mathematik blieb es bei der seit Jahren konstanten Fünf, der eine dreijährige erbitterte Feindschaft mit dem Mathelehrer vorausging. Die Abiturfeier fand ohne den jungen Mann statt, weil der zu diesem Zeitpunkt mit über 40 Grad Fieber im Bett lag. Angst vor der Zukunft?

Man schrieb das Jahr 1968 – das hieß Aufruhr und Revolte, Studentenprotest und Lehrlingsdemonstrationen. Es war das Jahr der immer länger werdenden Haare, der kurzen Röcke, der Pille und der freien Liebe. Pot und Politik, Pudding und das internationale Proletariat – derweil studierte Gisbert Haefs in

THE MACMILLAN DICTIONARY OF MEASUREMENT
The MYCENAEANS
GISBERT HAEFS
TROJA
PETER GREEN
Alexander to Actium
THE HELLENISTIC AGE
THAMES AND HUDSON
Aus dem Osten des Alexanderreiches
C.H.Beck
DAS REICH DER DÄMONEN
edding T100
THE GREEK CITY
The Nag Hammadi Library
Hölbl · Geschichte des Ptolemäerreiches
THE GARDEN OF PRIAPUS
Rome in the Fourth Century A.D.
Die Megalith-Kulturen
Archäologie
GEORG LUCK
ARCANA MUNDI
Carl Wilhelm Weber
PERIKLES

Bonn: Mongolistik, vergleichende Religionswissenschaft und Portugiesisch.

»Der ›Spiegel‹ hat mich mal einen resignierten 68er genannt, das habe ich mit amüsiertem Lächeln gelesen, denn 1968 habe ich gerade erst angefangen zu studieren.« Haefs zapfte nebenher Bier in Szenekneipen und griff oft und gern zur Gitarre, mit der er seine schrägen Gesänge begleitete. Mit den Polit-Aktionen konnte er nicht viel anfangen. »Ich hatte von Anfang an ein sehr gespaltenes Verhältnis zur Studentenbewegung, weil ich mich, ich will nicht sagen mit sehr viel Mühe, aber mit sehr viel Engagement mit dem rheinischen Katholizismus auseinandergesetzt und von ihm distanziert hatte und nicht das Bedürfnis verspürte, nachdem ich beschlossen hatte, mich des christlichen Credos nicht mehr zu befleißigen, ein marxistisches Credo zu beten. Also, ich wollte eigentlich dann doch lieber selber denken. Nun gab es so symbolische Momente. In irgendeiner Veranstaltung, das muß relativ früh gewesen sein, ich würde schätzen 1969, wo in einem der größeren Hörsäle, Hörsaal eins oder Hörsaal zehn in der Bonner Uni, eine ganz interessante Veranstaltung stattfand, auch ganz witzig: Dieter Süverkrüp war da und auch ein paar andere Leute, und am Schluß standen dann fünfhundert Studenten auf, rechte Faust erhoben, oder die linke, und riefen im Takt: In-ter-na-tio-na-le So-li-da-ri-tät, in-ter-na-tio-na-le So-li-da-ri-tät. Und an der Stelle bin ich rausgegangen, mit dem Gedanken, wenn die jetzt rufen: Wir wollen den totalen Krieg, dann ist das genau die gleiche Kiste, denn das Gehirn ist ausgeschaltet, und da will ich nicht mitspielen.«

Statt dessen zupfte Gisbert Haefs seine Gitarre, textete in der Nachfolge von Bob Dylan und Georges Brassens und zog gut zwölf Jahre lang mit seinen »Skurrilen Gesängen« als Vagant kreuz und quer durch die Republik. In seinem Chanson »Relativ relativ« findet sich die Zeile »Du bist relativ ich!« Einige Titel seiner Lieder lauten: »Nachruf auf eine Säuferin« – »Gehässiges Wanderlied« – »Klagelied eines unfreiwilligen Frühaufstehers«. Haefs nahm im Friesenstudio Knut Kiesewetters seine erste und einzige LP auf, die sich nur mäßig verkaufte, tingelte weiterhin für Abendgagen zwischen 50 und 200 DM – alles andere als ein gigantisches Einkommen, erst recht nicht für eine Familie, an deren Gründung Gisbert Haefs mittlerweile dachte. Doch dann kam die Wende.

»Ich stolperte anno 1981, als ich gerade in der Ecke saß und nicht wußte, wo es jetzt hingeht, über die Ausschreibung des vom Goldmann Verlag zum zweiten Mal veranstalteten Edgar-Wallace-Wettbewerbs für deutschsprachige Krimis. Als ich das las, und meine Frau sagte, das wär was, da machte es klick und ich dachte: Matzbach wäre doch ein guter Hobbydetektiv, versuch es einfach mal. Und dann hab ich den ›Mord am Millionenhügel‹ geschrieben.«

Gisbert Haefs erster und dann mit dem »Edgar-Wallace-Preis 1980/81« ausgezeichneter Kriminalroman spielte – wie könnte es anders sein – in der Bundeshauptstadt, und der Autor traute sich das zu veröffentlichen, was Journalisten sich seit jeher verbieten.

»Es gibt hier einen sehr ehrenhaften Kodex oder unehrenhaften, wie man will, eine Absprache zwischen Politikern und Journalisten: die Journalisten berichten nicht über Bettgeschichten, dafür bekommen sie von den Politikern die nötigen Polit-Informationen. In dem Moment, wo du etwas über mein Verhältnis zu meiner Sekretärin schreibst, kriegst du von mir keine Informationen mehr. Das ist irgend-

In seinem ersten Buch schrieb Gisbert Haefs über die nutzlosen Politiker, die sich eine demokratiefreie Maschinerie aufgebaut haben.

KIPLING'S JAPAN
KIPLING

wie ein stilles Gentleman-Agreement, das offensichtlich seit vielen Jahren eingehalten wird, mit ganz wenigen Ausnahmen. Wenn du in die entsprechenden Bonner Kneipen gehst, hörst du die Geschichten, aber sie tauchen nicht in der Zeitung auf.«

Gisbert Haefs aber schrieb in seinem Erstling über die nutzlosen Politiker, die sich eine demokratiefreie Maschinerie aufgebaut haben, über sinnlose Verwaltungen, die sich im Produzieren von Formularen erschöpfen, über Wegelagerer in der modernen Zeit, die die Bevölkerung mit Steuern und Gebühren schröpfen, und – über das Busengrabschen eines prominenten SPD-Abgeordneten (Insider wußten sofort, wer damit gemeint war) und führte Regierung und Opposition gleichermaßen treffsicher vor.

EIN SKURRILER DETEKTIV

Protagonist seiner inzwischen acht Kriminalromane ist der bereits erwähnte Baltasar Matzbach, ein vergnüglicher Fresser, Säufer und Raucher, ein unsäglicher Salbaderer, eine treffsichere Dreckschleuder oder auch ein »niedliches Monster«, wie ihn sein Erfinder nennt. Schon Mitte der siebziger Jahre hatte Gisbert Haefs in einer Sprachcollage einen langen Text mit diesem feisten Lebemann verfaßt. Der ungewöhnliche Hobbydetektiv teilt die Rezensenten in zwei Lager: die einen kugeln sich vor Lachen, für die anderen ist er unter aller Sau.

Wir wollen von unserem Bonner Kollegen genau wissen, wie er sich den Baltasar Matzbach, wohl eine der skurrilsten Figuren in der deutschsprachigen Kriminalliteratur, denn eigentlich vorstellt.

»Er hat sich im Laufe der Zeit ein wenig verändert, denn zu Beginn seiner Laufbahn beschrieb ich seine Fettwülste, aber nach und nach wurde mir klar, daß jemand, der 1,90 m groß ist und 120 Kilo wiegt, gar nicht so fett ist. Also am Anfang war er feist, jetzt wiegt er das Gleiche, aber er ist nur mehr kompakt. Matzbach ist verfressen, zynisch, etwas wirr im Kopf. In allem ist er ein Gegenentwurf zu jenen Menschen, die jung, schlank, dynamisch, braungebrannt, progressiv und zum Kotzen waren, die, mit denen ich, als ich ihn gebar, zu tun hatte. Menschen, die an meinem Tresen standen, als ich Bier ausschenkte. Er treibt sich herum, ist Hobbydetektiv. Ich muß gestehen, als mein erster Roman erschien, bekam ich zu hören, das ist doch Nero Wolfe. Aber tatsächlich ist es so, daß ich Rex Stout erst später gelesen habe.«

Der amerikanische Autor Rex Stout hat mehr als vierzig Kriminalromane verfaßt, in denen der Privatdetektiv Nero Wolfe alle Fälle in seiner Wohnung löst; er braucht das Haus nie zu verlassen, denn sein Assistent Archie Goodwin versorgt seinen Chef mit ausgesuchten Informationen und Delikatessen. Baltasar Matzbach – für Haefs auch eine Mischung zwischen Sir John Falstaff und

Kater Garfield – kam seinerzeit in buchstäblich allerletzter Sekunde an den Start. Erst wenige Minuten vor dem Einsendeschluß, bei dem das Datum des Poststempels galt, erreichten Gisbert Haefs und seine Frau in gewitterdurchstürmter Nacht das Bonner Hauptpostamt. Der verschlafene Beamte fragte: »Ist das so etwas wie eine Examensarbeit?« Der nicht weniger müde Erstlingsverfasser nickte erleichtert. Ermattet bezahlte er die Portogebühren.

DAS ELEMENT WITZ

Woher kommt die Lust am Fabulieren? An den Geschichtchen? Die Lust an der erzählerisch aufpolierten Anekdote? Oder am Kalauer und artverwandten literarischen Miniaturen?

Vom Großvater, der als Musikant imstande war, zehn Instrumente zu spielen, von denen er neun selbst gebaut hatte, ein wunderbarer Anekdotenerzähler, der seiner Familie gerne vorgelesen hat und sich ständig in Wortspielen

erging. »Wenn ich krank war, saß er an meinem Bett. Er hatte eine volle Baßstimme. Mein Opa konnte wunderbar Grimms Märchen vorlesen. Mein Lieblingsmärchen war ›Der Teufel mit den drei goldenen Haaren‹. Ich sehe und höre ihn noch heute erzählen.«

Von der Großmutter, deren Nachtgebet Haefs gerne zitiert: »Hab' ich Unrecht heut getan, schreib's mir an!«

Vom Vater, der Journalist in Berlin war, der in den dreißiger Jahren sein Geld mit Korrekturlesen für das Reichsgärtneradreßbuch verdiente und später bei landwirtschaftlich orientierten Blättern angestellt war.

Von der Mutter, von der die Lebensweisheit stammt: »Was du heute kannst verschieben, das verschiebe nicht erst morgen.«

Bei so vielen erblichen Belastungen ist es kein Wunder, daß der Bonner Autor zum Anekdoteur wurde. Gisbert Haefs wollte anders erzählen. In Schräglage, mit Sinn für Unsinn, gehobener Quatsch, mit Esprit.

Wenn ein Freund von Matzbach, um einem Täter auf die Schliche zu kommen, fragt, wie der Kilometerstand auf dem Tacho gewesen ist, bekommt er von dem Hobbydetektiv eine Antwort mit mathematischen Rechenkünsten voller sexueller Anspielungen, historischer Vexierspiele und hanebüchener Dummheiten. Eine kurzweilige literarische Miniatur.

»Mir ist es von vornherein so gegangen, daß mir die gesamte deutsche Literatur nach Grimmelshausen, mit wenigen Ausnahmen, wie zum Beispiel Heine, witzlos erschien und eigentlich immer stärker erscheint. Das Element Witz, womit ich jetzt nicht Klein-Erna, sondern Voltaire meine, nicht, daß ich mich mit Voltaire vergleichen möchte, aber mir fehlt fast immer ein bißchen der Sekt. Was in sämtlichen anderen großen europäischen Literaturen vorhanden ist, das scheint dem deutschen Gemüt oder deutschen Intellekt zu fehlen, deswegen fehlt es auch der deutschen Literatur, und es fehlte damals speziell dem deutschen Krimi, der, wie wir ja nun alle wissen, sehr sozial relevant, aber nicht besonders amüsant war. Ich dachte, es dürfte etwas amüsanter sein und wollte das ausprobieren. Die Lust am intellektuellen Unsinn war von vornherein da, und die hat bei mir auch gar nicht nachgelassen. Ich finde, es schadet überhaupt nicht, wenn der Leser zwischendurch mal kichert.«

Eine zweite Besonderheit fällt bei Haefs auf. Er ist ein ausgezeichneter Kenner fremder Sprachen und Kulturen. Ein polyglottes Multitalent, das sich in Englisch, Französisch, Spanisch genauso bewegt wie im Deutschen. Aus diesen drei Sprachen hat er mehr als dreißig literarische Werke übersetzt: Borges, Kipling, Bierce, Doyle, Twain und sich an deren Texten geschult.

»Mein Bezug zu fremden Sprachen fing an, als ich Lokomotivführer, Papst oder Cowboy werden wollte, Pirat war auch noch interessant, aber mit Motorschiffen, das war dann nicht mehr so spannend. Aber Cowboy wollte ich als Zehnjähriger noch werden. Als dann am Familientisch die Frage diskutiert wurde, ob ich aufs Gymnasium geschickt werden sollte, habe ich geantwortet, nee, da muß man doch ausländisch lernen. Da hat meine Mutter gesagt, wenn du Cowboy werden willst, dann mußt du in die USA, da spricht man englisch. Im Gymnasium habe ich aber erst mal mit Latein angefangen.«

Im Studium an der Bonner Universität begann Haefs mit Portugiesisch aufgrund einer seiner vielen Jugendlektüren: Fritz Mühlenbeck »In geheimer Mission durch die Wüste Gobi«. Nach zwei Semestern entschied er sich dann für Spanisch. Mongolistik wählte er, weil dort kein Andrang herrschte. Irgendwann hatte ein Bekannter zu Haefs gesagt, lies doch einmal diese Übersetzungen von Borges. Sie waren tatsächlich lausig. Also Haefs übersetz-

te drei Aufsätze des argentinischen Autors selber. Mit Jorge Luis Borges beschäftigte sich auch seine Examensarbeit, und diese Übersetzungen fielen später einem Rezensenten der FAZ als besonders gelungen auf. So kommt er zum ersten Geld. Nichts als Zufälle und harte Arbeit.

Wie kann ein Verlag gezwungen werden, mindestens drei Bücher eines Autors zu veröffentlichen?

Zunächst mußte er Fachübersetzungen anfertigen, zum Beispiel von einem Verfassungsdokument des Fürstentums Andorra aus dem Jahre 1259, oder mit anderen Übersetzern die komplette spanische Verfassung von 1979 ins Deutsche übertragen.

HANNIBAL UND ALEXANDER

Baltasar Matzbach war noch weitere Male in und weit um Bonn herum aktiv. Sein zweiter Fall »Und oben sitzt ein Rabe« beinhaltet eine größere Zäsur – was Matzbach in dieser Zeitspanne erlebt, wird im dritten Band »Das Doppelgrab in der Provence« erzählt. Das ist zum einen ein literarischer Gag, gab dem Autor zum anderen aber die Möglichkeit, seinen damaligen Stammverlag zur Veröffentlichung von mindestens drei Büchern verpflichten zu können. Schlitzohrige Geschäftstüchtigkeit gehört zur Mentalität des Rheinländers – neben dem mitunter hinreißend verqueren Humor.

Nach dem vierten Matzbach-Roman »Mörder und Marder«, erstmals veröffentlicht 1985, trat der schwergewichtige Hobbydetektiv plötzlich von der Szene ab. Sein Autor – längst schon als kongenialer Übersetzer gerühmt und entsprechend vielbeschäftigt – wagte sich auf ein Terrain vor, das deutsche Autoren seit längerem gemieden hatten. Er schrieb einen historischen Roman.

»Ich dachte, du mußt mal wieder was anderes machen. Ich habe meinem Verleger in Zürich von meinem Plan erzählt und der war einverstanden. In den letzten zehn Jahren hat es praktisch keine historischen Romane von Deutschen mehr gegeben. Mielke, Braem, Bergius waren so gut wie vom Markt verschwunden, aber im englischen, französischen und italienischen Literaturbereich gab es diese Gattung, und zwar sehr erfolgreich. Mein Verleger war überrascht von der Nachfrage und im ersten Hardcover-Vertrag stand: 30 000 Startauflage. Dann ließ er allerdings doch nur 15 000 drucken, weil er sich noch nicht so recht traute.«

Warum befaßte Haefs sich gerade mit Hannibal? »Es ist doch oft so, daß wir gerade das Buch schreiben, das wir gerne selber lesen würden. Vielleicht wollte ich damals ein Buch über Hannibal lesen. Ich habe anderthalb Jahre für den Roman gebraucht.«

Insgesamt wurden von dem umfangreichen historischen Roman »Hannibal«, der international beachtet, übersetzt und rezipiert wurde, über 70 000 Exemplare im Hardcover und in der Taschenbuchauflage 120 000 Exemplare verkauft. Ein Sensationserfolg, den Gisbert Haefs mit seinen Kriminalromanen nicht erreicht hätte.

Im Gespräch schildert er die Schwierigkeit und Schönheit der Recherche und den Umgang mit seinen Quellen. Da gibt es zum Beispiel ein Buch über das Alltagsleben in einer griechischen Hafenstadt zur Zeit Hannibals, das Haefs dann auf Karthago transponierte. Gab es denn damals schon Gabeln? Und wie sahen die Häuser von innen aus? Ein Kritiker schrieb in einer Rezension, daß es in dieser Epoche noch keine Banken gegeben hätte. Aber Gisbert Haefs wußte es besser. »Tempel, Banken und Bordelle sind etwa zur gleichen Zeit entstanden.«

Haefs erzählte – mit noch mehr Lust am Detail – das Leben des »Alexander« und landete damit einen zweiten Bestseller. Sogar Hollywood zeigte Interesse und Oliver Stone war als Regisseur vorgesehen. Doch dieses Kino-Projekt blieb leider unrealisiert. Durch diesen erneuten Bestseller kam Geld ins Bad Godesberger Elternhaus, das Haefs nun allein mit seiner Frau und den Kindern bewohnte. Die Bonner Szenerie des Baltasar Matzbach schien abgehakt zu sein.

Am großen Tisch sitzt die Familie, vollständig zum italienischen Essen erschienen, Thomas Przybilka ist mit seiner Frau schon angekommen. Wir beenden unser erstes Gespräch mit dem Gefühl, einem Kollegen bei der Arbeit der Formulierungskunst zugeschaut zu haben. Nun erzählen die Rotweinflaschen Geschichten. Kurz nach Mitternacht kramt Haefs in seiner Bibliothek und holt einen erotischen Bestseller aus dem 17. Jahrhundert vor. Die Lesung ist überaus amüsant.

BALTASAR MATZBACH ERFINDET SICH SEINEN AUTOR

Matzbach findet, sein Autor sollte kein Hänfling sein, kein leptosomer Typ, nicht so ein Bleichling, der beim ersten Brandy Herzflimmern bekommt, auf keinen Fall ein Elfenbeinturmbewohner, der mit seinem Lyrikverschnitt auf den Nobelpreis hofft. Sein Autor wird sagen:

»Stefan George, Rainer Maria Rilke, Peter Handke, Botho Strauß, die sollen das gerne machen, aber ich kann nix mit denen anfangen. Der Globus ist viel interessanter als der Nabel der Poeten, den sie für den Nabel der Welt halten.«

Matzbach denkt sich schon eher einen Herumtreiber auf Märkten, in Bibliotheken und Antiquariaten, einen Stöberer, dem Ladenhüter interessanter erscheinen als massengängige Waren. Einen, der nach Lateinamerika auf Abenteuerreise geht, um darüber einen Geheimdienstroman zu schreiben.

Der Autor, den er sich denkt, reist gerne und häufig, zwischen Schottland und Gibraltar, er könnte, wenn bezahlt, immer auf der Reise sein – nochmal in die Mongolei – andererseits reicht ihm auch Westeuropa.

Er zitiert gerne, zum Beispiel Ernst Bloch: »Dieselben Dinge täglich bringen langsam um. Neu zu begehren, dazu verhilft die Lust der Reise. Sie frischt die Erwartung nicht bloß an, bevor die Fahrt angetreten, sondern tut das mitten im Genuß des Sehens. Das Stockige fällt fort, das nicht nur dem immer gleichen Alltag, sondern auch allzu lange herumgetragenen Wünschen eignen mag.« Ein Autor, bei dem aber auch alle Zitate falsch sein können. »Konfucius says: men who masturbate on cash register come into money.« Steht das wirklich so im I Ging?

Für Matzbachs Autor hört Phantasie nicht an Ländergrenzen, nicht mal am Ende des Universums auf, er ist einer, dem Science Fiction noch etwas bedeutet, einer, der afrikanische Kulte für genauso interessant hält wie das esoterische Gedankengut eines Erich von Däniken.

Baltasar Matzbach denkt daran, daß sein Autor manchmal sechzehn, siebzehn Stunden am Stück durcharbeiten muß, Schlußspurt, um ein Manuskript einigermaßen pünktlich abzugeben. Ab und zu wird er aufs Konto sehen und feststellen, daß da nicht mehr allzuviel ist und dann zu seinem Erfinder sagen: »Das motiviert mich heftig!«

Er, Baltasar Matzbach, dagegen war von Anfang an reich, hatte geerbt, nicht wieder das Klischee vom abgebrannten Private Eye, der die schlimmsten Aufträge akzeptieren muß, um etwas zu beißen zu haben.

Matzbach kennt das. Der Autor, den er sich erfunden hat, kennt das auch. Mehrere Aufträge nebeneinander. Der Autor wird sagen: »Den Druck, viel schreiben zu müssen, kenne ich schon seit meinem ersten Roman.«

Der Autor, den Matzbach sich erfunden hat, lebt mit einer Lehrerin zusammen, drei wieselige Kinder springen im Haus herum. Wer führt den Haushalt, wer kümmert sich um die Erziehung, wer schafft die Kohle ran? Experimente, die mal dazu führten, daß der Autor sich vom Schreiben zurückzog und seine Frau in den Schuldienst zurückkehrte. Das mußte bald wieder geändert werden.

Der Autor, den Matzbach sich erfunden hat, hat keine feste Stundenzahl, bei ihm ist das nicht wie bei Thomas Mann. Er verschwindet nach dem Frühstück in seinem chaotischen Schreibzimmer und bleibt, wenn es gut geht, lange weg. Und manchmal sitzt er am nächsten Morgen noch um halb fünf und kniffelt an einer Übersetzung.

Sein liebstes Produktionsmittel ist ein Füller mit schwarzer Tinte, er schreibt gerne auf handgeschöpftes Bütten, sinnlicher Genuß, fast etwas Erotisches. Er hat schon ausprobiert, mit Gänsekiel auf Papyros zu schreiben.

Dieser Autor, der ständig liest, sich schwindsüchtig liest, sich taumelig liest, ein Autor, ist schon mal bei einer Straßenbahnfahrt verprügelt worden, weil er dauernd bei der Lektüre gekichert hat. Den Halbwüchsigen paßte das nicht. Seine Sammlung skurriler Bücher für alle Lebenslagen umfaßt an die 7 000 Bände, übers ganze Haus verteilt.

Für Matzbach hat der Autor eine »Gesellschaft zur Stärkung der Verben« erfunden, von denen im Deutschen viel zu viele schwach geworden sind und verbricht ein langes Poem, in dem alle Zeilen mit starken Konjunktiven enden, natürlich gereimt: sprösse, schlösse, schlöffe, söffe.

Ein leicht spielerischer Zynismus, ein Hang zu Grouchismen, Fieldismen, allgemein die Lust am Chaos zeichnen diesen Autor aus, der gerne in Lexika blättert, aber nicht als Enzyklopädist bezeichnet werden möchte.

Bei ihm fliegt überall etwas herum, lose Blätter, ein Zettel mit Anfangszeilen für mindestens dreißig Chansons, Plots, Ideen für zwei Krimis, einen SF-Roman. Er sagt: »Wer Ordnung hält, ist nur zu faul zum Suchen.«

Baltasar Matzbach ist zufrieden, mit dem Autor, der ihn erfunden hat: mit so einem kann man alt werden, denkt er.

UNSINNS-WEISHEITEN

Acht Jahre nach seinem letzten Abenteuer, 1993, war Matzbach endlich wieder da, bissiger und bösartiger als je zuvor, klarer und nicht zuletzt auch politischer. »Matzbachs Nabel« hieß der Roman.

»Die Veränderungen in der Figur liegen sicherlich an der langen Pause, aber auch daran, daß man in der Zeit bestimmte Dinge lernt. Es hat aber auch etwas mit der Stimmung im Land zu tun, die Leichtherzigkeit, die die ersten Matzbäche Anfang der Achtziger hatten, die bringe ich Mitte der Neunziger einfach nicht mehr auf.«

Im Frühjahr 1999 erschien »Ein Schmusemord«, der bisher letzte Matzbach. Ein Drahtseilakt auf höchstem Niveau. Schon für die Bonmots und erfundenen Unsinns-Weisheiten müßte man einen eigenen »Büchmann« fordern. Ein paar Kostproben:

Patriotismus ist die erstbeste Ausrede von Schurken. – Sexuelle Exzesse sind meistens nichts als sublimierte Askese. – Lehre die Alten, die es nicht verdienen, und achte die Lehrer ob ihres Verdienens. – Manche Leute zünden nicht von selbst, sondern müssen in Gang gesprengt werden. – Das System ist eine Maschine, die man als armes Schwein betritt und als Leberwurst verläßt, auch wenn das Lebensziel Salami war. Das Leben ist zu kurz für billige Zigarren, schlechten Wein und jene Langeweile, die deutsche Kritiker für Literatur halten.

Hermine, die Büstenschnitzerin, und Baltasar führen wie stets die anregendsten Dialoge, solche, wie wir sie auch im Haefs-Hause erleben konnten. Dieser hier stammt aus dem letzten Roman:

»Sind Sie die Titanic?« sagte er. »Ich bin der Eisberg.« – »Na endlich.« Hermine winkte. »Ich dachte schon, das wird nichts mehr. Du hast aber die Bezeichnungen vertauscht.« »Inwiefern?« – »Du bist die Titanic; Eisberge haben keinen Bugspriet.«

Auch die »Gesellschaft für die Stärkung der Verben« kommt wieder zu ihrem Recht. Allerdings gibt es dort Bestrebungen, aus dem unsinnigen Sprachspiel ein Regelwerk entstehen zu lassen. »Eine Besserungsanstalt«, wie Matzbach feststellt, der bei einem solchen Verein heutzutage sicherlich nicht mehr mitmachen würde.

Die Handlung ist verwickelt wie je. Matzbach schaut hinter die Kulissen von zwei Kölner Erfolgsmenschen, die sich als Wohl- und Übeltäter aufspielen und sich gegenseitig zu erpressen suchen. Reingewinn: mehrere zum Verstummen gebrachte Journalisten, unbequeme Mitwisser, Rechtsanwälte – dazu ein Streit zwischen Matzbach und seiner Lebensabschnittsgefährtin Hermine über das Moralische oder Unmoralische der Selbstjustiz. Beide verüben Morde.

In diesem Roman erlebt man einen anderen Matzbach, einen, der im Umgang mit sich selbst schwieriger geworden ist. Skepsis schlägt in Ekel um. Ein Zitat kann dies verdeutlichen.

Matzbach betrachtete sein Innenleben. Im Prinzip tat er letzteres ungern; die Beschäftigung mit dem Ego hielt seiner Ansicht nach die meisten Menschen davon ab, sich mit dem interessanteren (und größeren) Teil des Kosmos zu befassen. Er ertrug sich nun schon 56 Jahre lang, und je mehr er über sich erfuhr, desto weniger wollte er sich wirklich kennenlernen. Die unter dem Titel Selbsterforschung betriebenen Manöver

kamen ihm vor wie mindere Formen des Gründelns, vergleichbar der Tätigkeit des Hundes, der den abgelegten Haufen beschnüffelt.

Kann sein, sagte er sich, daß wir alle innen widerliche Kröten sind, verfertigt aus Glibberplasma und Feigheiten, wechselnden Formen des Versagens, Erinnerungen an Schändliches.

Unter den deutschen Krimi-Autoren ist Gisbert Haefs der Exzentriker. Er reiht sich in die internationale Krimifamilie ein, in der es viele ähnliche Originale gibt. Von Rex Stout über den spanischen Autor Vazquez Montalban bis zu dem Mexikaner Paco Taibo II., die mit durchaus vergleichbaren Privatdetektiven aufwarten. Haefs ist ein glänzender Anekdotiker, er genießt, wie zu Zeiten seiner Tingelei, private und öffentliche Auftritte, liebt die Ausschweifung in der Literatur wie in leiblichen Genüssen – solch einen Raucher sähe selbst der Herrgott gerne – Haefs meistert gekonnt jedes literarische Spiel, nicht nur im Kriminalroman, und verblüfft seine Leserschaft mit Wendungen und Gehirnwindungen, als befinde man sich auf einer literarischen Achterbahn.

Was kann aus Baltasar Matzbach werden? Wird er nochmal ein eingreifender Detektiv?

»Da grummelt etwas in ihm herum, aber was? Er wird kein Kämpfer für Recht und Ordnung, kein Zurechtrücker verschobener Gegenstände, sondern versuchen, daß er seinen Schnitt macht, aber wird Leuten helfen, niemals systemkonform und er wird niemanden an die Polizei ausliefern.«

Eingeschlossen in der Schweiz

Peter Zeindler – Die Masken werden gelüftet

ANGABEN ZUR PERSON

==================

Name: ZEINDLER

Vorname: Peter

Geboren am: 18.02.1934

Wo: In Zürich

Familienstand: Verheiratet

Ihr ständiger Wohnsitz: Zürich

Berufsbezeichnung: Schriftsteller

Was ist für Sie ein positiver Held: Eine unbrauchbare Figur

Sind Sie das auch: Nein

Was zeichnet einen guten Agenten aus: Maskenspiel

Ist Zürich ein "Agentennest", auch heute noch: Ja

Was mögen Sie an Zürich: Die Agenten

Strafregisterauszüge: Tarock, Zürich 1982 · Die Ringe des Saturn, München 1984 · Der Zirkel, Zürich 1985 · Widerspiel, Wien 1987 · Der Schattenagent, Wien 1989 · Feuerprobe, Zürich 1991 · Der Schläfer, Zürich 1993 · Salon mit Seerosen, Zürich 1996 · Abgepfiffen, Reinbek 1998 · Aus Privatbesitz, Zürich 1998

Ein Mann sitzt hinter Mauern. Er sitzt in einer schmalen Zelle, mit dem Rücken zur Tür. Der Mann beugt sich über einen mit Papieren bedeckten Tisch. Er schreibt: »Die Zahl der Internierungen, der Entwöhnungskuren, der verschiedenen Katastrophen in meinem Leben festzustellen, deren Dauer und Daten aufzuzählen, ist unwichtig. Notwendiger scheint es mir zu sein, kurz anzudeuten, was ich noch erhoffe. Ich glaube, daß ich die verschiedenen Erfahrungen, die ich in der Fremdenlegion, in Witzwil, als Arbeiter gesammelt habe, bis jetzt noch nicht richtig verwertet habe. Es würde sich darum handeln, diese Erkenntnisse (wenn es sich denn wirklich um solche handelt) mit einem Inhalt zu füllen, statt nur sachlich über sie zu berichten. Was ich bis jetzt geschrieben habe, halte ich für Übungen, mit zwei oder drei Ausnahmen. Es ist mir, auch wenn es mir ganz schlecht gegangen ist, immer gewesen, als hätte ich etwas zu sagen, etwas, was außer mir keiner imstande wäre, auf diese Art zu sagen. Es ist gleichgültig, ob diese Überzeugung beweisbar ist oder nicht, ob sie in die Kategorie der Lebenslügen einzureihen – oder ob sie echt ist. Genug, sie war immer da, sogar, wenn auch sehr schwach, in den Perioden des Nihilismus. Was mir bis jetzt im Wege war, um auf diesem immerhin unsicheren Boden weiterzubauen, war meine Bequemlichkeit, mein Mangel an Disziplin. Beides treibt mich dazu, der einfachen technischen Arbeit (Aufbau, Stil) aus dem Wege zu gehen, um den Trost im so viel leichter erreichbaren Rausch zu finden. Wichtig scheint mir weiterhin, daß ich beginne, meine Grenzen zu erkennen, daß ich bescheidener in meinen Ansprüchen, auch an mich selbst, werde. Dadurch, daß man einiges erlebt hat, vielleicht Schweres, wird man noch kein Hamsun. Das Schwierigste bleibt noch zu tun: das Erlebte gestalten.«

Der Zelleninsasse ist achtunddreißig Jahre alt und hat nur noch vier Jahre zu leben. In dieser Zeit aber schreibt er neben zahlreichen Erzählungen und hunderten von Briefen die fünf Kriminalromane, die heute seinen Ruhm ausmachen. Der morphiumsüchtige Friedrich Glauser beginnt 1934 mit der Arbeit an den Wachtmeister-Studer-Fällen in der nahe bei Bern gelegenen Heilanstalt Waldau, wo auch Robert Walser und Heinrich Wölfflin einsaßen. Seinen Fahnder läßt er jedesmal von der Bundeshauptstadt aus im Berner Umfeld agieren.

Fünfzig Jahre später belebt eine gänzlich andere Romanfigur die Berner Stadtszene. Es ist Konrad Sembritzki, der vom südlichen Fenster seines Bibliothekszimmers auf den dunklen Fluß hinunterschaut. Es ist die Aare, ein reißendes Gewässer, das die Stadt Bern wie eine Girlande umhalst. Sembritzki wohnt in einem Haus, in dem sich einst Casonova mit jungen, einheimischen Frauen liebesmäßig schwer tat. So jedenfalls erzählt man es sich. Sembritzki wird es nicht als Fakt nehmen. Er glaubt nur, was er sieht. Er sieht zum Beispiel, daß zwischen den Seiten seiner Abendlektüre ein Lesezeichen fehlt, und daß sein Telefonbuch nicht mehr genau bündig zur linken oberen Schreibtischkante liegt. Konrad Sembritzki nämlich ist ein Pedant. Und er hat ein photographisches Gedächtnis. Wir lernen ihn kennen als jemanden, der sich ernsthaft mit Astrologie beschäftigt und ansonsten mit antiquarischen Büchern handelt. Doch an diesem ersten Abend ist es ihm nicht vergönnt, seine Studien zu betreiben. Er entdeckt von seiner Küche aus einen Mann auf der gegenüberliegenden Seite der Uferstraße. Sembritzki schlüpft in seine dreiviertellange, dunkelgrüne Lederjacke, setzt eine braune Mütze auf und befestigt einen hauchdünnen Faden auf der Türschwelle. Zum ersten Mal seit sehr, sehr langer Zeit steckt er seine Beretta-Reopardo in die Hosentasche. Er braucht sie dann auch. Konrad Sembritzki war über zwanzig Jahre für den Bundesnachrichtendienst mit Sitz in Pullach tätig, ist vor drei Jahren ausgeschieden und soll nun wieder aktiviert werden.

ÜBER DEN PROTAGONISTEN

Konrad Sembritzki ist der Protagonist einiger Agentenromane des in Zürich lebenden Autors Peter Zeindler, der 1996 für seine bisherigen li-

terarischen Arbeiten mit dem »Ehren-Glauser« geehrt wurde, dem vom SYNDIKAT jährlich verliehenen Preis. Zeindlers Sternzeichen ist der Wassermann. Es ist ein Luftzeichen. Es symbolisiert, nicht greifbar zu sein, nicht in klaren Linien begrenzbar – statt dessen flüchtig, verweht, immer wieder anders, je nach Umgebung, Einflüssen, Klima. Alles Neue, Unbekannte, Fortschrittliche fasziniert den Wassermann. Aufgeschlossenheit und grundsätzliches Interesse sind hervorstechende Merkmale der unter diesem Sternzeichen Geborenen. Sie finden sich in allen Situationen zurecht, sind wandelbar und anpassungsfähig – beste Voraussetzungen für die Tätigkeit als Agent. So manchen Ausweg entdecken sie einzig und allein dank ihrer Phantasie. Zudem lieben sie schöne Dinge und richten sich entsprechend stilvoll ein.

Peter Zeindler bewohnt die Etage im 4. Stock eines Zürichberghauses. Die zur kaum befahrenen Straße hin liegenden Zimmer gehen ineinander über, sind zeitlos modern eingerichtet und mit einigen antiken Möbeln ausgestattet. Ein edler Sekretär, ein runder Eßtisch mit starker Maserung, zwei, drei Teppiche auf dem Parkettboden, Vasenlampen, auf und in den Regalen moderne Skulpturen, an der Wand ein Ölgemälde, ein Original. Von seinem wintergartenähnlichen, sehr kleinen Arbeitszimmer aus hat Peter Zeindler einen phantastischen Blick über die Stadt. In der Ferne zeichnen sich die Berge ab – Begrenzungen, manchmal empfunden wie die den Patienten Glauser umgebenden Mauern der Waldau. Enge ist auch ein Peter Zeindler prägender Moment.

DER VATER UND DER RHEIN

»Ich bin zwar in Zürich geboren«, erzählt Peter Zeindler, »aber in Schaffhausen aufgewachsen. Meine Großeltern lebten in Zürich, und mein Vater war in Baden bei Zürich als Elektroingenieur tätig. Als ich vier war, zogen meine Eltern mit meiner älteren Schwester und mir nach Schaffhausen an den Rhein. Der Rhein hatte für meinen Vater schon immer eine große Rolle gespielt, als Sinnbild für das Leben schlechthin, das Fließende und auch die Kraft. Er ist allerdings später auch in dem Fluß umgekommen. Das war, als die neue Brücke über den Rhein gebaut wurde, direkt neben der alten. Da gab es zwischen dem alten und dem neuen Teil eine Verbindung für die Fahrbahn, eine Art Knick. Und an genau der Stelle ist mein Vater mit dem Wagen in den Rhein gestürzt. Während des Fahrens hatte sein Herz ausgesetzt.

Wir waren nach Schaffhausen gezogen, weil mein Vater dort Direktor des Elektrizitätswerks geworden war. Ich habe in der Stadt die Volksschule besucht und später das Gymnasium. Aus dem Gymnasium bin ich dann mal für kurze Zeit raus, aber mein Vater brachte mich wieder zurück an die Schule. Er hatte mir angedroht, eine Banklehre machen zu müssen, wenn ich die Schule nicht zuende bringe, und das war für mich das Schlimmste, was ich mir vorstellen konnte.«

Peter Zeindler spricht von seinem Vater mit Stolz und Hochachtung, zugleich aber auch kritisch. Der Vater war ihm »ein guter Kamerad«, er war »nicht übermäßig streng«, hatte allerdings »seine Prinzipien«. Der Sohn sollte vor allem »seinen Mann stehen«, hatte nicht krank zu werden und mußte mit dem Vater regelmäßig Sport treiben, nicht irgendeinen – Fußball hätte Peter Zeindler gern gespielt –, nein, er wurde zum professionellen Rudern angehalten. Auf dem Rhein natürlich, dem Fluß des Vaters.

Der Rhein, der Fluß des Vaters, galt als das Sinnbild für das Leben schlechthin.

Zwangsläufig übte sich der Jugendliche in der Kunst der Verstellung. Immer häufiger tat er, wonach ihm eigentlich nicht der Sinn stand und mimte dabei den durchaus zufriedenen, ja, glücklichen Jungen aus besserem Hause: »Ich mußte mich immer verstellen. Und ich mußte mich auch in der Schule verstellen, um zu überleben ... Ich habe immer gemerkt, um gewissen Ansprüchen meiner Umgebung zu genügen, muß ich so tun, als ob ich ein anderer wäre als der, der ich in Wirklichkeit war, mußte also was vorspielen. Und das war meine Form von Überleben.« So ging er auch in ein ihm verhaßtes Ferienlager, nachdem er zuvor versucht hatte, sich eine Krankheit zuzulegen, um sich vor den Wochen im Freien zu drücken. Hohes Fieber und Mumps bekam er jedoch erst im Zeltlager, hielt nun aber »selbstverständlich« durch, weil er den Vater nicht enttäuschen wollte. Jahre später schrieb Peter

RECLAMS BIBELLEXIKON
Knaurs Rechtschreibung
Das treffende Wort
FILM

Zeindler seiner Sembritzki-Figur weitere dieser »Maskenspiele« zu.

Nach dem Abitur hatte Zeindler ein kurzes Zwischenspiel als Unteroffiziersanwärter, studierte dann Germanistik und Kunstgeschichte an der Universität Zürich. »Ausgerechnet Kunstgeschichte«, sagt er. »Das war auch das

Es ist schon verrückt, wie sich der Vater durchgesetzt hat und prägend bleibt.

Erbe meines Vaters. Bei uns zuhause ging es nämlich immer hochkulturell zu. Da wurde über die große Weltliteratur diskutiert. Ich mußte die bedeutenden Autoren im Original lesen, in Englisch und viel in Französisch, das ganze Bildungsbürgergut. Und natürlich besuchten wir alle uns zugänglichen Museen und Ausstellungen, da wurde ich sozusagen mitgeschleift und habe mir damals insgeheim geschworen, nie wieder gehe ich in irgendwelche Galerien.

Aber was mache ich dann auf der Universität? Ich belege Kunstgeschichte. Es ist schon verrückt, wie sich der Vater dann doch weiterhin in mir durchgesetzt hat und prägend bleibt.« Finanziell jedoch stellte er sich nun auf eigene Füße, gab neben dem Studium Unterricht in Deutsch. Bei dem hochangesehenen Germanisten Emil Staiger, dessen Züricher Vorlesungen immer auch ein gesellschaftliches Ereignis waren, dissertierte Zeindler mit der Arbeit »Der negative Held im Drama« – seine persönlichen Erfahrungen wurden dabei zum ersten Mal manifest. Und die intensive Beschäftigung mit dem Schauspiel führte dazu, daß er jetzt auch selbst ein Theaterstück schrieb und an das Schauspielhaus Zürich schickte. Die Antwort des Intendanten war: »Ich spüre Kraft, Phantasie und ursprüngliche Sprache.« Peter Zeindler wurde ein Arbeitsgespräch in Aussicht gestellt. Zuvor aber mußte der Intendant beruflich nach Hamburg. Dort starb er, und in Zürich nahm niemand erneut mit Peter Zeindler Kontakt auf.

Erst fünf Jahre später, 1966, hatte er als Bühnenautor seine Premiere. Am Stadttheater in Bern kam seine dramatische Collage »Der Eremit« zur Aufführung. Mittlerweile war Peter Zeindler Dozent für deutsche Sprache an den Goethe-Instituten von Radolfzell und Iserlohn gewesen, hatte als Lehrer am Gymnasium Biel gearbeitet und als Mitarbeiter des Pressedienstes der Stiftung Pro Helvetia.

Er war zum zweitenmal verheiratet und schrieb bereits an einem weiteren Stück. 1970 jedoch ging er zum Schweizer Fernsehen, wurde Redakteur und Moderator des Kulturmagazins »Perspektiven«, und das brachte ihn zu seiner eigentlichen Berufung: »Ich war beim Fernsehen und habe bei dieser Gelegenheit auch zwei Filme über John le Carré gemacht, habe ihn kennengelernt. Und da habe ich mir überlegt, warum schreibe ich nicht Prosa? Das Theater hält da eigentlich nichts dagegen, und ich glaube auch nicht, daß ich bedeutende Stücke geschrieben habe. Und daß ich dann Agentenromane geschrieben habe, hat natürlich zum ersten schon mit der Begegnung mit le Carré zu tun und zum zweiten, daß mir auch die Figur des George Smiley – dieser ewig melancholische, rückwärtsgewandte Mann und Agent – gefallen hat. Aber zum dritten habe ich noch gemerkt, daß – obwohl die Schweiz keinen offensiven Spionagedienst hat, sondern nur einen defensiven – die Figur des Spions mich fasziniert. Das ist wieder der Spieler auf der Bühne, das ist wieder der Schauspieler, das ist der, der eine Rolle spielt und das ist einer, der überlebt durch Verstellung. Die Verstellung ist sein Lebenskonzept. Erst viel, viel später habe ich ja bemerkt, daß es eigentlich meine eigene Biographie ist, durch die ich mich für Spione, für die Kunst der Verstellung interessiere.«

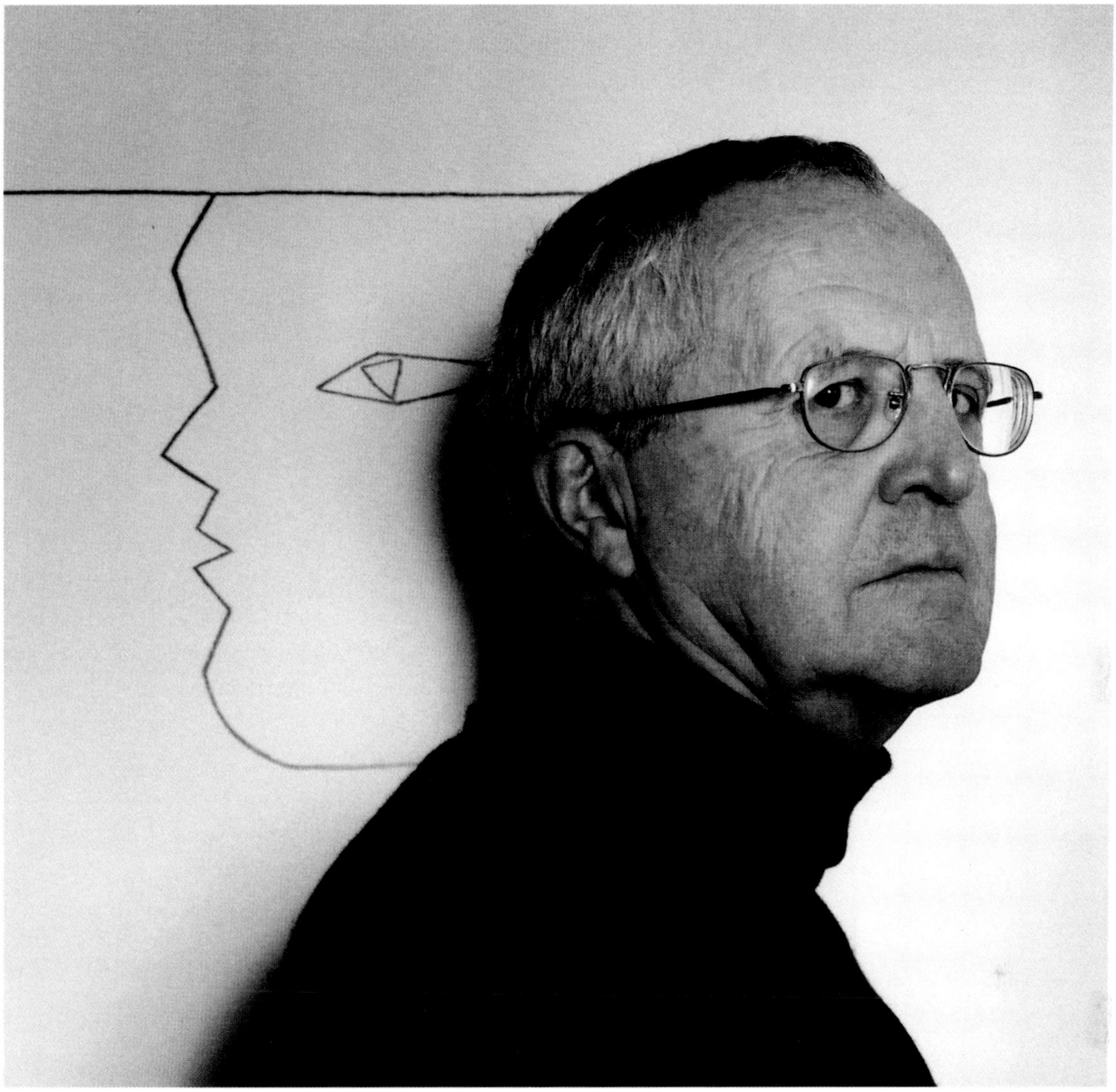

A SMILE FOR SMILEY

Obwohl George Smiley schon längst eine »große« Figur in der Galerie der fiktiven Detektive, Spione und Kommissare war, gleichbedeutend mit Sherlock Holmes, Miss Marple, Lord Peter Whimsey, Maigret, Nestor Burma, Pater Brown, Marlowe, Sam Spade und auch Bond, James Bond – war der etwas dickliche »Meisterspion« für Peter Zeindler doch eine echte Neuentdeckung und gewissermaßen auch eine Offenbarung. Mit Smiley nämlich hatte sein Autor John le Carré eine auf den ersten Blick absolut durchschnittliche Person geschaffen, einen Mann, an dem auch teure Kleidung billig aussieht, der ein trauriges, ungesund wirkendes Gesicht hat und eine dicke Brille trägt, die an Froschaugen denken läßt. »Smiley ist ein von Depressionen gequälter Agnostiker«, schreibt Gerhard Henschel in seinem brillanten Essay über diesen melancholischen Helden. »Er ist dazu verdammt, sein Charisma in einer schäbigen Umgebung und in einem plumpen Leib unter Beweis zu

stellen, an einem ramponierten Konferenzschreibtisch aus Kriegszeiten, dessen Vorderseite braun angesengt war.« Ein negativer Held also – Peter Zeindlers ureigenstes Thema, eingebunden allerdings in das Genre Agentenroman, sprich der Unterhaltungsliteratur. Bevor er aber einer eigenen, vergleichbaren Figur Geschichten zuschrieb, übte er sich sozusagen an einem wißbegierigen Journalisten, der in der Heimat seiner zweiten Frau, im Tessin, agierte. »Tarock« war der Titel des ersten, 1982 erschienenen Romans. Das Buch wurde ein Achtungserfolg, wie man so sagt. Ein neuer Autor hatte eine recht spannende Story vorgelegt, es blieb abzuwarten, was folgen würde.

Der inzwischen als Redakteur beim Radio arbeitende Peter Zeindler traf bei seinen Reisen durch die Schweiz auf einen in Bern lebenden Mann: »Er war Deutscher, Antiquar. Und dann habe ich zusätzlich noch gehört, daß er auch für den BND gearbeitet hat. Er hat mir sogar noch seine Uniform gezeigt. Er war Oberst der Reserve bei der Bundeswehr. Und all das zusammen – er war ein eigenartiger, ein verschrobener Mensch. Und da habe ich gedacht, das ist deine Figur, genau das ist sie. Dieser Mann hat mir deshalb so gefallen, weil ich immer versucht habe, meinen Figuren, bzw. meinen Büchern eine zweite Ebene zu geben. Wahrscheinlich ist das immer wieder dieses Gepäck, das Bildungsgepäck, das ich da als Bildungsbürger von zuhause mitgekriegt hatte. Dieser Mann hatte also zum einen diese leicht melancholische Art, die ich wahrscheinlich irgendwo auch habe und dieses Rückwärtsgewandte. Ich habe ihm damals mein Alter gegeben, in Wirklichkeit war er etwas jünger als ich. Und dann hat er noch diese zweite Ebene, daß er sich für Literatur, für alte Literatur interessiert. Und das gab mir die Gelegenheit, ihn immer wieder in seiner Funktion als Antiquar in den Osten zu schicken, in östliche Städte, wo er, unter dem Vorwand zu recherchieren, überall auftauchen konnte, in Wirklichkeit aber als Spion eingesetzt wurde.«

Konrad Sembritzki nahm Gestalt an. Peter Zeindler beschreibt ihn in seinem ersten Sembritzki-Buch als 45jährigen Mann, der über zwanzig Jahre für den Bundesnachrichtendienst in Pullach tätig war und sich vor drei Jahren aus dem »Geschäft mit der Intrige und des Verrats« zurückgezogen hat. Er war als Agent in vielen Ländern der Welt tätig und ist im Libanon auch einmal gefoltert worden. Brandnarben auf seinen Armen zeugen davon; seitdem raucht Sembritzki nicht mehr. Er zerkaut statt dessen Zigarillos. Wie sein Autor ist er im Tierkreiszeichen des Wassermann geboren. Seinen Geburtsort aber hat Zeindler nach Masuren verlegt. Sembritzkis Leben ist vom »Verlust der Vaterfiguren« geprägt, auch sein leiblicher Vater hat sich durch einen »kühnen Sprung in reißendes Wasser« davongemacht. Die Mutter verstarb in einem Nervensanatorium. Der jugendliche Sembritzki mußte die hellblauen Unterhosen seiner älteren Schwester auftragen. Das Kleidungsstück wurde für die Mitschüler sichtbar, und der Junge lernte daraus, ständig mit dem Unvorhersehbaren zu rechnen, immer auf der Hut zu sein, um nicht zum Gespött der Kameraden zu werden. Oder – grundsätzlicher – sich gar gänzlich zu entblößen, in des Wortes mehrfacher Bedeutung. Fortan hat ihn niemand mehr durchschaut. Auch den Frauen, die er aufrichtig liebt, offenbart er nicht alles. »Es gibt Dinge, die du nie finden wirst«, muß er sich einmal sagen lassen. »Du bist ein Narziß. Du findest bei anderen nur das, was in dir selbst irgendwo und irgendwie vorhanden ist. Du liebst nur dich selbst.«

UNTERWEGS NACH PRAG – UND KEINER MERKT'S

»Die Ringe des Saturns« ist der Titel dieses ersten Agentenromans mit dem Berner Antiquar Konrad Sembritzki. Nachdem der Bundesnachrichtendienst ihn drei Jahre hat »schlafen« lassen, soll er jetzt – Anfang der achtziger Jahre – seine alten Verbindungen in Böhmen wieder mobilisieren. Es hat Truppenverschiebungen im Osten gegeben. Die deutschen Nachrichtendienstler wollen wissen, was genau sich dort tut. Sembritzki reist nach Prag und gerät schnell zwischen sämtliche Fronten. Letztlich wird er von seinen Auftraggebern fallen gelassen und kann nur durch eine spektakuläre Flucht sein Leben retten.

Ein Jahr lang hat Peter Zeindler vor der Niederschrift des Romans recherchiert, ist nach

Prag gereist, hat Straßen und Gebäude fotografiert, mit Leuten gesprochen, Gedächtnisprotokolle angefertigt. Materialien, die sich in seinem Kopf weiter ausformten, neue Biographien entstehen ließen. Seine Informanten gehören fast immer zum Fußvolk, zum »Bodensatz« des Systems, zu den namenlosen kleinen Nummern. In einer militärischen Airbase etwa spricht er nicht mit dem Leiter, sondern wird bei der Kantinenfrau vorstellig. Brisantes entdeckt er im Alltäglichen, bei

Schaffhausen ist eine mittelalterliche Stadt mit Stadtmauern und Türmen: Man ist in der Stadt quasi gefangen.

Tischgesprächen. Seine Informationsreisen in den Osten jedoch – immerhin noch zu Zeiten des Kalten Krieges – wurden in der Schweiz nicht sonderlich registriert, obwohl Peter Zeindler durchaus einer der üblichen Verdächtigen hätte sein müssen: »Es gab ja die sogenannten ›Fichen‹. Wir haben eine Bundespolizei und eine defensive Spionageabwehr, die die Leute, die regelmäßig im Osten verkehrten ›fichierten‹. Das lief so, daß jemandem zugetragen wurde, daß der und der einige Male in Krakau gewesen ist. Das wurde dann notiert, und zwar auf so einem Blatt, also einer Karteikarte, auf der alle Bewegungen registriert wurden. Und als diese Geschichte dann publik wurde, gab es hier in der Schweiz einen großen Skandal: Man durfte dann die eigene ›Fiche‹ anfordern. Doch wer die Denunzianten waren, erfuhr man nicht, denn das war durchgestrichen. Mir wurde gesagt, daß bei der Stadt Zürich eine solchc ›Fiche‹ über mich existierte. Doch zu meinem großen Erstaunen und auch totalem Frust hatte ich keine ›Fiche‹ in Bern. Und das spricht nicht für unsere Spitzel. Denn es wurden Leute ›fichiert‹, die mal zwei Wochen Urlaub am Schwarzen Meer verbracht hatten. Ich war in Krakau, in Prag, in Tallinn, und keiner hat es gemerkt. Da fühle ich mich als Autor nicht gerade ernst genommen.«

ENGE MAUERN – KLAUSTROPHOBISCHE ERFAHRUNGEN

Der Osten, Prag, Krakau und Tallinn sind die jeweiligen Drehscheiben der insgesamt vier Konrad Sembritzki-Romane: »Die Ringe des Saturn«, »Der Zirkel«, »Widerspiel« und »Der Schattenagent«, in denen die alles andere als »unbrauchbare Figur« des in Bern ansässigen Agenten mehr und mehr sich selbst erkennt und seine Lebensgeschichte zu akzeptieren lernt. Wenn auch verschlüsselt, lüftet Peter Zeindler in diesen Büchern seine eigenen Masken, erzählt er indirekt von sich, seinen Wünschen und auch Ängsten. In »Der Zirkel« sind es erotische Gespinste, in die er sich verstrickt. Beim »Widerspiel« begegnet er einer geheimnisvollen Polin und wird brutal damit konfrontiert, daß sein Leben eigentlich keinen Pfifferling mehr wert ist. Als »Der Schattenagent« sieht er sich gezwungen, offizielle Weisungen zu ignorieren und auf eigene Faust zu handeln – eine Befreiung und zugleich der Abschied des Konrad Sembritzki.

Dieses letzte Buch erschien vor nun mehr zehn Jahren, zur Zeit, als in Deutschland die Mauer fiel. Hatte sich damit auch ein solcher im Osten agierende West-Agent erledigt? »Die Figur hat mir keine Widerstände mehr gesetzt«, sagt Peter Zeindler, »und ich habe gemerkt, daß sie mit Tallinn an dem Ort angekommen ist, wo keine Steigerung mehr möglich ist. Das habe ich aber erst im nachhinein gemerkt. Ich bin in Schaffhausen aufgewachsen, einer mittelalterlichen Stadt mit Stadtmauern und Türmen, man ist quasi in der Stadt gefangen. Als Junge habe ich diese Gefangenschaft, diese Enge auch gespürt. Und dann, was mache ich? Ich wähle einen Helden,

der wohnt in Bern. Und Bern ist nun ein potenziertes Schaffhausen, denn es ist zudem auch noch von einem Fluß, der Aare, umgeben. Der Fluß hat die Stadt im Würgegriff. Wo schicke ich ihn dann hin? Nach Prag. Eigentlich auch eine Spiegelung von Bern. Wo schicke ich ihn danach hin? Nach Krakau. Ist noch viel schlimmer, es ist noch enger. Und wo schicke ich ihn am Schluß hin? Nach Tallinn. Das sind fünf Meter dicke Mauern und ungefähr dreiundzwanzig Stadttürme. Das ist nun wirklich der Inbegriff der Stadt, aus der ich selber komme. Ich habe plötzlich gemerkt, das, wovor du fliehst im Leben, das erwartet dich am Ende deines Lebens. Nämlich Tallinn. Von Schaffhausen nach Tallinn. Daß ich all diese Stationen durchlaufen habe, um dort anzukommen. Und Sembritzki – stellvertretend für mich – diese Städte durchlaufen hat. Und mit Tallinn war es zuende. Auch Sembritzki war zuende. Wahrscheinlich auch mein Problem. Ich habe es dann allerdings noch einmal in dem Nicht-Agentenroman ›Ausgetrieben‹ thematisiert, da habe ich diese Stadt Schaffhausen noch ein

letztes Mal beschworen. Jetzt ist es für mich gelaufen.«

Wir sitzen inzwischen in der »Kronenhalle«, einem Restaurant, in dem neben Prominenten aus aller Welt die Schweizer »Titanen« Dürrenmatt und Frisch ständig zu Gast waren, und auch der von Peter Zeindler nach wie vor geschätzte John le Carré. Vor etlichen Jahren hat auch Le Carré den seinen Lesern liebgewordenen Agenten Smiley in den Ruhestand geschickt, und Zeindler würde ihn heute gern fragen, wie es ihm damals gegangen ist, als er Smiley preisgegeben hat, was in ihm vorgegangen und wie er damit umgegangen ist, als treue Leser sich nach dieser Figur erkundigt haben. Und vor allem, wie er dann den Übergang geschafft hat zu Romanen, die immer einen neuen Helden haben, in sich abgeschlossen sind. Ob er das als Befreiung empfunden hat, als Chance, neue Formen auszuprobieren, was ihm das letztlich gebracht hat.

Peter Zeindler nämlich wollte und mußte sich nach dem 1989 veröffentlichten Roman »Der Schattenagent« neu orientieren, und das zu einem Zeitpunkt, als seinem geheimdienstlich tätigen Antiquar eine große öffentliche Aufmerksamkeit zuteil geworden war. Schon »Widerspiel« war mit dem angesehenen deutschen Preis des Bochumer Krimiarchivs ausgezeichnet worden und hatte dem Autor zudem den Schillerpreis der Stadt Zürich eingebracht. Fernsehaufträge schlossen sich an. Zeindler schrieb nach dem Roman »Der Meister des jüngsten Tages« von Leo Perutz das Drehbuch und bearbeitete seinen ersten Sembritzki-Fall »Die Ringe des Saturn« für ein zweiteiliges TV-Movie, das in der Schweiz, in Deutschland, Österreich und in Italien ausgestrahlt wurde. Er bekam Leserzuschriften, in denen er nach weiteren, neuen »Sembritzkis« gefragt wurde. Die Kritik lobte ihn als Autor, der »den Vergleich mit großen englischen Vorbildern nicht zu scheuen braucht.« Und doch – der Wassermann Zeindler suchte nach Neuem. Er wechselte den Verlag und legte zwei Jahre später einen aktuellen Roman zur deutschen Wiedervereinigung vor: »Feuerprobe«. Es war zwar noch einmal die Geschichte eines Agenten, der als ehemaliger DDRler »gekeilt« wurde und viele Jahre im Westen Spionage betrieben hat, der Hauptakzent aber lag auf der persönlichen Spurensuche, auf dem Zurück zu den Wurzeln. Fast schon zwangsläufig folgte dann als nächste umfangreichere Arbeit der bereits erwähnte Roman »Ausgetrieben«, eine Annäherung an sich selbst – »mit hohem literarischen Anspruch«, sagt Zeindler, »aber verkaufsmäßig ein Flop.« Wie auch immer – ein Weg war eingeschlagen, der schließlich zur Auseinandersetzung mit einem der großen gesellschaftlichen Tabuthemen führte: »Das hat schon damit zusammengehangen, daß ich mir in langsam fortgeschrittenen Alter die Frage nach dem Sterben gestellt habe. Wie möchte man sterben? Was macht man, wenn man todkrank ist? ... Damit habe ich mich auseinandergesetzt. Gleichzeitig habe ich eine Reportage gesehen, in der Sandra Parettis großer Abgang zelebriert wurde. Sie ist mit ›Exit‹ gestorben. Da hat es ungeheuere Bilder gegeben, so vor grauem Hintergrund des Zürichsees. Sie ist gestorben mit Musik, mit Mozart – und da habe ich plötzlich gedacht: Aha, das möchte ich jetzt eigentlich mit einer anderen Figur machen, dieses Zelebrieren. Daß man den Tod sozusagen kaufen und veredeln kann, indem man ihn mit Musik zelebriert, so richtig zum Fest macht, und daß man eigentlich am Schluß ein Geschäft macht mit dem Tod, und das so einbettet in das Leben.«

EIN ROMAN ÜBER DAS STERBEN

»Salon mit Seerosen« hat Peter Zeindler diesen Roman betitelt, dessen Hauptfigur der 70jährige Wirtschaftsanwalt Korber ist. Korber hat sich ständig und immer mit großem Erfolg auf dubiose Geschäfte eingelassen. Nun locken 15 Millionen Dollar, die aber vorerst noch als rus-

sisches Rohöl auf zwei lettischen Tankern unterwegs nach Hamburg sind. Bevor der Deal greift, erfährt Korber, daß er einen gefährlichen Tumor im Dickdarm hat. Er sieht seine Tage als gezählt, will aber nicht elendig unter Schmerzen verrecken. In dieser Situation setzt er sich mit seinem alten Schulfreund Rapp in Verbindung, einem ehemaligen Theologen, der seit einiger Zeit als Manager für humanes Sterben wirkt. Rapp soll ihn erlösen, selbstverständlich nicht ohne Gegenleistung: »Rund 300mal hat er in der Schweiz diesen Auftrag bisher erfüllt, als Sterbebegleiter und langjähriger Geschäftsführer des Züricher Vereins ›Exit‹. Und als Generalsekretär der noch zusammen mit dem Krebsarzt Julius Hackethal gegründeten Organisation ›Ex international‹ 5mal in Deutschland: in Bielefeld, Freudenstadt, Wetzlar, Berlin und Nürnberg. Ende Oktober 1998 stand Sigg, 81, in Freudenstadt erstmals vor einem deutschen Gericht, weil er einer alten Dame ein todbringendes Betäubungsmittel beschafft hatte. Der Prozeß ist für ihn nur eine Dornenhecke auf seinem Kreuzzug für das, was für ihn die Selbstbestimmung des Menschen ausmacht: das Recht, den eigenen Tod zu verfügen.« Das schrieb der »Spiegel« über die Person, die auch für Peter Zeindler Folie seines Protagonisten Rapp war. In »Salon mit Seerosen« kommt es zu einem teuflischen Pakt zwischen dem Machtmenschen Korber und dem Ex-Theologen Rapp: »Ich habe dann allerdings von Sterbehelfer-Seite einen Brief gekriegt, den Brief eines Anwalts, der hat mir gesagt, daß das alles so ja gar nicht funktioniere«, erzählt Peter Zeindler genüßlich zwischen Vorspeise und Hauptgericht in der altehrwürdigen Zürcher »Kronenhalle«. »So könne es ja nicht sein, daß der mit dem Köfferchen nach Hamburg fährt und da – also, bitteschön. Und vor drei Wochen hat der mich angerufen und gesagt, er nimmt alles zurück. Es sei mittlerweile so, daß dieser Rapp – der nicht Rapp heißt – jetzt den Tod nach Deutschland exportiert. Das, was ich damals vor eineinhalb Jahren geschrieben habe, ist jetzt so. Und der Rapp – in Anführungsstrichen – hatte mein Buch auch gelesen und sich amüsiert dabei. Wahrscheinlich hat er die Idee bei mir geklaut.« Inzwischen ist der Schweizer Rolf Sigg – nicht Rapp – im deutschen Freudenstadt verurteilt worden.

Das Coverbild des Romans »Salon mit Seerosen« ist die Wiedergabe und zugleich der Titel eines Gemäldes des Zürcher Malers Dieter Leuenberger, von dem Peter Zeindler einige andere Arbeiten besitzt. Es zeigt den Ausschnitt eines eleganten Salons mit hohen Fenstern, in dem kniehoch das Wasser steht, bedeckt mit Seerosen. Dieses Motiv zieht sich wie ein roter Faden durch die Geschichte, es symbolisiert aber nicht allein den Unter- oder Abgang des allmächtigen Korber. Peter Zeindler kann von der Kunst nicht lassen, die pädagogischen Unterweisungen des auch vom Wasser verschlungenen Vaters greifen nach wie vor. Ebenso wie der sich Zeit seines Lebens am Vater aufreibende Friedrich Glauser, der mit der Wachtmeister Studer-Figur einen großartigen Gegenentwurf schuf, setzt sich auch Peter Zeindler Buch für Buch neu mit seinem Erzeuger auseinander – teils offen, teils verhalten. Daß nämlich gerade er in einem seiner vorerst letzten Romane den Fußball in den Mittelpunkt stellte, ist ebenfalls eine späte Replik auf den Vater, der das »Gebolze« für eine dem Jungen nicht angemessene Sportart hielt. »Abgepfiffen« ist eine kleine, schnell geschriebene Geschichte über die deutsche Fußball-Nationalmannschaft als »Gurkentruppe«, die von Medienmanagern und Industriemagnaten knallhart ins Abseits gestellt wird.

Peter Zeindler ist in seinem Schreiballtag ein äußerst disziplinierter Arbeiter. Er setzt sich jeden Morgen früh in seine »Schreibklause«, wirft einen Blick über die Stadt Zürich, hat die begrenzenden Berge vor Augen und »schreibt sich frei.« Zehn Manuskript-Seiten täglich sind keine Seltenheit, in der nächsten Schreibphase werden sie abgespeckt, Figuren klarer geformt, Atmosphären verdichtet. Er hat regelmäßig eine Zeitungs-Kolummne zu schreiben, bei unserem Besuch waren es Streiflichter zu den Olympischen Winterspielen. Aber auch zu politischen, vor allem Schweizer Themen nimmt Peter Zeindler Stellung: »Die Schweizer sind sich doch eine Weile immer als etws Besonderes vorgekommen. Das hat aber auch damit zu tun, daß wir von euch zu dem gemacht wurden – die ›Schwizer‹, das war immer ein besonderes Völkle. Und jetzt haben wir plötzlich gemerkt, daß das überhaupt nicht stimmt, und dieses Image, das wir hatten, ist seit dieser Nazigold-Geschichte versaut. Ich weiß noch, als die Kantonalbank ihr hundertjähriges Bestehen gefeiert hat, da haben sie Goldbarren aus Schokolade an die Gäste verteilt. Auch bei der Swiss Air konntest du Goldbarren aus Schokolade kaufen – das ist jetzt passé. Kannst du doch nicht mehr machen! Wir können doch nicht mehr solche Schokolade verteilen nach dem Motto – ist das lustig! Nein, das Geschäft ist weg! – Und ich merke einfach, wie sich unsere Rolle in Europa geändert hat: durch unsere Vergangenheit, durch die Sache mit den Banken und dem Nahostgeld, und wer weiß denn schon, was da alles noch bei unseren Banken gelagert und nicht rausgerückt wird. Ich bin nicht stolz, Schweizer zu sein. Ich kann nur noch sagen, ich bin gern in Zürich. Mit dem Haus, in dem ich wohne, oder mit der Straße, mit den Freunden – damit kann ich mich identifizieren. Aber mit dem Land ...«

Peter Zeindler grenzt sich dagegen ab. Er hat in diesen Tagen einen neuen Roman abgeschlossen: »Aus Privatbesitz.« Es geht – wieder einmal – um Kunst und Kunsthandel, um die sogenannte »Beutekunst«, um Gemälde, die heimlich in Schweizer Villen gehortet werden. Ein bedeutender deutscher Künstler spielt dabei eine besondere Rolle – der verstorbene Emil Nolde, den Peter Zeindler, durch die in Noldes Briefen enthaltenen manifesten Nazi-Parolen, outet.

Die Zeit der Agentenspiele also ist für Peter Zeindler kein Thema mehr. Mit Beginn der neunziger Jahre hat er sich mehr und mehr zum klassischen Krimi hin entwickelt, schreibt über »Banken, Blut und Berge« und unter dem Titel »Mord im Zug« bitterböse Beziehungsgeschichten. Seit etlichen Jahren ist er zum dritten Mal verheiratet. In einem Interview verriet seine Frau, eine Journalistin aus Deutschland: »Sein Erfolg kommt zu einem Teil auch daher, daß er mit jemandem zusammen ist, der ihn läßt, der sich nicht an ihn klammert, eigene Wege geht.«

Der Wassermann Zeindler, der sich stets verwandelnde und neu suchende Autor, lächelt, als wir ihn bei Tisch damit konfrontieren. Er will dazu nichts sagen.

»Was würdest du denn gern noch gefragt werden?« – »Ich möchte gefragt werden, ob ich nicht finde, wir sollten lieber essen als reden.« – »Auf welche Fragen würdest du keine Antwort geben?« – »Bei Freunden bin ich bereit, jede Frage zu beantworten. Aber da die Antworten ja auch in die Öffentlichkeit gelangen, spreche ich nicht über mein Intimleben. Also alles, was sich in diesem Bereich abspielt – Wohnung, Arbeitsraum –, darüber würde ich nicht gerne reden.« – »Deine Frau sagte auch noch über dich: ›Er kann hervorragend kochen, allerdings nur ausgefallene Rezepte.‹ Was kochst du am liebsten?« – »Ich bin ein wenig abgekommen von diesen Seeteufel-Rezepten. Am liebsten esse ich für mich allein Risotto con funghi.« – »Und worauf kommt es dir beim Zubereiten eines Essens am meisten an?« – »Ich nehme mir Zeit, ich koche jeden Abend und zwar weil ich mir, wenn ich gearbeitet habe, ewas Gutes tun möchte. Dann will ich die Gelegenheit nutzen, ein Glas Weiswein beim Kochen trinken zu können ... und dann ist die Zeit des Zubereitens eine ganz schöne Zeit, da denke ich viel bei nach und das tut mir gut, dabei bin ich ganz entspannt.« – »Und beim Schreiben?« – »In eine innere Spannung, einen erotischen Drive zu kommen – das ist gut. Dann geht es mir auch gut und ich denke, das merkt man auch beim Schreiben.«

Besondere Kennzeichen: weiblich

Sabine Deitmer – Unterwegs mit Kommissarin Beate Stein

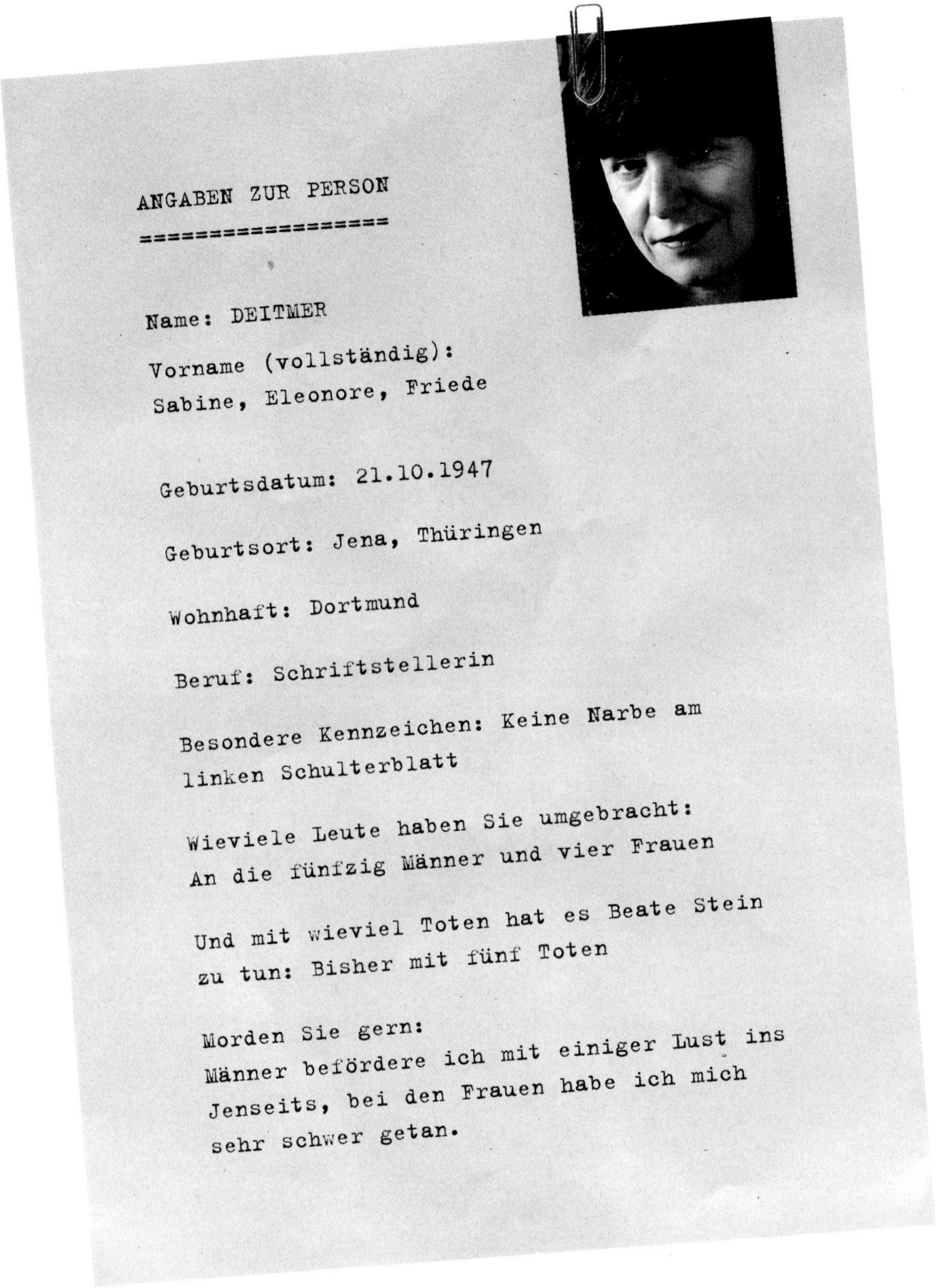

ANGABEN ZUR PERSON
==================

Name: DEITMER

Vorname (vollständig):
Sabine, Eleonore, Friede

Geburtsdatum: 21.10.1947

Geburtsort: Jena, Thüringen

Wohnhaft: Dortmund

Beruf: Schriftstellerin

Besondere Kennzeichen: Keine Narbe am
linken Schulterblatt

Wieviele Leute haben Sie umgebracht:
An die fünfzig Männer und vier Frauen

Und mit wieviel Toten hat es Beate Stein
zu tun: Bisher mit fünf Toten

Morden Sie gern:
Männer befördere ich mit einiger Lust ins
Jenseits, bei den Frauen habe ich mich
sehr schwer getan.

Strafregisterauszüge: Bye-bye, Bruno, Frankfurt 1988 · Auch brave Mädchen tun's, Frankfurt 1990 · Kalte Küsse, Frankfurt 1993 · Dominante Damen, Frankfurt 1994 · NeonNächte, Frankfurt 1995 · Die schönsten Männer der Stadt. Balzgeschichten, Frankfurt 1997

Dortmund ist eine Ruhrgebietsstadt, die nicht nur erstklassiges Bier und guten Fußball zu bieten hat. Die Stadt hat auch ausgesprochen idyllisch gelegene Viertel. In einem dieser Viertel heißen die Straßen Kirsch-, Nuß- und Apfelbaumweg, Akazienstraße und Pfad. Die Pferderennbahn ist in nächster Nähe, der Friedhof ist nicht weit. Die Häuser sind schmal und eingeschossig, haben spitze Giebel, und viele sind dicht mit Efeu oder Weinlaub bewachsen. Es fahren kaum Autos, in den meisten Einfahrten stehen Fahrräder. Vor dem Haus Nummer 46 im Apfelbaumweg sind zwei Hollandräder angekettet, auf dem Speichenschutz haften mehrere bunte Aufkleber.

Dortmund hat auch einen Hafen. Er liegt im Norden der Stadt, und die Häuser an der Lagerhausstraße sind um die Jahrhundertwende gebaut worden. Der Putz der Fassaden ist an mehreren Stellen abgeblättert, teilweise wurden schöne alte Türen durch scheußliche neue ersetzt. Die Wohnungen sind maximal 70 qm groß, haben Küchen im hinteren Teil, wo es immer ein wenig grau und trübe ist, dafür aber Wohn- und Schlafräume mit hohen Fenstern, von denen aus man eine phantastische Aussicht auf den Hafen hat. An einem dieser Fenster räkelt sich eine junge Frau in ihrem Lieblingsstuhl. Sie sieht über ihre rotlackierten Fußnägel hinweg auf das Ausflugsschiff »Santa Monika«, das von Möwen umkreist wird. Es ist strahlender Sonnenschein und keine Wolke steht am Himmel. Die junge Frau genießt ihr freies Wochenende. Sie arbeitet ansonsten im öffentlichen Dienst. Vor dem Haus müßte eigentlich ihr Golf stehen, auf der staubigen Heckscheibe die Worte: DU SAU.

DER ÖFFENTLICHE DIENST WIRD PRIVAT

Auch die Frau, die im Apfelbaumweg 46 zuhause ist, ist im öffentlichen Dienst tätig. Allerdings ist sie zur Zeit beurlaubt, was aber nichts damit zu tun hat, daß sie gut achtzehn Jahre älter ist als die Frau am Hafen. Sie ist in Düsseldorf aufgewachsen und dort, im lebensfrohen Rheinland, hat für sie alles angefangen: »Ich drehe das Radio auf. Es ist Sonntag. Dreizehn Uhr fünfzig. Ein kleines Mädchen hockt vor dem glänzenden Musikschrank und spielt an den runden Knöpfen. Ein senkrechter Stab wandert an Blöcken eng geschriebener Namen vorbei. Hilversum, Rias Berlin. Das grüne Lämpchen flackert. Bestimmt wissen Sie jetzt, wo wir gelandet sind. Mitte der Fünfziger. Das Mädchen dreht an einem anderen Knopf. Ein Gong ertönt. Vierzehn Uhr. Musik. Kinderstimmen, keß und laut. ›Kalle Blomquist, der Meisterdetektiv. Kalle Blomquist, der Meisterdetektiv.‹« Kalle Blomquist ist der Held vieler Astrid-Lindgren-Bücher. Kalle Blomquist, der pfiffige Meisterdetektiv, ist blond, und das Mädchen findet ihn einfach klasse.

Die junge Frau am Fenster mit Hafenblick ist ebenfalls blond. Sie hat grüne Augen und ist 1,78 groß. Acht Jahre öffentlicher Dienst auf Außenposten haben geschafft, was ihrer Mutter nicht gelungen ist. Sie interessiert sich jetzt für Kleidung. Ihr Schrank ist voll von fetzigen, auch erotischen Teilen. Noch aber trägt sie über ihren Dessous nur einen Kimono mit einem aufgestickten Drachen. Und denkt an ihre Wochenendlektüre, die Akten, die sie sich mit nach Hause genommen hat.

Das Haar der im weinlaubbewachsenen Giebelhaus lebenden Frau ist braun mit weißen Strähnen. Ihre Augen sind braungrün, und sie ist fünfzehn Zentimeter kleiner als die wesentlich jüngere Frau am Hafen. Als Jugendliche ist sie mit ihrer sie allein erziehenden Mutter quer durch Düsseldorf gereist: »Von der Birkenstraße in Flingern nach Bilk. Dort wohnte die Freundin mit dem Fernseher.« In großer Runde wurde bei Salzstangen der »Halstuch«-Straßenfeger von Francis Durbridge angeschaut. Mit zwölf oder dreizehn verfiel die Jugendliche dann der sogenannten »Schund-Literatur«. Eine Schulfreundin steckte ihr das erste Jerry Cotton-Heft zu: »Allein den Heftchen gebührt der Verdienst, meine lustvolle Beziehung zu den unendlichen Kombinationsmöglichkeiten von sechsundzwanzig Zeichen auf dem Papier weiter vertieft und gefestigt zu haben.«

Die flotte Frau im Hafenviertel hat nie größeres Interesse für Literatur jedweder Art gezeigt. Sie verschränkt entspannt die Arme hinter ihrem Blondhaar und sieht, daß draußen ein Mann in ihr Blickfeld tritt. Sie kennt ihn als einen, der hin und wieder nackt zwischen den Laken ihres Bettes liegt. Aber da er Beckmann heißt, muß er auch oft draußen vor der Tür bleiben. Das ist keineswegs nur ein Kalauer. Die Namen aller Personen im Umfeld der Frau symbolisieren etwas, verweisen auf eine Psychostruktur oder auch nur eine Tätigkeit, einen Beruf. Diesmal allerdings darf Beckmann eintreten. Er hat Einkaufstüten in der Hand.

Der Mann, der jeden Tag relativ pünktlich in das idyllisch gelegene Giebelhaus zurückkehrt, hat einen eigenen Schlüssel, und es ist leicht in Erfahrung zu bringen, daß die in Düsseldorf aufgewachsene und nun schon seit Jahren in Dortmund ansässige Frau gut mit ihm streiten und ebenso gut mit ihm lachen kann. Außerdem kann er kochen und kauft deshalb häufig ein. Vor etlichen Jahren hat die auf Zeit beurlaubte Beamtin ein schmales Taschenbuch veröffentlicht, über das sie heute sagt: »Im Mittelpunkt der Geschichten stehen ganz normale Frauen, die Probleme mit Männern

haben. Die sind zur besseren Kenntlichkeit mit groben Strichen karikiert: Der busengrabschende Chef, der Student mit den ewig besseren Argumenten, der BMW-Fahrer, der Radfahrerinnen die Vorfahrt nimmt, der strahlende Politiker, der alles für eine strahlende Zukunft tut, usw., usw. ... Ausgangspunkte der Geschichten sind alltägliche Konflikte, die ich wie unter dem Brennglas deutlich mache und zuspitze, bis es zu einer Überlebensfrage für die Beteiligten wird. Am Ende der Geschichte steht der erfolgreich vollzogene Mord. Die Heldin geht einer hoffentlich freudvolleren Zukunft entgegen. Die Morde geschehen schwerelos, spontan, ohne große Anstrengung. Die Männer bekommen nur, was sie verdienen. Sie bezahlen mit dem Leben dafür, daß sie Frauen chronisch unterschätzen.«

DIE BEWEGTE FRAU UND DIE FRAUENBEWEGUNG

Auch die Frau, die gelegentlich ihren Beckmann mit ins Bett nimmt, hat es mit Mord und Totschlag zu tun. Ihre Fälle beginnen immer mit einem »Prolog«. Einmal wird da von einem Kaninchen erzählt, dessen Käfigtür schließlich geöffnet wird, um das Tier in die Freiheit hoppeln zu lassen. Ein anderes Mal ist es eine Fliege, die in einem geschlossenen Raum herumschwirrt und dann an dem eingetrockneten Brei saugt, der einem Toten aus dem Mund gelaufen ist. Und dann ist es eine Frau in Straßenbahneruniform, die nachts hinterrücks erwürgt wird, während ein Rundfunkmoderator einen James-Brown-Song durch den Äther jagt.

Bevor die Frau im Giebelhaus ihre ersten Mordphantasien in den Laptop tippte, lebte sie ein Leben, das typisch war für viele junge Menschen ihrer Generation. Das Chanson und der Existentialismus lockten sie nach Frankreich. Stangenbrot, filterlose Schwarze und Milchkaffee standen für freies Leben schlechthin. Noch als Schülerin entdeckte die Jugendliche in Paris die Liebe und kehrte – wie seinerzeit auch Alice Schwarzer – mit entsprechender »Erfahrung« ins heimische Rheinland zurück. In Bonn, Konstanz, Brighton, Bristol und Berlin studierte sie dann Romanistik und Anglistik und forderte letztlich einen Mann auf, sie zu heiraten. Die Ehe wurde geschlossen, aber bald wieder geschieden, weil er nur seine Karriere vor Augen hatte und sie tunlichst im Hause hätte bleiben sollen: »Ich hätte mich vielleicht nie getraut zu schreiben, wenn ich nicht in den siebziger Jahren innerhalb der Frauenbewegung wichtige Erfahrungen gemacht hätte. Die Erfahrung, daß mir nicht der Himmel auf den Kopf fällt, wenn ich in einer öffentlichen Versammlung rede, daß das, was ich denke, wert ist, gesagt zu werden, daß alles besser ist, als stumm sein und schweigen. Daß Frauen nicht erwarten können, daß Männer ihre Interessen vertreten, daß ich nicht erwarten kann, freundlich gefördert zu werden, daß ich mich selbst freundlich fördern muß.«

Die öffentlich Bedienstete weiß sich ebenfalls allein auf sich gestellt. Sie ist eher zufällig bei einem Verein gelandet, der ein reiner Männerhaufen ist. Diese Männer schwitzen und schreien, fauchen gereizt und fluchen, kriechen auf dem Boden herum, wühlen im Dreck und sind vom Ehrgeiz zerfressen, blähen die Backen auf, werden grün, brauchen künstliche Beatmung, sind ein schlaffer Haufen oder könnten Sittenstrolche sein, grinsen breit, knurren und empören sich, schellen immer zu früh und haben keinen Sinn für Humor, spielen die Abgebrühten, lächeln ein Lächeln für die gebärfähigen Jahrgänge, kleben mit ihren Blicken an einem knackigen Hintern und träumen von Arsch und Titten, sind langsam, mürrisch und haben Schwiegermütter, wettern und bellen und spielen den starken Mann, sind Potenzbrocken, empören sich, orakeln und lösen Scheißfälle. Es sind Polizisten. Es sind die Kollegen der Frau am Fenster zum Hafen, die eine Spezialistin für Mordfälle ist, eine Kommissarin.

»Ich schreibe aus Wut und Empörung«, gesteht die Frau in der Stadtviertelidylle. »Ich schreibe über Dinge, die mich aufregen, mir in den Bauch gehen, mich nicht schlafen lassen. Ich beobachte, was mit den Menschen um mich herum geschieht, stelle ganz altmodische Fragen nach Glück und Unglück. Ich interessiere mich für den Einzelnen. Für den Menschen hinter der Fassade. Für das, was sich hinter der Tür abspielt, gleich nebenan. Schreiben ist meine Art, der realen Welt, die ich als immer bedrohlicher empfinde, etwas entgegenzusetzen. Die Dinge zu benennen, bannt für mich einen Teil ihrer Schrecken.« Das ist das Bekenntnis einer Autorin.

BYE-BYE MÄNNER

Die Autorin ist nach ihren Lehr- und Wanderjahren in Frankreich, England und Deutschland kurzfristig als Pädagogin tätig gewesen, um so den Einstieg in eins der vielen, rund um den Erdball angesiedelten Goethe-Institute zu finden. Doch es gab nie einen Platz für sie. Entsprechend gefrustet stieg sie dann mit gar nicht mehr so hohen Ansprüchen bei der Volkshochschule in Dortmund als beamtete Projektleiterin für Weiterbildung ein. Aber: »Wenn über die Zukunft der Weiterbildung diskutiert wurde, war ich der naiven Meinung, daß das tatsächlich gewünscht war und habe da meine Ideen eingebracht. Ich habe dabei vollkommen unterschätzt, daß ich die einzige war, die so über Inhalte gesprochen hat, und daß die anderen das immer nur unter dem Blickpunkt, die eigene Einflußsphäre zu behalten, ihre Machtpositionen zu festigen, gesehen haben. Das hat mich auf Dauer dermaßen zur Weißglut gebracht, daß ich eines Tages nach Hause gekommen bin und eine Mordgeschichte geschrieben habe, in der ich den Leiter einer Behörde von seiner Sekretärin gleich dreimal habe umbringen lassen.« Nach und nach entstanden, ähnlich motiviert, weitere Tötungsphantasien, und die Projektleiterin entschied sich, damit an die Öffentlichkeit zu treten: »Als ich 1987 die Geschichten an diverse Verlage schickte, bekam ich fünfundzwanzig Absagen. Nur zwei Lektorinnen haben sich für meine etwas anderen Kriminalgeschichten interessiert. Die Konsequenz, mit der die männlichen Auslaufmodelle entsorgt wurden, schreckte sie nicht. Sie fanden die männermordenden Geschichten unterhaltsam und gut. So gut, daß sie sich über ein weitverbreitetes Vorurteil in der Verlagsbranche hinwegsetzten, das da lautet: Kurzgeschichten einer unbekannten Autorin verkaufen sich nicht. Ein eklatantes Fehlurteil, wie sich nicht nur in meinem Fall gezeigt hat.« Inzwischen sind über eine Viertelmillion des Erstlings der Autorin verkauft worden.

Es ist interessant, daß 1988 – im Jahr der Veröffentlichung von »Bye-Bye Bruno«, so der Titel des auflagestarken Taschenbuchs – auch die Frau am Hafen einen Karrieresprung machte. Nach acht Jahren Streifendienst in grüner Uniformjacke und senfgelben Hosen, wechselte sie ins Morddezernat 1. Ihr Name ist Beate Stein.

Ins Leben gerufen wurde sie von Sabine Deitmer, die sich an einen Spaziergang über den Friedhof erinnert: »Da bin ich auf der Suche nach einem Namen für sie an den Gräbern vorbeimarschiert und habe auf einer Grabplatte ›Stein‹ gelesen. Das fand ich gut. Beate, die Glückliche und Stein, als Gegensatz konstruiert, das Unverrückbare. Ich würde ihr so etwas Unverrückbares und Festes wünschen.«

LIEBE IN GEFRIERBEUTELN

Doch hart wie Stein ist Sabine Deitmers altesneues Ego Beate keineswegs. Daß der Freizeitspaßbringer Beckmann ihr sozusagen aus hei-

terem Wochenendhimmel ein bereits abgehäutetes Kaninchen als gemeinsam von ihnen zu verspeisendes Liebesmahl ins Haus schleppt, löst bei ihr stark ambivalente Gefühle aus. Vor dem Einsatz der knochenknackenden Küchenschere flüchtet sie ans Telefon und nimmt nur zu gern einen Anruf entgegen, der sie zu einer menschlichen Leiche eilen läßt. Damit beginnt ihr erster Fall, der unter dem Titel »Kalte Küsse« ebenfalls zu einem Taschenbuch-Bestseller avancierte. Die Geschichte ist schnell erzählt. Die aufgefundene Leiche ist in handliche Stücke zerkleinert und in Gefrierbeutel verpackt worden. Sie ist – Beate Stein stellt es erleichtert fest – ein ER und hieß Klaus Pape. Warum er sterben mußte, ist nicht von Pappe. Die Namenssymbolik greift auch hier. Klaus hinterläßt seine Ehefrau Silke und die gemeinsame, fünfjährige Tochter Mirjam. Die beiden sind flüchtig, aber an eine Schuld der Frau und Mutter zu glauben, kommt einem dennoch nicht in den Sinn. Routinemäßig nehmen sich Beate Stein und ihr Assistent Weber die nächsten Angehörigen vor und treffen zwangsläufig auf Silkes Eltern, Herrn und Frau Wessel. Die Konfrontation mit Frau Wessel bringt den aufmerksamen Leser schnell auf die richtige Spur. Die bis zum Blusenkragen hoch zugeknöpfte Dame nämlich hat einen Reinlichkeitsfimmel, und ihr Mann ist Professor für Verfahrenstechnik. Außerdem gibt es noch eine zweite Tochter, die eine Stinkwut auf die gesamte Familie hat. Die Lösung ist dann auch, daß Papa Wessel sich einst an seinen beiden Töchtern vergangen hat, die verheiratete Silke schließlich befürchten mußte, daß der Vater nun ihre Tochter Mirjam schänden würde, ihr Mann Klaus das ihm gegenüber lautstark verbalisierte und daraufhin vom Vater erschlagen wurde: »Für Frau Wessel gab es nur eine Rolle. Sie würde tun, was sie ihr Leben lang getan hatte, die Dinge wieder in Ordnung bringen, die ihr Mann durcheinandergebracht hatte. Ganz normale Aufräumarbeiten.« So griff sie zum elektrischen Fleischmesser und verknotete das zügig Geschnetzelte in Gefrierbeutel.

GEWALT IST NICHT JEDERFRAUS SACHE

»Gewalt ist mir zutiefst zuwider«, aber sagt Sabine Deitmer. »Ich habe Angst vor Gewalt. Mir wird übel, wenn ich nur an Gewalt denke. Auch in meinen Geschichten gibt es keine wilden Orgien splitternder Knochen und klaffender Fleischwunden. Ich will mir nicht vorstellen, wie dünn Menschenhaut ist, wie leicht Knochen bre-

chen, Organe platzen, Menschen qualvoll sterben.« Folgerichtig hat ihre Protagonistin Beate Stein am Tatort und auch anderswo immer wieder schnell einen schalen Geschmack im Mund, krampft sich ihr Magen zusammen, zuckt und gurgelt er, wird ihr übel. Das soll uns jedesmal neu signalisieren, daß die Frau Kommissarin keineswegs verroht oder auch nur eine abgebrühte Ermittlerin ist. Ihr besonderes Kennzeichen ist »weiblich«, und das hat spätestens seit Mitte der siebziger Jahre im deutschen Sprachraum eine Geschichte.

Diese Geschichte beginnt mit Handbüchern von Frauen für Frauen. Zu Geburt, Krankheit und Tod wurden Ratschläge und Tips speziell für »die andere Hälfte des Himmels« veröffentlicht, in Verlagen wie »Frauenbuch« und »Frauenoffensive«. Es folgten Atmen und Radfahren für Frauen und vieles mehr, auch »Der Tod des Märchenprinzen.« Inzwischen hatten sich auch mittlere und große Verlage auf die Umsatz und Gewinn verheißende Welle geworfen und bedienten »frau« in weiteren Lebens- und Liebeslagen. Kein Aspekt des weiblichen We-

FilmFestival
bis 1. Oktober 1992

sens wurde ausgespart. Auf »Frauenpower« folgte »Die Frau in der Gesellschaft«, vom Körperbewußtsein – »Ich bin dick, na und?« – und Selbstverteidigung führte der Publikationsstrang zum »Frauenkrimi«. Sabine Deitmer wehrt sich heute gegen diese Etikettierung: »Ich habe den Begriff ›Frauenkrimi‹ von Anfang an nicht gemocht. Ein farbloses viersilbiges Wort, gleichförmig und langweilig. Dröge wie ›Frauenfrage‹, ›Frauenkultur‹ und ›Frauenquote‹, nur noch zu steigern durch ›Frauenkulturtage‹ und ›Frauenerwerbstätigkeit‹. Wörter, die mich auf das unangenehmste daran erinnern, wie Frauen an den Rand gedrängt werden – wie Frauen sich an den Rand drängen lassen.« Das ist richtig, läßt aber völlig außer acht, daß auf dem Buchmarkt gerade mit einer solchen Ein- oder Ausgrenzung über etliche Jahre hinweg das große Geschäft gemacht wurde und die Autorinnen sich auch lange Zeit ohne allzu entschiedenen Widerspruch vor diesen Karren spannen ließen.

Das Fernsehen wurde auf Sabine Deitmers ersten Roman aufmerksam und meldete Interesse an der Beate-Stein-Geschichte an. Sabine Deitmer nahm das Verdealen von »Kalte Küsse« selbst in die Hand, ließ aber vom Drehbuchschreiben die Finger. Als sie das Skript dann vor sich liegen hatte, »schlägt die Autorin es auf und schluckt und liest und leidet und freut sich und stöhnt. Machen wir uns nichts vor«, sagt sie, »es ist immer ein Gemetzel. Zumindest aus Autorensicht. Personen, die einem ans Herz gewachsen sind, werden dahingemeuchelt. Dafür betreten neue Gestalten die Szene, die man deshalb schon für finster hält, weil man sie nicht kennt. Und schlimmer noch. Menschen verändern sich. Das Lesen des Drehbuchs war für mich wie eine Fahrt in der Achterbahn. Ein rasantes Wechselbad der Gefühle. Beim ersten Auftritt von Beate mußte ich dreimal schlucken: in Strapsen, so hatte ich mir ihr filmisches Coming out nicht vorgestellt. Zu kämpfen hatte ich auch mit einer Szene, in der Beate am Ende eines langen Arbeitstages als Lockvogel auf dem Straßenstrich lüstern über ihren Beckmann herfällt.« Und so ist denn auch ein Fernsehfilm entstanden, der kein gängiges Klischee ausläßt. Beate Stein, »gefährlich schön wie eine Raubkatze, entsteigt auf Stöckelschuhen einem Auto, die wunderbar knapp bemessene Kleidung legt einen makellosen Körper frei ... dann zieht sie in den Krieg wider die widerlichsten Widerlinge, die im TV-Movie zur Zeit Konjunktur haben ... schmierige Zuhälter, ein verunstaltetes Mädchengesicht, verschwiemelte Sado-Maso-Etablissements, fiese Polizei-Vorgesetzte ...«, schrieb der »Spiegel«. Kurzgesagt, über den Bildschirm flackerte eine klischeebeladene Männerphantasie. Dennoch weist Sabine Deitmer darauf hin, daß Beate Stein in der Verfilmung ihre Radikalität und Eigenwilligkeit behalten habe. Sie behaupte sich jedenfalls als »Kommissarin, die nicht zögert, für den Sieg der Gerechtigkeit Amtsvorschriften und Gesetze zu beugen.«

SITZEN UND SITZENLASSEN

Wir sitzen im zur Straße hin gelegenen Raum des berankten Giebelhauses. Auf dem Tisch sind Saft, Wasser und Kaffee bereitgestellt. Es ist ein heißer Sommertag, hin und wieder summt von draußen eine Fliege herein. Das Wohn- und Eßzimmer geht über in eine offene Küche. Gleich nebenan ist der Arbeitsplatz der Autorin mit Blick in den Garten. An den holzgetäfelten Wänden hängen gerahmte Veranstaltungsplakate, Lesungen der »Sisters in Crime«, einige Buchcover und ein großformatiges Foto von Agatha Christie: »Sie gilt vielen als die Vertreterin schlechthin des typischen ›Rätselkrimis‹. Es wird behauptet, für den Leser ginge es darum, in einem fairen Wettbewerb mit dem Detektiv anhand präsentierter Daten den Täter zu erraten. Wer so etwas behauptet, hat schlicht keine Ahnung. Bei der Christie läßt sich wunderbar nachweisen, daß keine einzige der in ihren Romanen enthaltenen Lageskizzen, Zeitraster oder Aufstellungen von verdächtigen Personen zu einer Lösung des Rätsels führt. Der Täter oder die Täterin sind ausnahmslos die, die nicht auf der Liste der Verdächtigen stehen, sich nicht durch Schweißperlen auf der Stirn als mögliche Täter empfehlen. Ihre Kunst besteht letztlich darin, uns auf unsere eigenen Vorurteile hereinfallen zu lassen. Wie keine andere Autorin hat sie die Möglichkeiten des Genres ausgereizt, bestehende Spielregeln grandios mißachtet. Wer weiß schon, daß sie von ihren Krimikollegen hart angefeindet wurde, bis hin zur Forderung nach ihrem Ausschluß aus dem Berufsverband, weil sie es in ihrem ersten Roman wagte, den Detektiv und Erzähler zum Mörder zu machen. Später läßt sie einen Polizisten morden, einen liebenden Ehemann, ein Kind, sogar eine ganze Gruppe von Menschen, die nicht ganz zufällig zusammen in einem Luxuszug reisen. Bis heute hat die Christie in der Rezeption nicht die Wertschätzung erfahren, die sie verdient. Besonders Männer reden gern in leicht abschätzendem Ton von ihren ›Häkelkrimis‹, wo eher Bewunderung für die kühne Ausreizung und Überwindung eng gesteckter Gattungsgrenzen angebracht wäre. Ich bewundere die Respektlosigkeit, mit der sie bestehende Regeln mißachtet hat.«

Es ist immer wieder aufschlußreich, wer sich wen zum Vorbild nimmt. Sabine Deitmer hat nach Kalle Blomquist, den Durbridge-Fernsehkrimis und Jerry Cotton während ihres Studiums die englische Crime Lady für sich entdeckt. Aspekte des Lesevergnügens sind in ihre Magisterarbeit zur Rezeption von Kriminalromanen eingeflossen. Ein größerer Aufsatz, »Der Detektivroman und sein literarischer Wert – Versuch zur Neubewertung einer Gattung« erschien 1977 und legte den Fokus ebenfalls auf die herausragende Leistung der Agatha Christie. Offenbar durch deren »Respektlosigkeit« angeregt, ließ sie auch ihre ermittelnde Kommissarin Beate Stein beim zweiten Fall eine Grenze überschreiten.

VERTRAUTER BEGINN

Es beginnt wieder, nun schon vertraut, in Beate Steins Wohnung am Hafenrand. Auch diesmal steht die Sonne am Himmel, doch es ist Herbst, und was die flotte Kommissarin so sagt, ist der Jahreszeit angemessen. Sie spricht davon, daß es nicht an ihm liege: »Du bist schon in Ordnung.« Aber sie sei einfach kein Typ für sowas. Sie hasse es, für jemanden verantwortlich zu sein. Sie halte das nicht aus. Jemand, der zu Hause auf sie warte, auf sie angewiesen sei, daran würde sie ersticken. Der Adressat dieser bewegenden Worte ist das Kaninchen, das seit dem Fall »Kalte Küsse« in ihrer Obhut ist. Noch während der Nagezahn aufmerksam die Lauscher spitzt, kommt ein Anruf, und die Kripobeamtin wird für eine Lady Elvira gehalten: »Sie nimmt dich. Sie versaut dich.« Schon also sind wir bei Thema »Dominante Damen«. Nach dem nun folgenden und ebenfalls bereits bekannten Gerangel in der »reinen Männertruppe«, der mauligen, der brummigen, der bellenden und letztlich alles bestimmenden Polizistencrew, schwingt Beate Stein sich auf eine BMW und entdeckt in einem Waldstück einen Dildo, eine Gummimaske mit Loch, eine silberne Kette mit Kneifern, Handschellen und eine weitere Kette. Diese Utensilien dienen allerdings einzig und allein dazu, später das Präsent für die Mutter und den zukünftigen Stiefvater zu sein. Der eigentliche Fall ist ein von der Decke hängender Mann, der durch einen eng verknoteten Lederriemen zu Tode gekommen ist. Unfall bei Steigerung des Lustgewinns oder hat hier jemand absichtlich nachgeholfen? Das ist die Frage, die durch eine Parallelhandlung beantwortet wird. In diesem Strang nämlich wird vom Alltag der Domina Vera erzählt, von ihrer langjährigen Mitarbeiterin Angelika und ihrer neuen Hilfe, der jungen Tina. Es sind kühl und ohne erhobenen Zeigefinger geschriebene Passagen, die gerade deshalb das Elend, aber auch die Sehnsüchte deutlich machen, das harte Geschäft mit Lust und mit Emotion. Hier tritt die Autorin mit unbestechlichem Blick an und schafft eine dichte und packende Atmosphäre. Sabine Deitmer geht es, wie auch anderen »Sisters in Crime«, hauptsächlich um die Schilderung eines gesellschaftlichen Milieus, das von »Frauenfeindlichkeit« und »Männerbrutalität« beherrscht ist: »Busengrabscher, Pornofreunde, Vergewaltiger, Autofetischisten, Giftgaspanscher, Kriegsgewinnler, Kampfhundezüchter und machtgeile Politiker ... Die Gewalttaten, die in diesen Tagen die Titelseiten beherrschen, sind für mich keine Ausschreitungen Einzelner, sondern Zeichen für ein gesellschaftliches Klima, das immer menschenverachtender und lebensfeindlicher wird. Wo bleiben die Lebensschützer, wenn die Zahl der Arbeitslosen um Hunderttausende zunimmt, immer mehr Menschen obdachlos werden, drogensüchtig und erbarmungslos sich selbst überlassen werden? Und immer sind es Frauen, die es besonders hart trifft. Gesellschaftlich wie privat. Selbst ihr Tod wird ohne lauten öffentlichen Aufschrei hingenommen.«

Über solche Statements haben wir mit Sabine Deitmer lange und heftig gestritten. Allemal wird dabei deutlich, daß es ihr bei jedem Aspekt ums Prinzip geht, um das Grundsätzliche. So beantwortet sich denn auch, warum die Stadt, in der Beate Stein agiert, nicht namentlich genannt wird. Obwohl das Haus am Hafen tatsächlich existiert, es die Schützenstraße und den Hellweg und auch die in den Romanen aufgeführten Kaufhäuser und Kirchen gibt, schreibt Sabine Deitmer nie »Dortmund«. Ihr Schauplatz soll nicht auf einen benennbaren und bestimmten Ort reduziert werden. Beate Steins Stadt steht für alle Städte Deutschlands. Sie ist überall dort, wo Frauen Leid widerfährt, sie um ihr Leben fürchten müssen: »Stellen Sie sich eine Frau vor. Nachts um halb drei. So spät ist es gerade, als ich meine Finger auf die Tasten lege. Eine Frau in einem nicht mehr ganz neuen, nicht mehr ganz frischen Bademantel, dicke Socken an den Füßen. Sie sitzt allein an einem Tisch mit einer hellen Lampe. Der Tisch steht vor einem Fenster. Gleich daneben ist die Tür zur Terrasse. Draußen steht die Nacht schwarz vor den Scheiben. Sie sitzt im Hellen. Ein perfektes Ziel. Ein Mann steht hinter einem Busch und sieht auf die beleuchteten Fenster. Jetzt tritt er hinter dem Busch hervor.«

KLARE SYMBOLIK

Sabine Deitmers vorläufig letzter Beate-Stein-Roman hat die Nacht zum Thema – »Neon-Nächte«. Drei uniformierte Straßenbahnerinnen werden kurz hintereinander ermordet, und selbstverständlich gibt es einen Zusammenhang. Es geht um sexuelle Belästigung am Arbeitsplatz, um allein losziehende und ihr Vergnügen suchende Frauen, um Betriebsintrigen und derbe Pausenspäße. Beate Stein ermittelt im katakombenartigen Tunnelsystem unter dem Bahnhof und in Behörden. Wieder tobt auch in ihrem Amt der »Männerwahn«. Doch ein sich knallhart gebender SoKo-Mann erweist sich letztlich als Muttersöhnchen. Und der Freizeitlover Beckmann opfert seinen Porsche für die geliebte Beate. Das Buch hat eine klarere Symbolik als die vorherigen. Dazu sagt Sabine Deitmer: »Ich betreibe das Männermorden nicht mehr mit dem alten Schwung. Eine Zeitlang habe ich damit geliebäugelt, Mütter zu morden, aber dann aus ideologischen Gründen wieder Abstand genommen. Wer weiß, wie das Morden weitergeht? Nachdem ich mich am Feindbild Mann ausgetobt habe, geht mir die Mittäterschaft der Frauen zunehmend im Kopf um. Einundfünfzig Prozent der Bevölkerung sind Frauen. Was wäre, wenn sie sich nicht mehr mit Frauen-Tagen, Frauen-Häusern, Frauen-Beauftragten, Frauen-Töpfen abspeisen ließen? Eine beunruhigende Frage, die bei mir zunehmend an Boden gewinnt. Was wäre, wenn alles so weitergeht wie bisher? Die Frauen weiterhin den Männern die Welt zum Ausschlachten überlassen? Ich glaube, ich könnte für nichts garantieren. Vielleicht würde ich aus lauter Frust anfangen, nur noch Frauen zu morden. Das ist durchaus drin.«

Nachtgedanken einer Autorin in ihrem siebzig Jahre alten Häuschen im Apfelbaumweg. Einer Vorstadtidylle mit Nachbarn, die bei ihr auch Schlingpflanzen und schlampige Haushaltsführung tolerieren. Wir sitzen bis tief in die Nacht mit ihr im Garten und reden über kriminelle Energien und Schreibstile, über das, was sich ausdrückt in dieser und jener Erzählpassage, bei der oder jener Autorin und bei den männlichen Kollegen. Es gibt Oliven, türkisches Brot und Bier, und Spargel satt mit einer riesigen Schinkenplatte und frischen Kartoffeln. Und irgendwann ein letztes Statement: »Natürlich bleibe ich den Leichen treu. Selbst wenn ich mich auf die Seite der Satire schlagen sollte ... eine Leiche kann nie schaden. Oder? In mörderischen Zeiten wie diesen ist nicht zu befürchten, daß der Stoff fürs Morden fehlt. Eher, daß die Realität, die von Tag zu Tag krimineller wird, die Autorin sprachlos macht. Bis sie sich wieder an die Tasten setzt und gegen die Sprachlosigkeit kämpft mit kleinen schwarzen Buchstaben auf weißem Papier. Geschichten erzählt, in denen Menschen sterben, und in denen es eigentlich immer nur um das Leben geht.«

Museu Calouste Gulbenkian

Die sanfte Schwarzmalerin

Ingrid Noll – Ein Leben wird nachgezeichnet

ANGABEN ZUR PERSON

Name: GULLATZ

Vorname: Ingrid

Künstlername: Ingrid Noll

Geburtsdatum: 28.9.1935

Geburtsort: Shanghai

Beruf: Schriftstellerin

Wohnhaft: Weinheim

Familienstand: Verheiratet

Religionszugehörigkeit: Keine

Besondere Kennzeichen: Narbe an der linken Hand

Wieviele Leichen gehen auf Ihr Konto: Sicher über zehn

Bereuen Sie Ihre Taten: Ich habe Skrupel, aber ich bereue nichts.

Haben Sie irgendeine Moral: "Was du nicht willst, das man dir tu' – das füg' auch keinem anderen zu."

Strafregisterauszüge: Der Hahn ist tot, Zürich 1991 · Die Häupter meiner Lieben, Zürich 1993 · Die Apothekerin, Zürich 1994 · Der Schweinepascha, Zürich 1996 · Kalt ist der Abendhauch, Zürich 1996 · Röslein rot, Zürich 1998

DIE
APOTHEKERIN

Wir sind zu Besuch bei Deutschlands erfolgreichster Kriminalroman-Autorin. Jeder ihrer bislang fünf Romane stand viele Wochen mit an der Spitze der »Spiegel«-Bestsellerliste, einer sogar über anderthalb Jahre lang. Alle Titel sind inzwischen in mehrere Sprachen übersetzt. Die Stadt, in der die mörderischen Geschichten ausgedacht und ausgeschrieben werden, heißt Weinheim und ist – nichts ist zufällig – deutsche Provinz. Aus dem Kleinen erwuchs jedesfalls hier nicht zum ersten Mal Großes: Auch Sepp Herberger stammt aus dieser Gegend. Wir sind auf dem ihm zu Ehren renovierten Bahnhof angekommen, um 12 Uhr mittags, wie es sich für bedeutende Begegnungen gehört. Zur Begrüßung gibt es im Hause Noll eine pikante Kartoffel-Paprika-Suppe und später, im gemütlichen Wohnzimmer mit Blick in den Garten, starken Kaffee. Ingrid Noll macht es sich uns gegenüber auf der Couch bequem.

ZWEI FARBEN – EIN STILLEBEN

Eine Farbe reiche ihr nicht, sagt Ingrid Noll, es müßten mindestens schon zwei sein, die in Beziehung zueinander stehen. Gegensätze. Zuordnungen. Spannungsflächen.

Ich stelle mir vor: Ingrid Noll an einer Staffelei. Sie hätte sich einen weiteren Traum erfüllt. Ein eigenes Atelier mit großen Fenstern, die ideales Licht zum Malen hereinlassen. Sanfte Helligkeiten, weiche Kontraste. Auf weißgrundierter Leinwand entwirft sie die Bilder ihres Lebens. Müde von all den Interviews, in denen sie die immergleichen Fragen beantworten mußte, hat sie sich zurückgezogen, um die Stationen ihres Werdegangs festzuhalten. Leise nun. Konzentriert. Ruhige Pinselstriche. Stilleben.

Das Interesse an der Malerei stammt aus ihrer Kindheit; im elterlichen Haus in Nanking gab es eine zehnbändige Kunstgeschichte. Als Kind liebte sie Böcklin und Richter. Und es gab ein Malerquartett, das die drei Töchter mit großer Ausdauer immer wieder spielten, mit vier Bildern von jedem Maler, nur dieses eine Quartett, andauernd. Leidenschaftlich gern geht Ingrid Noll ins Museum, und sie hat immer mit Freude gemalt, zunächst lieber gezeichnet als gemalt. Es beruhigt sie. Sie halte jedoch nicht viel von ihrer Malerei, sagt die Weinheimer Autorin, die sei nicht so gut. Einige ihrer Bilder hängen im Arbeitszimmer, sie würde sich nicht trauen, sie »öffentlich« im Haus auszustellen. Ihre Lieblingsmalerin: Frida Kahlo. Als junges Mädchen liebte sie Picasso, als viele Menschen in ihrer Umgebung noch sagten: igitt, ein Picasso. Sie vergöttert die italienische Renaissance, wie man in ihrem Roman »Die Häupter meiner Lieben« feststellen kann. »Über ein Bild kann ich ein reines Glück empfinden.« In einer Kunstzeitschrift hat sie ein Lieblingsbild beschrieben: eine kleine Familie rudert auf dem Wasser, eine Bootsszene von Mary Cassatt, einer der wichtigsten, frühen Künstlerinnen in den Vereinigten Staaten. Mary Cassatt malte überaus intensive Stilleben, aus weiblicher Perspektive. Diese Leidenschaft teilt Ingrid Noll. In ihrem neuen Buch »Röslein rot« trägt jedes Kapitel als Überschrift den Titel eines Stillebens, auf das sich auch die Handlung bezieht.

DAS ERSTE BILD

Wie könnte ein erstes Bild aussehen, das Ingrid Noll an ihrer Staffelei malt? Eine Nachtszene, sehr farbig. Kinderzeit in China. Heißer Sommer. Zauberer und Verbrecher bevölkern das Bild. Auf blauschwarzem Grund in die Leinwand gekratzt. Nachtgedanken, alles sehr spielerisch. Bedrohungen in einer fremden Welt. Geborgenheit im Schoß der Familie.

Ingrid Noll wurde in Shanghai geboren und hat viele Jahre mit ihren Eltern, dem älteren Bruder und den beiden jüngeren Schwestern in der Umgebung von Nanking gelebt.

Ihre Eltern sind ausgewandert. Der Vater war Arzt in Gießen, die Mutter lebte in Darmstadt. Sie sagte: »Ich folge dir bis ans Ende der

Welt, aber nicht nach Gießen.« Das könnte auch eine schön erfundene Anekdote sein. – Ihr Vater hatte einen chinesischen Studienkollegen. Als der Kommilitone zurückkehren mußte, fürchtete der sich ein bißchen vor dem Praktizieren und sagte zu seinem Freund: »Komm' doch mit, zu zweit geht das vielleicht besser!« Das war Ende der zwanziger Jahre. Ihre Eltern sprachen englisch und französisch, waren abenteuerlustig und wußten so gut wie nichts über China. Sie ließen sich im Süden

Ich wollte nie, daß man die Sachen las, die ich geschrieben habe, und dann sagt, ist das goldig.

des Riesenreiches nieder, ihr Vater machte die dort legalen Abtreibungen. In Deutschland kamen Faschismus und Krieg, und die Familie verspürte keinerlei Lust zurückzukehren. Die Eltern der vier Sprößlinge ersetzten den Schulbesuch, aber der Vater hatte oft wenig Lust zum Unterrichten.

Es gab ein Klavier im Haus, mit der Mutter wurde viel gesungen. Sie bastelten sich die Puppen selbst, seltsame Spiele: die Puppen waren nicht Mutter und Kind, sondern Zauberer und Verbrecher. »Meine Verbrechensader kam da zum Tragen.« Als Spielkameradinnen hatte Ingrid Noll über lange Zeit nur ihre Geschwister. »Mit den Chinesenkindern in Nanking sollten wir nicht spielen, weil sie Läuse hatten.« Eine fröhliche Kindheit, sagt Ingrid Noll, eine außerordentliche Kindheit, entrückt, fremd, es hätte auch ein anderes Land sein können, eine verzauberte Kindheit, aber nicht nur. Ingrid Noll sah tote Kinder, die auf der Straße lagen, man hat der Arztfamilie sogar tote Babies auf die Türschwelle gelegt, aus Aberglauben. Fremdheit, Abschottung, Einsamkeit.

»Ich habe damals etwas erfunden, was bestimmt einige Weichen gestellt hat. Irgendwann am Abend sagte meine Mutter: ›Jetzt ist Schluß, es wird nicht mehr gespielt, ihr geht ins Bett und Licht aus.‹ Und wir drei Mädchen lagen immer in einem Zimmer im Bett. Und dann sagte ich: ›Ja, gut, wir dürfen jetzt nicht mehr Licht anmachen und dürfen nicht mehr spielen, aber ... wir spielen einfach mündlich.‹ Und ich habe das mündliche Spiel erfunden. Jede lag in ihrem Bett, wir sahen äußerlich halb schlafend aus und haben mündlich weiter gespielt, stundenlang. Und das waren eigentlich Geschichten, die ich mir ausgedacht habe. Oder Szenen wie im Theater. Theater im Dunkeln. Wir haben ganz brav dagelegen, so kann man ja auch spielen. Ich denke, man kann auch im Gefängnis eingesperrt spielen. Wie in der ›Schachnovelle‹, wo jemand eingesperrt ist und immer Schach spielt, das liegt mir so ganz nah. Man könnte mich auch einsperren, dann wäre ich im Kopf schon weiter beschäftigt.« Ingrid Noll könnte sich heutzutage durchaus vorstellen, als Nonne in einem Kloster zu leben, allerdings ohne religiöse Verpflichtungen, dort würde sie malen, Kräuter züchten, schreiben. So ganz für sich.

Schon damals hat sie Geschichten geschrieben. Lesebuchgeschichten. »Paul und Liese, die gingen in den Wald, sowas in der Art.« Eine Vokabelheftseite voll, nicht länger. Aber sie hat sie zerfetzt, sie waren ihr peinlich, und im Garten verbuddelt, sie hätte sich nicht getraut, damit ein Feuer anzumachen, das hätte sie ja verraten können. »Ich wollte nie, daß man die Sachen las, die ich geschrieben habe, und dann sagt, ist das süß, ist das goldig. Das hat mich immer sehr verletzt. Ich wollte ernstgenommen werden.«

Ingrid Noll erinnert sich an einen Kaffeeklatsch ihrer Mutter, wo einige Damen sie fragten, was sie werden wolle. Sie hat geantwortet: »Bücher schreiben.« – »Ja, was denn für Bücher?« – »Bücher für Kinder!« – »Und wie alt sollen die Kinder sein?« – »Genauso alt wie

ich.« Eine kluge Antwort, denn man schreibt, wie man es selbst gerne lesen würde. Aber die Damen an diesem heißen chinesischen Nachmittag haben alle gelacht. »Nein, wie niedlich!« Das kleine Mädchen zog daraus den Schluß, nie wieder über ihre Pläne zu reden. Sie hat diese Genierlichkeit lange beibehalten. Später in Deutschland, als ihre Aufsätze in der Schule vorgelesen wurden, ist sie schier vor Scham gestorben, so gräßlich war ihr das.

»In China habe ich die falschen Sachen gelesen, weil wir kaum Kinderbücher hatten. Heidi und Robinson waren da, und die kannte ich auch sehr gut, aber dann habe ich auch Schiller und Heine gelesen, und Heine sehr geschätzt, obwohl ich ihn nicht verstanden habe. Seine Gedichte sind mir sehr ans Herz gewachsen. Und ich habe damals auch so ganz ähnliche Gedichte geschrieben.«

Die Umgangssprache im elterlichen Hause war Deutsch. Bis zum Alter von zwei Jahren sprach Ingrid nur Chinesisch mit dem Kindermädchen, das entlassen wurde, als den Eltern auffiel, daß ihr Kind kein Deutsch sprach. Später sprachen die vier Kinder mit den Dienern Pidgin-Englisch.

DER ERSTE KRIMINALROMAN

Mit fünfundfünfzig Jahren veröffentlichte Ingrid Noll ihr erstes Buch: »Der Hahn ist tot«. Vorausgegangen waren einige wenige Kurzgeschichten, ein paar Kinderrätsel und Zeichnungen für den »Bunten Hund«, das Magazin ihres Freundes, des Verlegers Jochen Gelberg. Erst als ihre drei Kinder aus dem Haus sind und sie ein eigenes Zimmer bekommt, kann sie mit der Arbeit beginnen.

Das eigene Zimmer, wie bei Virginia Woolf, der eigene Raum für die Muße, für die Kreativität – es scheint eine *conditio sine qua non* zu sein, die sich in Frauen-Biographien häufiger wiederholt. Auch Paula Modersohn-Becker mußte lange mit ihrem gestrengen Künstlergatten darum kämpfen, ein eigenes Atelier zu bekommen. Nur in seiner Abwesenheit traute sie sich, in diesen Raum zu gehen, um zu malen. Sie spielte dann leidenschaftlich »Paula Becker«.

Den ersten Einfall zu dem Roman »Der Hahn ist tot« bekam Ingrid Noll bei einem Klassentreffen, dreißig Jahre nach ihrem Abitur. Sie traf auf zwei Professorinnen, die nicht verheiratet waren, und viele Verheiratete, die keinen Beruf ausübten, dafür aber Kinder großgezogen hatten.

»Die einen haben die anderen beneidet, jede wollte das haben, was die andere hat. Das ist mir lange nachgegangen. Ich dachte, auch ich hätte andere Möglichkeiten in meinem Leben gehabt, also viele verschiedene, je nachdem, wohin es mich verschlagen hat. Zum Beispiel hatten meine Eltern damals vor, als sie 1949 von China weggingen, nach Australien auszuwandern, haben aber kein Visum bekommen. Hätte das geklappt, wäre ich jetzt mit einem Schafzüchter verheiratet, wer weiß, was ich dann gemacht hätte. Es gibt viele Möglichkeiten, die man sich ausspinnen kann, man wäre in eine andere Stadt gekommen, hätte andere Leute kennengelernt, es sind unendlich viele Variationen denkbar. Und diese Rosemarie Hirte in meinem ersten Buch, das war eben eine andere Möglichkeit von mir. Die hat schon immer in mir herumgespukt. Aber die Idee, einen Krimi zu schreiben, kam ganz plötzlich und spontan in der Badewanne ... da kommen mir immer gute Ideen.«

So handelt dieser Roman von dem klassischen Konflikt vieler Frauen: Kinder oder Karriere, und von den verpaßten Möglichkeiten einer jeden Biographie.

Auf keinen Fall wollte Ingrid Noll den Roman, in dem das Objekt der Begierde ein Lehrer ist, in ihrem Heimatort Weinheim spielen lassen, immerhin hatte sie hier drei Kinder durch die Schule gebracht, war im Elternbeirat der Gesamtschule tätig, und einige Lehrer waren Patienten ihres Mannes. »Sonst hätte man noch geglaubt, ich sei in diesen oder jenen Lehrer verliebt gewesen.«

Sie schrieb den ersten Roman wie im Rausch, voller Begeisterung, träumte jede Nacht davon.

Ingrid Noll schrieb den ersten Roman wie im Rausch, in nur drei Monaten, voller Begeisterung. Bewegt, emotional, aufgeregt. Jede Nacht träumte sie davon. Freute sich am Morgen darauf weiterzuschreiben. Was für eine wunderbare Erfahrung, das ganze Buch fertig zu kriegen. »So voll werde ich nie wieder in einen Roman einsteigen.«

Sie hat das Manuskript dann liegengelassen, es ihren Schwestern gezeigt, die sie sehr ermutigt haben, und schließlich ihren Freundinnen. Dreimal hat sie den Text stilistisch bearbeitet und ihn dann an ihren Lieblingsverlag geschickt, den Diogenes-Verlag in Zürich, wo auch die Romane von Patricia Highsmith erscheinen.

»Es hat gar nicht lange gedauert. Vielleicht zwei Wochen. Das ging sehr schnell. Da rief mich eines Abends, so um sechs Uhr, ich habe gerade die Blumen gegossen, eine Frau aus Zürich an und hat mich ausgefragt. ›Was haben Sie denn sonst schon so geschrieben?‹ – ›Nichts.‹ – ›Aha ja, nichts.‹ – ›Was haben Sie denn vorher so gemacht?‹ – ›Kinder großgezogen.‹ – ›Was, Sie haben Kinder?‹ – ›Ja sicher, ich habe drei Kinder.‹ – ›Wie alt sind Sie denn eigentlich?‹ – ›Fünfundfünfzig.‹ – ›Und Sie haben wirklich vorher nichts geschrieben? Es ist absolut professionell.‹ Das Wort habe ich noch im Ohr. Ja, und ich war ziemlich verdattert über diesen Anruf.

Die Anruferin wollte eine Option auf das Manuskript haben, ich solle es auf keinen Fall irgendwoanders hinschicken. Der Verleger sei gerade nicht da, sobald er da sei, würde er es lesen und mir gleich Bescheid geben. Zwei Wochen Option für Diogenes. Da kam der Gregor nach Hause, und ich sprang ihm gleich entgegen und erzählte ihm von dem Anruf. – Und der Gregor sagte ganz trocken: ›War die betrunken?‹ – Soviel gilt der Prophet im Vaterland.«

»Der Hahn ist tot« wurde zunächst durch Flüsterpropaganda bekannt. Hast du schon den Roman von dieser Noll gelesen, raunte es in Kollegenkreisen. Die Geschichte der Rosemarie Hirte schien einen Nerv getroffen zu haben. Ihre blinde Wut, die zur Mordswut

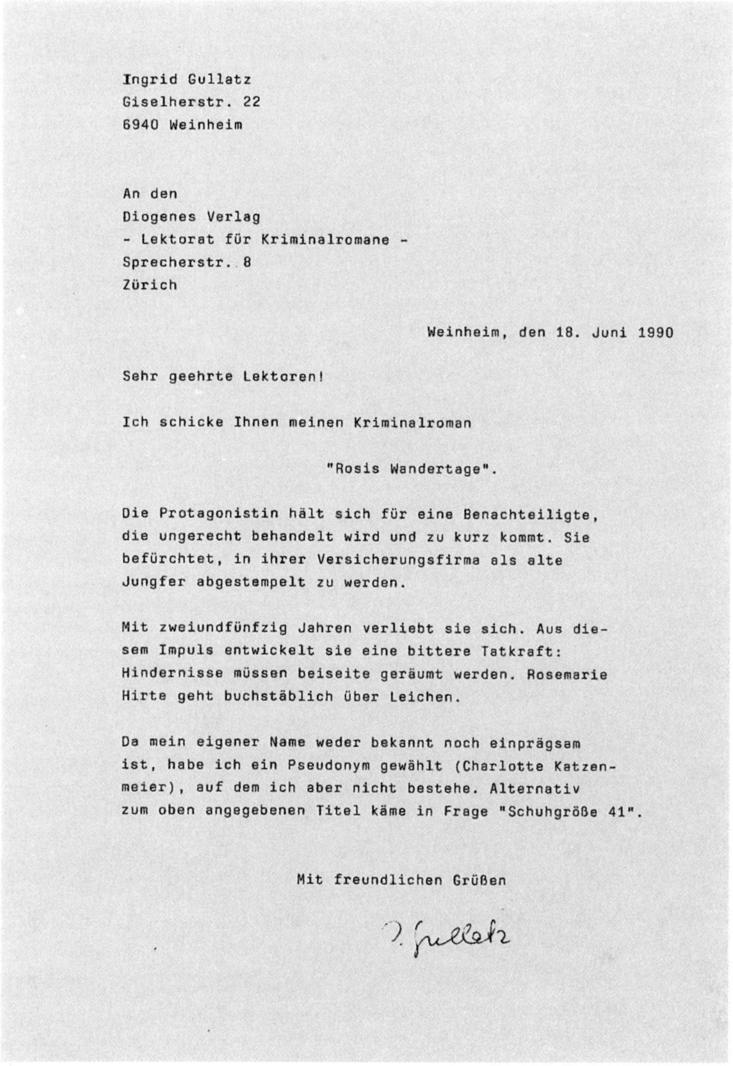

Ingrid Gullatz
Giselherstr. 22
6940 Weinheim

An den
Diogenes Verlag
- Lektorat für Kriminalromane -
Sprecherstr. 8
Zürich

Weinheim, den 18. Juni 1990

Sehr geehrte Lektoren!

Ich schicke Ihnen meinen Kriminalroman

"Rosis Wandertage".

Die Protagonistin hält sich für eine Benachteiligte, die ungerecht behandelt wird und zu kurz kommt. Sie befürchtet, in ihrer Versicherungsfirma als alte Jungfer abgestempelt zu werden.

Mit zweiundfünfzig Jahren verliebt sie sich. Aus diesem Impuls entwickelt sie eine bittere Tatkraft: Hindernisse müssen beiseite geräumt werden. Rosemarie Hirte geht buchstäblich über Leichen.

Da mein eigener Name weder bekannt noch einprägsam ist, habe ich ein Pseudonym gewählt (Charlotte Katzenmeier), auf dem ich aber nicht bestehe. Alternativ zum oben angegebenen Titel käme in Frage "Schuhgröße 41".

Mit freundlichen Grüßen

I. Gullatz

wird, damit sie den Geliebten für sich ganz alleine hat, korrespondiert mit den Wünschen ihres Lesepublikums. Eine Frau, Anfang Fünfzig, hat nichts mehr zu verlieren – nur einen Mann zu gewinnen. Schwarze Gedanken, kalte Handlungen. Die vier Leichen sind dennoch nur Nebensache, so spektakulär die Morde auch sein mögen. Im Mittelpunkt steht Wunscherfüllung um jeden Preis, Hoffnung auf Liebe, halsstarriges Begehren. Und die Schlußpointe des Romans: Rosemarie Hirte bekommt ihren Mann. Allerdings im Rollstuhl!

»An dem Tag, an dem der Verleger aus Zürich angerufen hat, habe ich sicher die halbe Nacht telefoniert, ich mußte es allen sagen. Ich war völlig überheblich und habe allen Leuten mitgeteilt: ›Jetzt werde ich reich und berühmt!‹ Als ich dann das Buch Monate später zum ersten Mal in der Hand hielt, war das wie Weihnachten, Geburtstag, alles auf einmal, wie ein frischgeborenes Kind. Ich habe das Buch gar nicht mehr aus der Hand gegeben. Ich habe es nachts auf meinen Nachttisch gelegt und am nächsten Morgen gleich wieder angeguckt. Das fand ich das Schönste: Mein erstes Buch in den Händen zu halten.«

Nachdem die Medien auf Ingrid Noll aufmerksam wurden, gab es ein neues Tellerwäscher-Märchen zu erzählen: der sensationelle Aufstieg einer Hausfrau aus Weinheim. Man nannte sie am Anfang immer nur »die schreibende Hausfrau« und verkannte mit diesem Klischee die literarischen Qualitäten ihres Erstlings. Pressereaktionen, Talkshow-Auftritte, Rundfunkinterviews. Der ganze Rummel, der am meisten die Autorin überraschte. Niemand hatte mit einem derartigen Erfolg gerechnet.

Um zu sehen, wie die Kolleginnen es machten, schlich sie sich wie eine Spionin zu einer Lesung nach Mannheim, zu Elisabeth Alexander, denn bis dahin war sie tatsächlich noch nie bei einer solchen literarischen Veranstaltung gewesen. Es sollten später noch viele Lesungen folgen.

»Einmal sagte eine Frau nach der Lesung: ›Ihre Romane sind absolut geschmacklos, das muß mal gesagt werden, absolut geschmacklos.‹ Da war nun Schweigen im Saal. Wir sahen uns alle betreten an. Ich wußte dann auch nichts zu sagen: ›Ja, wenn Sie das so finden, kann ich nichts dran ändern. Das muß ich schlucken.‹ Und dann mischten sich andere ein und sagten, das fänden sie aber gar nicht. – Und ganz am Anfang war mal ein Mann in einer Lesung, der sagte: ›Ihre Figuren sind leblose Figurinen, Thesenträger im Brechtschen Sinne.‹ Das werd' ich nie vergessen. Ich dachte, Thesenträger? Ich kenne nur Wasserträger!

Ach Mann, redde Se doch net son Scheiß, schleiche Se sich haam.

Ich stand ganz verdattert da. Da hat mich eine studierte Germanistin in geschliffener Rede verteidigt. Das sei nun gerade nicht der Fall, meine Figuren seien sehr lebendig, und man könne sie sich gut vorstellen. Die hat dem Mann ziemlich Kontra gegeben. Ich war ganz froh, weil ich dachte, so könnte ich das selber nie sagen. Man kann sich ja auch nicht selber loben. Und am Schluß hat sich eine hessische Hausfrau gemeldet und gesagt: ›Ach Mann, redde Se doch net son Scheiß, schleiche Se sich haam‹!«

DAS ZWEITE BILD

Ingrid Noll steht an ihrer Staffelei und entwirft ein zweites Bild: zurück in einem fremden Land, ein wuseliges Stilleben mit vielen Menschen, ein Wimmelbild, Gaffer in der Ferne, distanziert. Ein Bild, schon etwas weniger farbig. Herbst in Deutschland, wohin sie im Alter von vierzehn Jahren gelangt. Sie hätte ja auch in Australien landen können.

Max Frisch hat in dem Theaterstück »Biographie« seiner Hauptperson die Möglichkeit gegeben, nochmal ein zweites Leben zu führen. Trotz aller Umwege gelangt diese jedoch am Schluß genau dort an, wohin sie das erste Leben auch geführt hat

Ingrid Noll kam nach Korbach ins Gymnasium. Ihre Mutter, gewöhnt ans chinesische Feilschen, setzte die Klassenhöhe zu hoch an. Der Direktor akzeptierte das, weil es bei der Einstufung in die Schule keine Handelei gab. Ingrid Noll war überfordert, hätte zwei Klassen tiefer eingestuft werden müssen. Während sie in den musischen Fächern und in Deutsch mithalten konnte, fehlte ihr jegliche Ahnung in den mathematisch-naturwissenschaftlichen Disziplinen.

»Ich habe richtig danach gelechzt, mir einen Freundeskreis aufzubauen. Aber das erste Jahr in Deutschland war ich ein bunter Hund und wirklich sehr fremd. Sie haben mich zwar alle zum Geburtstag eingeladen, aber nur um mich zu bestaunen, da ich so eine eigenartige Person war und vieles nicht wußte, vieles nicht kannte. Andererseits luden sie mich ein, weil ich ganz seltsame Geschichten erzählte, von denen die Mitschüler nicht wußten, ob sie wahr waren oder ob ich lüge. So nach anderthalb Jahren habe ich allmählich gewurzelt. Danach hatte ich gute Freundinnen. Ich ging später mit der Familie nach Bad Godesberg und kam auf eine reine Mädchenschule, was mir gar nicht schmeckte, eine Nonnenschule, aber es gab kein anderes Gymnasium. Ich war also bei den Nonnen und habe mich aus Trotz sehr verweigert. Ich saß manchmal da wie ein toter Mehlsack.«

Als sie mit sechzehn Jahren zum ersten Mal Schuberts »Winterreise« hörte, glaubte sie bei einem Lied, es sei ausschließlich für sie geschrieben worden. »Fremd bin ich eingezogen, fremd zieh' ich wieder aus.« Mit siebzehn wollte sie wie die Existenzialisten aussehen, Pferdeschwanz mit Pony bis über die Augen, in Jeans und schwarzem Pullover, angemalt wie Juliet Greco. Sie las Sartre, Camus, Simone de Beauvoir, sah französische Filme und ging,

Höhepunkt der Extravaganz, barfuß durchs vornehme Bad Godesberg.

Schon damals lernte sie Gregor kennen. Auf der Straße. Er schob sein Fahrrad neben einem anderen Jungen, den sie bereits kannte. Ihre Mutter hat ihr später gebeichtet, welche Todesängste sie gehabt habe, daß eine ihrer drei Töchter schwanger nach Hause kam. »Als ich Abitur gemacht habe, lebte mein Vater noch. Er fragte mich: ›Was willst du denn mal machen?‹ – Und da sagte ich: ›Schreiben!‹ Wieder einmal. – ›Gut‹, sagte er, ›dann mußt du Journalistin werden.‹ – ›Aber wie wird man denn Journalistin?‹ fragte ich, ich war wirklich naiv durch meine Nonnenschule. Mein Vater sagte: ›Ich habe einen Patienten, der ist bei Time-und-Life. Ich frage mal, ob Du da anfangen kannst.‹ Er fragte den und der sagte, ich solle

Woher?
DUDEN
1
Die deutsche
Rechtschreibung
NEU
DUDEN
8
Sinn- und sach-
verwandte Wörter
DUDEN
CHARLESTON
CHARLESTON
PHILIPS

am nächsten Tag kommen. Ich bin also zu Time-und-Life. Eine Sekretärin empfing mich mit den Worten: ›Was wollen Sie denn hier? Was können Sie denn?‹ – ›Ja, ich habe gerade Abitur gemacht.‹ – ›Können Sie Schreibmaschine?‹ – ›Nein.‹ – ›Steno?‹ – ›Nein.‹ – ›Ordentlich Englisch?‹ – ›Nein.‹ – ›Was machen wir denn hier mit Ihnen?‹ – ›Das weiß ich auch nicht.‹ – ›Dann bedienen Sie wenigstens das Telefon.‹ – Und da kam der erste Anruf. Ein amerikanischer Journalist rief aus Italien an, der quatschte in einem furchtbaren Slang auf mich los. Ich schrie immer nur: ›Hilfe, Hilfe, was soll ich mit dem? Was soll ich machen?‹ Nach einer Stunde hat man mich rausgeworfen. Ich war also eine Stunde lang bei Time-und-Life.«

Nach einigen Wochen bei Blankoplast, wo sie Verbandszeug verpackte, ging sie zum Studium nach Bonn – Germanistik und Kunstgeschichte –, ohne ganz genau zu wissen, was sie später damit anfangen wollte. Die Universität erlebte Ingrid Noll als einen verknöcherten Lehrbetrieb. Nur dem Kunsthistoriker Lützeler hätte sie stundenlang zuhören mögen. Der konnte so gut erzählen wie ihr Vater, der in allen Kreisen, ob bei Diplomaten oder Bauern, mit seinen Geschichten die Aufmerksamkeit auf sich zog. Nach ihren ersten Semestern fragte Gregor sie, ob sie ihn nicht heiraten wolle. »Und das hat mich dazu gebracht, das Studium abzubrechen«, sagt Ingrid Noll heute. Lange Zeit hat sie diesen Abbruch des Studiums, der viel mit ihrer Riesenangst vor dem Examen zu tun hatte, als guten Grund genommen, einen anderen Weg einzuschlagen.

Nach einigen Umzügen landeten die beiden in Weinheim an der Bergstraße, Gregor wurde Internist mit Gutachtertätigkeit; immer verfügbar, immer hilfsbereit, immer zupackend. Er saß bei Kranken am Bett, schnitt ihnen sogar die Haare, wenn sie zu krank für einen Friseurbesuch waren. Im Laufe von dreieinhalb Jahren bekam Ingrid Noll ihre drei Kinder. Sie war im Nebenberuf Arztfrau, kein freies Stündchen, kein bißchen Muße. Sie stand um sieben in der Küche und war selten abends vor neun mit der Arbeit fertig. Sie mußte mithelfen, Gutachten nach Diktat tippen, die Praxis in Ordnung halten. Sie engagierte sich in der Schule, arbeitete im Elternbeirat und wurde zum Familienmittelpunkt, bei dem sich immer alle wohlfühlen sollten. Auch die Schwestern brachten gelegentlich ihre Kinder zu ihr. »Full house« war ein stehender Begriff. Als ihre Mutter neunzig wurde, zog sie zu ihr ins Haus, heute ist sie siebenundneunzig und lebt noch immer gern bei ihr.

Zeit zum Schreiben oder Malen fand sie nicht. Ingrid Noll erinnert sich, während ihrer Schulzeit eine einzige Geschichte geschrieben zu haben, die sie an »Constanze«, die Vorgängerin der »Brigitte«, schickte, irgendeine unglückliche Liebesgeschichte – weil sie auch gerade unglücklich verliebt war. Es war der Mann »vor Gregor«, der ziemlich gut aussah, »aber eine andere Freundin am Wickel hatte.« Veröffentlicht wurde die Geschichte nicht.

Wie immer hat sie viel gelesen. Als sie fünfzehn war, empfahl man ihr Ganghofer und John Knittels »Via Mala«, aber davon blieb nichts haften.

»›Vom Winde verweht‹, das hab ich in meinen ersten Sommerferien gelesen, in einem Zelt im Regen. Und da hab ich mich natürlich sehr verliebt in Rhett Butler, da hatte ich noch keinen echten Freund. Rhett Butler war für mich der Größte.«

DER ZWEITE KRIMINALROMAN

In der deutschen Literaturkritik soll es ein Gesetz geben, das besagt, daß der zweite Roman immer verrissen wird. Wer es einmal erlebt hat, glaubt fest an eine solche Gesetzmäßigkeit. Auch für Ingrid Noll, die schon bei Annahme ihres ersten Romans begonnen hatte, den zweiten zu schreiben – soviel Spaß hat ihr die Arbeit gemacht –, bedeutete dieses Menetekel viel. »Man kann ja nicht gleich das dritte Buch schreiben.« Monatelang hielt sie ihre Lektorin hin, bis sie endlich »Die Häupter meiner Lieben« abgab. Und sie mit diesem Roman gewann nicht nur weitere Kritiker für sich, sondern auch den Preis des SYNDIKATS für den besten deutschsprachigen Kriminalroman des Jahres 1991.

Ein Farbenkrimi, jedes Kapitel trägt den Namen einer Farbe. Cora, die eine der beiden frechen, jungen Frauen, malt, und der Vater von Maja, der anderen Hauptperson, malt ebenfalls; er kommt sogar mit nur drei Farben aus. Die Leser und Leserinnen lernen Siena kennen und die schönste Piazza der Welt, die muschelförmig angelegte, riesige Schale, die von den hoch aufragenden Palazzi und dem mächtigen Duomo begrenzt ist.

Der zweite Roman ist beschwingter, mordlustiger, frecher. Als habe sich die Handschrift der Autorin gefestigt. Sie reiht sich ein in die Gilde der internationalen Kolleginnen, die sich mit schwarzem Humor und einer gehörigen Portion Frechheit die literarische Welt untertan machen.

Ingrid Noll hat bewußt zwei junge Mädchen in den Mittelpunkt des Romans gestellt, auch um dem biographischen Argument zu begegnen, sie beschreibe nur Frauen ihres Alters. Sie reizte das Unverfrorene, wie die beiden, Cora und Maja, Männer aus dem Weg räumen, die ihre Freundschaft stören – oder die einfach nur

Plötzlich sagt sie gar nichts mehr. Ich glaube, die hielt mich für eine potentielle Museumsdiebin.«

Schon mit dem zweiten Roman gelang Ingrid Noll der Sprung auf die Bestsellerliste. Langsam gewann sie die Sicherheit, daß ihr Erfolg nicht von kurzer Dauer sein würde. Sie trat neben Elke Heidenreich und Barbara Honigmann in einer ZDF-Literatursendung auf und spürte, daß man sie ernstnahm. Nur die vielen Interviews, auch schon mal von Journalisten, die bloß die Klappentexte ihrer Bücher gelesen haben, fand sie ziemlich fade.

langweilig sind. Die Weinheimer Autorin findet es immer noch herrlich, wenn junge Mädchen sich kaputtlachen.

»Ich war mit meiner besten Freundin vor vielen Jahren in einer Ausstellung in Bonn: Keramik von Picasso. Diese Sachen waren damals nicht elektronisch geschützt, sondern standen einfach im Regal. Wir waren einen Moment ganz alleine in dem Saal, und da haben wir ein bißchen gespielt und ein paar von den Kunstwerken durch die Luft sausen lassen. Dann aber alles wieder schön hingestellt, denn wir hatten ja Hochachtung vor der Kunst. Wir haben um Gottes willen nichts kaputtmachen wollen, nur ein bißchen böse sein. – Ich kann nicht in ein Museum gehen, ohne zu überlegen, was man hier so anstellen könnte ... Ich war einmal in Stuttgart in der Staatsgalerie, da habe ich eine dieser Wächterinnen, eine Frau in meinem Alter, ausgefragt, habe so getan, als ob ich mich selber für diesen Job interessiere. Sie war ganz aufgeschlossen: ›Wir könnten noch jemand brauchen, Sie können sich ja bewerben.‹ Dann fing ich an zu fragen, ob denn hier schon jemand mal ein Bild stehlen wollte.

»An mich werden immer Fragen zur Person gestellt, weil die Leute es merkwürdig finden, daß ich so spät zu schreiben angefangen habe. Meine Person interessiert oft mehr als die Bücher, das hat mich gelegentlich schon gestört. Das geht bis heute so, und zwar soll ich eine Hoffnungsträgerin für die älteren Frauen sein. Einerseits bin ich ja gerne eine Hoffnungsträgerin, andererseits muß ich aber auch manchem die Hoffnung nehmen, denn nicht jeder kann gleich dasselbe machen wie ich.«

DAS DRITTE BILD

Ich stelle mir ein drittes Bild vor, das Ingrid Noll in ihrem geräumigen Atelier malen könnte: Winterland Weinheim, alles verschneit, einige kräftige Farbtupfer. Rote Nasen, rote Ohren. Zeit des Wartens, ein Stilleben mit Familie, die Münder offen. Schreihälse, die gefüttert werden wollen.

Die Kinder waren sehr wild, sagt Ingrid Noll, besonders die Söhne, sie hatten auch Probleme mit ihrem Vater, und sie war als Puffer dazwischen. »Ein Sohn war Legastheniker, ziemlich faul, nicht angepaßt.«

Die Praxis hatte zwar eine Sprechstundenhilfe, aber vier Stunden pro Tag mußte Ingrid Noll für die Mitarbeit einplanen: Gutachten tippen, Blut ins Labor fahren, eine Fülle von verschiedenen Aufgaben. Allerdings im Unterbewußtsein immer das Gefühl: Es kommt noch was, vielleicht auch etwas Ehrenamtliches, im Gemeinderat. Das war durchaus lange Zeit nicht klar für sie. Es blieb weder Zeit zum Schreiben, noch zum Lesen. So hat sie auch nur wenige ihrer späteren Kollegen zur Kenntnis genommen. Erst seit einigen Jahren lernt sie die Tradition kennen, in der auch ihre Romane stehen.

Befragt, ob sie diese Zeit als verlorene Zeit ansieht, stellt man bei Ingrid Noll fest, daß sie in ihrem »ersten Leben« durchaus ihre Frau gestanden hat und dabei nichts bedauert. Sind denn die drei Kinder nicht Grund genug, Stolz zu empfinden? Bei der Beschreibung ihres Arbeitszimmers kann man spüren, daß sie auch heute noch genauso bescheiden ist, wie in den Jahren, als das Einkommen gerade reichte, um die Familie durchzubringen.

»Das Arbeitszimmer ist winzig klein. Es war mal vor vielen Jahren das Zimmer unserer Tochter und hatte nur ein kleines Fenster. Als ich einmal eine gute Abrechnung meines Verlages bekam, habe ich fünf Fenster einbauen lassen, eine große Front über Eck, so daß das kleine Zimmer trotzdem ganz hell und luftig ist. Der Blick nach draußen ins Grüne ist wichtig, wenn man immer am Schreibtisch hockt und in die Ferne schweift. Es gibt ein Sofa, auf dem besonders geliebte und geschätzte Gäste übernachten dürfen, einen chinesischen Teppich hinter dem Sofa, damit man sich bequem anlehnen kann, und über dem Sofa hängen Bilder, die ich selber gemalt habe, die ich aber sonst im Hause nicht ausbreite, weil es mir ein bißchen peinlich ist. Da hängt auch ein Bild von Dürrenmatt, das mir mein Verleger zum 60. Geburtstag geschenkt hat: ›Der Turmbau zu Babel‹. Das kann ich mir, wenn ich am

Schreibtisch sitze, angucken und mir ein Beispiel an ihm nehmen. Dann habe ich einen alten englischen Schreibtisch, den ich benutze, um mit der Hand zu schreiben oder zu zeichnen oder mir Notizen zu machen. Und eine Art Arbeitsplatte, wo meine Bildschirmschreibmaschine draufsteht. Das Fensterbrett ist ganz breit und darauf ist lauter Zeug, was ich mag, viele kleine chinesische Sachen, Emailledöschen zum Beispiel, lauter Staubfänger, die ich aber alle persönlich schätze und die ich vielleicht auch irgendwann mal wegräume. Dann gibt es noch einen Kleiderschrank, in dem meine Blusen hängen und sich allerhand Gerümpel befindet, und ein Bücherbrett mit meinen eigenen Büchern und den ganzen Übersetzungen, damit ich manchmal ein bißchen angeben kann.«

Bis zu ihrem »zweiten Leben« sind viele Jahre vergangen, über die Ingrid Noll nur wenig Auskunft gibt, Alltag, Arbeit und Ordnung, die eigentliche Quadratur des Lebenskreises. »Wie habe ich das alles nur geschafft?« Und wenn sie über die vielen Probleme nachdenkt, die sie während dieser Zeit zu lösen hatte, durchlebt sie das Material ihrer Romane, in denen gerade die Alltäglichkeit eine ausgeprägte Rolle spielt. Das nicht Spektakuläre, das nicht Ausgefallene, ganz einfach – das Leben eben.

In der Rückschau kommt sie zu einer Erkenntnis, die gerade aus dieser täglichen Belastung enstanden sein muß.

»Ich habe manchmal Höhepunkte in totaler Einsamkeit, die ich vorher nie hatte, aber jetzt schon, weil die Kinder weg sind. Ich kann die wahnsinnig genießen. Ich laufe in einer fremden Stadt alleine herum und sehe etwas, das mir sehr gut gefällt. Es können Winzigkeiten sein, ein Spinnweb, das in der Sonne funkelt, und ich bin total high. Oder auch oben in meinem Zimmerchen. Auf einmal habe ich so eine Euphorie, daß ich irgendetwas wunderbar finde. Das glückt mir am besten, wenn ich alleine bin«.

DER DRITTE ROMAN

Als der dritte Roman, »Die Apothekerin«, erschien, war Ingrid Noll schon die erfolgreichste deutsche Krimi-Schreiberin. Und trotzdem hat sie mit diesem Buch nochmal alle bisherigen Erfolge übertroffen. Die Geschichte der Hella, die sich auf Biegen und Brechen ein Kind wünscht und dafür bereit ist, über Leichen zu gehen, zeigt die Autorin wieder mit einem neuen literarischen Ansatz. Der Roman »Die Apothekerin« spielt auf zwei Ebenen: Hella Moormann liegt im Krankenhaus und erzählt ihrer Bettnachbarin ihr Leben – in ausführlichen Rückblenden lernen wir die einzelnen Stationen kennen: von dem frühen Verdacht, ihren Mitschüler Axel umgebracht zu haben bis zum Rat ihrer Bettnachbarin, mit Gift in der Pfefferwurst eine Nebenbuhlerin aus dem Weg zu räumen. Die Abschnitte dieses Lebens ergeben einen solchen Spannungsbogen, daß man sich der Lektüre kaum entziehen kann. Ingrid Noll hat einen »Page-Turner« geschrieben, wie es in der amerikanischen Literaturkritik heißt, einen Roman, bei dem sich die Seiten magisch von selbst umzudrehen scheinen, und den man nicht mehr aus der Hand legen kann.

Die Bettnachbarin ist keine andere als Rosemarie Hirte, die schon im ersten Roman ihr »Unwesen« trieb. »Ich wollte meinen Lesern sagen, daß es Rosemarie Hirte noch gibt, und daß es ihr gut geht.« Natürlich steckt darin ebenso die Mitteilung, daß sie für ihre vier Morde nicht zur Rechenschaft gezogen wurde. Ganz tröstlich?

Im Gespräch über diesen dritten Roman zeigt sich die Weinheimer Autorin eher etwas distanziert.

»Im nachhinein habe ich einige Probleme mit der ›Apothekerin‹ weil viele Frauen gesagt haben, wir mögen die so gerne. Wir identifizieren uns mit dieser Apothekerin Hella. Ich selber habe eine Distanz zu ihr, sie ist nämlich geizig und putzsüchtig, also etwas zwangsneurotisch strukturiert, was ich eigentlich nicht so mag.«

Schon beim Schreiben bekam Ingrid Noll ziemliche Probleme mit ihrer Hauptfigur. »So in der Mitte habe ich gemerkt, ich mag sie so recht gar nicht. Aber ich will ja nicht nur über Leute schreiben, die ich heiß liebe.«

In diesem Roman spielt Ingrid Noll, wie ihr großes Vorbild Patricia Highsmith, mit Auslassungen, blinden Stellen, Andeutungen. Die beiden Kriminellen, Dieter und Levin, haben eine Menge Dreck am Stecken, aber der Leser kann darüber nur spekulieren. Am Schluß des Romans, der wie eine sehr schnelle Pointe daherkommt, gibt Rosemarie Hirte Tips für einen weiteren kalten Mord. Hella Moormann kann noch etwas lernen. Siebenundsiebzig Wochen stand das Buch auf der Bestsellerliste, und nach der Verfilmung, mit Katja Riemann in der Hauptrolle, ist der Absatz gewiß nicht geringer geworden.

Längst ist man bei ausländischen Verlagen auf die Autorin aufmerksam geworden, ihre Romane werden in mehr als zwanzig Sprachen übersetzt. Ingrid Noll vertritt gegenwärtig wohl als einzige deutsche Krimischreiberin das Genre im englischsprachigen Ausland. Immer häufiger wird sie zu internationalen Treffen eingeladen.

»In Helsinki hatten wir so eine Art Talkshow im Theater. Finnische Kollegen und drei deutschsprachige Schriftsteller, aus Deutschland, der Schweiz und Österreich. Schauspieler haben unsere Texte vorgelesen. Plötzlich stürmten Polizisten auf die Bühne. Die kannten auch ein Wort auf Deutsch: ›Abführen! Abführen!!‹ Sie legten uns Handschellen an und haben uns mit Knüppeln von der Bühne getrieben. Rein ins Polizeiauto. Ich fuhr mit dem Chef der Polizei im Wagen vorneweg. Mit Sirene. Über alle roten Ampeln hinweg, was ich mir schon immer mal gewünscht habe. Die Polizeiwagen brachten uns in ein Schlemmerlokal. Und wir saßen schon bei Rentierbraten, als das Publikum noch auf die Diskussion wartete.

Die war im Programmheft angekündigt. Aber bevor es überhaupt dazu kam, waren wir ja abgeführt worden. Das hatte der Schweizer Botschafter inszeniert, ohne daß wir etwas davon erfahren haben. Der sagte zu mir: ›Was sollten wir denn noch lange quatschen, gehen wir doch lieber schön essen.‹ «

DAS VIERTE BILD

Ich stelle mir ein letztes Bild vor. Ein fröhliches, schwarzes Stilleben, diesmal im Frühling. Graue Schatten, sehr beschwingt, starke Konturen, wenige Farbtupfer, elegant zugeordnet. Ein Bild voller Unordnung und Ruhe zugleich. Ein Selbstporträt vor Druckseiten.

Ingrid Noll tritt aus dem Weinheimer Schatten und wird angeleuchtet. Ausgeleuchtet im Fernschlicht, angestrahlt von jungen Journalistinnen, angehimmelt von ihren Kollegen.

»Das ist jetzt mein zweites Leben.« Sie sagt es mit ruhiger Freude und sicherlich auch mit einem gewissen Stolz. »Zum ersten Mal verdiente ich eigenes Geld.« Trotz ihrer Arbeitsbelastung über all die Jahre bemerkt sie nun: »Eigentlich hatte ich ja gar keinen Beruf erlernt.« Nun hat sie einen. Und was für einen. »Jetzt kann ich auch mal in die Stadt gehen und einfach was kaufen, wenn die Kinder etwas brauchen.« Sie sagt, sie habe so ein sinnliches Verhältnis zum Geld. Und trotzdem redet sie nicht mehr gerne darüber. »Ich habe schon zu hören bekommen, bei euch stapeln sich die Geldsäcke ja wohl im Keller.« Es ist ihr peinlich, daß andere Leute neidisch auf sie sein könnten. Beharrlich verschweigt sie in Interviews Einkünfte, Auflagenzahlen, Vermögensauskünfte. Nicht nur wegen des Finanzamtes. Und sie lächelt, wenn sie die gewünschte Auskunft verschweigt. »Ich kann mir doch Zahlen so schlecht merken, nicht einmal Telefonnummern.« Vielleicht, so gibt Ingrid Noll zu, fehlt ihr da immer noch ein Stück Selbstbewußtsein. »Ich habe das Geld doch niemandem weggenommen.«

Bei einem Beitrag für die »Aspekte«-Sendung von der Frankfurter Buchmesse 1996 konnte man die andere, die selbstbewußte Ingrid Noll kennenlernen. Sie sollte, so der Einfall der Redakteurin, als Miss Marple über die Messe schleichen, im Tweed-Kostüm und mit einem Kapotthütchen auf dem Kopf. Aber das wollte Ingrid Noll nicht. Wozu die Verkleidung, wozu die fremde Rolle? Sie kam auf die Idee, vor laufender Kamera ein paar ihrer Kollegen »aus dem Weg zu räumen«, Konkurrenz muß beseitigt werden. »Sie wollen mich wirklich umbringen?«, fragte am Ende des Beitrages der Literaturkritiker Karasek, dem Ingrid

Noll in einem unbewachten Augenblick Gift in die Kaffeetasse geträufelt hatte. »Nur so ein bißchen«, antwortete sie. Der literarische Quartettspieler ließ den Kopf ein wenig sinken. »Dankeschön«, rief die Fernsehredakteurin, »das sieht ganz echt aus!«

»Ich bin wahrscheinlich ein Kindskopf geblieben. Nonsens war in meiner Familie üblich, kleine Streiche, Spiele mit Worten, blödeln, das wurde auch am Tisch betrieben. Von meinen Geschwistern bin ich am meisten ein Kindskopf geblieben, das hat etwas Spielerisches, was Verrücktes, ein bißchen Quatsch treiben, das hat mich immer wieder gereizt.«

Es geht zwar nicht ohne mediale Begleitmusik, aber Ingrid Noll ist bemüht, nicht dauernd Interviews zu geben. Eine Talkshow pro Jahr muß reichen.

»Manche Journalisten hacken nur auf meinen Leichen rum, das bin ich leid und werde dann etwas mürrisch. Meine Bücher bestehen nicht aus einer Zusammenballung von Leichen, also warum immer wieder und wieder über jede einzelne Leiche reden, und darüber, wie sie umgekommen ist und wieviel Leichen ich geschaffen habe. Es gibt auch noch etwas anderes. Die Leichen sind das schmückende Beiwerk, ein bißchen Nonsens macht mir auch Vergnügen. Aber das Buch besteht aus 280 Seiten, und davon sind vielleicht fünf Seiten Leichen. Das nervt mich zunehmend mehr. Nicht, daß ich etwas gegen die Leichen habe, ich will mich auch nicht distanzieren davon. Aber das ist nicht das alleinige Thema. Ich habe immer versucht, in meinen Büchern noch eine zweite Ebene aufzuzeigen. Um beim ersten anzufangen, die Auseinandersetzung mit dem Altwerden, oder im zweiten, ›Die Häupter meiner Lieben‹, das Erwachsenwerden, oder die ›Apothekerin‹, die sich auf Biegen und Brechen ein Kind wünscht, und das dann auch hinkriegt. Das sind eigentlich die Themen, die mir interessanter erscheinen als die Leichen.«

Trotz dieser gelegentlichen Mißverständnisse ist nicht davon auszugehen, daß Ingrid Noll es Patricia Highsmith nachmacht, die sich, genervt von der Medienmeute, zurückzog und alle Auftritte in der Öffentlichkeit ablehnte. Dazu macht der Weinheimer Autorin die schöne, neue Medienwelt auch wiederum zuviel Spaß. »Man darf den Literaturbetrieb nicht bloß verachten.«

DER VIERTE KRIMINALROMAN

»Kalt ist der Abendhauch« ist eigentlich kein richtiger Krimi mehr, eher eine *comédie humaine*, eine Verstrickung im Kleinbürgermilieu. Der »Mord« an dem überraschend aus der Kriegsgefangenschaft zurückgekehrten Mann ist ein Unglücksfall ohne moralische Folgen. Ein zentraler Satz dieses Romans um zwei Menschen, die erst im hohen Alter zusammenfinden, lautet: »Erlittener Schmerz über verratene Liebe ist schlimmer als Pest, Krieg und Hungersnot.« Und noch ein Satz kommt einem sehr bekannt vor: »Dabei fällt mir ein, daß ich wahre Sternstunden nur erlebt habe, wenn ich ganz allein war. Meine stillen, weißen Rosen.« Die Autorin ist bei sich selbst angekommen, gestaltet dichte Atmosphäre. Nach dem lebenden Vorbild ihrer Mutter ist diese wunderlich sympathische Charlotte nicht angelegt, die tiefe Erfahrung mit einer alten Frau hat aber zu dieser literarischen Gestaltung beigetragen.

Auch da hat wieder etwas in der deutschen Literatur gefehlt. Diese Figuren kennt man eher aus dem anglo-amerikanischen Bereich. Oder eben bei Dürrenmatt, beim »Besuch der alten Dame«.

Der Titel zu diesem Roman stammt aus einem bekannten Lied von Matthias Claudius »Der Mond ist aufgegangen«. Bis auf diese eine Zeile ist der Text sehr romantisch schwelgend, träumerisch in schwarzen Andeutungen, trüben Gedanken. Dann aber, und wenn Ingrid Noll es vorsingt, spürt man diese eine, so bedeutende Zeile. »So legt Euch denn, ihr

Brüder, in Gottes Namen nieder; kalt ist der Abendhauch. Verschon' uns, Gott, mit Strafen, und laß uns ruhig schlafen, und unsern kranken Nachbar auch«. »Da läuft es einem den Rücken runter, weil das aus einem langen,

Eigentlich sind die Leichen nur das schmückende Beiwerk, ein bißchen Nonsens macht mir auch Vergnügen.

friedlichen Gedicht rausgegriffen ist, an der Stelle kriegt man doch eine Gänsehaut.«

Weit wichtiger als eine faktenreiche Recherche, als die detaillierte Kenntnis des Polizeiapparates zum Beispiel – Spurensicherung und Ringfahndung, Verhöre und Protokolle – sind Ingrid Noll immer die Erkundungen der eigenen Psyche und der ver-rückten Schritte zu sich selbst. Daraus zieht sie ihre Kraft und Kreativität als Autorin und das hebt sie deutlich von vielen anderen »Spannungsliteratur«-Schreibern ab.

DER FÜNFTE ROMAN

Ihr vorerst letztes Buch »Röslein rot«, das im Sommer 1998 erschien, verläßt das Schema der Kriminalromane vollständig. Ingrid Noll erzählt von einem Fall von Liebeswahn: Ein junges Mädchen verliebt sich in einen Mann, alles fängt ganz harmlos mit ein paar Rosen unterm Scheibenwischer an, später kommen wildromantische Texte hinzu, und die Sache endet – fast tragisch. Das Besondere dieses Buchs ist, daß Ingrid Noll zwanzig Stilleben aus Italien und Frankreich aus dem 17. und 18. Jahrhundert benutzt, um ihre Geschichte, die nun in Weinheim spielt, zu verknüpfen. Der Verlag hat ein Heftchen beigefügt, in dem die Stilleben zu betrachten sind. Schon die Beschreibungen der scheinbar harmlosen Bilder machen das Buch zu einem besonderen Genuß und bieten zugleich einen Einblick in die Entwicklung dieser Gattung. »Röslein rot« wagt viel und dennoch: auch diesmal gibt nicht zuletzt der Erfolg der Autorin Recht, die von einigen Literaturkritikern heftig gezaust wurde. Als sei nun die Zeit des Sockelsturzes endlich gekommen.

Für eine Perfektionistin hält Ingrid Noll sich nicht. »Ich schreibe im Grunde schnell ... und schlecht.« Mit dieser manchmal in Interviews gebrauchten Wendung kokettiert sie zwar ein wenig, aber weist auf etwas hin, das sich die Weinheimer Autorin zur Maxime für die kommenden Projekte gemacht hat. Sie will sich den Spaß am Schreiben, Malen, Leben nicht nehmen lassen. »Ich könnte nicht zehn Jahre an einem Buch schreiben.« Und dennoch ist ihr Interesse, besonders in der Malerei, auf die »hohe« Kunst gerichtet. »Kunst darf alles, nur nicht langweilig sein.« Ingrid Noll will ihre eigenen künstlerischen Bemühungen nicht zurückschrauben, aber sich auch nicht an falschen Vorbildern messen oder sich gar mit ihnen vergleichen. »Nach so vielen Jahren nehme ich mir das Recht, keine größeren Perspektiven zu haben. Ich habe kein Programm oder rechne mir gar aus, wie lange ich noch richtig im Kopf bin.« Wichtig ist ihr auch, daß sie immer wieder in der Anonymität verschwinden kann, und wenn es an ihrem Wohnort in Weinheim ist. »Da hat sich nicht viel verändert, weil neunzig Prozent der Leute ja sowieso keine Bücher lesen.«

Und wenn nun der Erfolg einmal ausbliebe, es gab so einen Fall, als sie mit ihrem wunderhübschen Kinderbuch »Der Schweinepascha« nicht die gewohnten Verkaufszahlen erreichte, wäre das auch nicht weiter schlimm. »Vielleicht sollte ich noch mehr Selbstvertrauen gewinnen. Ich bin nicht oft genug auf die Barrikaden gegangen. Ich bin zu feige, um wirklich unverfroren zu sein, habe zu wenig Chuzpe. Aber es gibt ja auch keine Vorbilder bei uns

dafür«. Allerdings devot kann man sich Ingrid Noll auch nicht vorstellen. »Mich reizt es, die Selbstgerechtigkeit der Leute ins Wackeln zu bringen«. Insofern hat sie auch ein sehr differenziertes Verhältnis zu Verbrechen: »Wenn man Glück hat und lebt im Vollen, ohne Kriminalität, und hat es nicht nötig zu stehlen, dann hat man ja gut reden. Man soll auf keinen Fall runterschauen auf die, die nicht soviel Glück gehabt haben.«

Unsere Begegnung mit Ingrid Noll gipfelte nicht in einer Fachsimpelei über »Das perfekte Verbrechen oder: Wie man einen bestsellerverdächtigen Thriller« schreibt, sondern mit einem ausschweifenden Mahl auf der Terrasse ihres Hauses in Weinheim – mit einem deftigen französischen Topfgericht, verschiedene Sorten Fleisch und Gemüse, das Gregor zubereitete, reichlich Wein, alles rundum genüßlich – und letztlich mit einem »Freß- und Sauf-Alphabet«, das Ingrid Noll uns mit auf die Heimreise gab.

Würde man einen zentralen Nenner für die Romane der Ingrid Noll suchen, dann könnte er so lauten: Sie handeln von Frauen, die versuchen, endlich das zu kriegen, was sie sich ein Leben lang gewünscht haben. Aber eigentlich gibt es keinen solchen Nenner, dazu sind die Romane denn doch zu unterschiedlich. Zuviele Färbungen. Kontraste. Spannungsflächen.

Über die Autoren

Jürgen Alberts, geb. 1946 in Kirchen/Sieg, nach dem Abitur Studium in Tübingen und Bremen, Promotion über die BILD-Zeitung, freier Mitarbeiter von WDR und ZDF, lebt als Schriftsteller und Journalist in Bremen. Er hat eine zehnbändige Serie von Kriminalromanen verfaßt, die zwischen 1975 und 1991 in der Hansestadt spielen. Dazu historische Romane wie »Landru«, »Keplers Traum«, »Fátima«, »Der Anarchist von Chicago« und zuletzt »Hitler in Hollywood«. Zusammen mit seiner Frau Marita hat er vier Romane verfaßt, zuletzt erschien: »Sieben Rosen im Atlantik. Ein Roman von den Kanarischen Inseln«. Für das ZDF hat er die Drehbücher »Ermittlungen gegen Unbekannt« und »Der Aufsteiger« geschrieben.
Seine Beiträge in diesem Buch sind die zu Michael Molsner, Felix Huby, -ky, Gisbert Haefs und Ingrid Noll.

Frank Göhre, geb. 1943 bei Prag, aufgewachsen in Bochum. Mit 15 Jahren verließ er das Gymnasium und arbeitete als Buchhändler, Kunsthändler, Werbetexter, Verlagslektor in Köln, Essen, München. Er lebt als Schriftsteller in Hamburg. Seine St.-Pauli-Trilogie: »Der Schrei des Schmetterlings«, »Der Tod eines Samurai«, »Der Tanz des Skorpions« ist 1999 neu aufgelegt worden, ebenso sein Roman »St. Pauli-Nacht«, der von Sönke Wortmann fürs Kino verfilmt wurde. Frank Göhre arbeitet als Drehbuchautor und Dozent für Drehbuch an der Filmhochschule in Ludwigsburg. Zu seinen bekanntesten Drehbüchern gehören der Kinofilm »Abwärts«, 1984, die »Tatorte«: »Einzelhaft«, 1988 und »Finale am Rothenbaum«, 1991 sowie der Fernsehfilm »Der Pirat«, 1998.
Seine Beiträge in diesem Buch sind die zu Hansjörg Martin, Irene Rodrian, Friedhelm Werremeier, Peter Zeindler und Sabine Deitmer.

Rainer Griese, geb. 1955 in Troisdorf, studierte von 1978–1982 an der Fachhochschule Köln für Kunst und Design bei Professor Arno Jansen. Von 1983–1985 nahm er an der Meisterschülerklasse teil. Von 1986–1990 war er Lehrbeauftragter an der FH Köln. Seine Photographien sind im In- und Ausland in vielen Ausstellungen präsentiert worden. 1991 wurde er zum Mitglied der Deutschen Gesellschaft für Photographie berufen. Rainer Griese ist für seine Arbeiten bereits mehrfach ausgezeichnet worden. Heute lebt er als freiberuflicher Photograph in Troisdorf.

Danksagung

In den zwei Jahren, die wir für die Erarbeitung dieses Buches benötigt haben, wurden wir von vielen Personen unterstützt, denen wir an dieser Stelle danken wollen.

Zu allererst natürlich unseren Kolleginnen und Kollegen, die sich unseren eingehenden »Kreuzverhören« geduldig gestellt haben. Manchmal waren wir sicher lästig, auch wenn das Zusammensein großen Spaß bereitet hat. Nicht zu vergessen: Jeanette, Sabine, Maggie, Gregor und Ulrich – sie wissen schon wofür. Wir danken auch Barbara Neuhaus und D. B. Blettenberg, die nicht in dieses Buch aufgenommen werden konnten.

»Radio Bremen« hat es uns ermöglicht, die Rundreise in die Geschichte des deutschsprachigen Kriminalromans anzutreten. Die Sendereihe, die 1998 jeweils am letzten Sonntag des Monats im »Kranich 15/19« lief, hatte großen Zuspruch. Dank an den Redakteur Dr. Harro Zimmermann und für die Betreuung der Kriminalhörspiele an Rüdiger Kremer.

Die Regie unserer Feature führten bei elf Folgen Hans Helge Ott und bei einer Folge Holger Rink. Besonders unterstützt hat uns Monika Beuchel. Hannah Fuisting vom Rowohlt-Verlag hat uns viel Material geliefert. Bei der Familie Munck auf Sylt haben wir gerne gelebt und gearbeitet. Wir danken unserer Lektorin Nicola T. Stuart für ihr Engagement und ihre Arbeit am Manuskript.

Und nicht zuletzt danken wir Eva und Marita für ihre kritische Begleitung des Manuskriptes und ihre Geduld mit den häufig aushäusigen Autoren.

Jürgen Alberts und Frank Göhre

Mord zwischen Messer & Gabel

Herausgegeben von Andrea C. Busch

320 Seiten, gebunden

Ein Krimi-Koch-Buch der besonderen Art: 29 erstmals veröffentlichte kulinarische Kurzkrimis; 72 Rezepte, die in harmloserer Abwandlung zum Nachkochen mörderischer Gerichte einladen. Aus aller Welt stammen die Autorinnen und die Rezepte dieses Buches: aus England, Kanada, Frankreich, Australien, Italien, den USA und Deutschland, wie zum Beispiel Joanne Pence, Regula Venske, Sarah Andrews, Sabine Deitmer und Ann Granger.

Für ausgekochte Krimifans und Anfängerinnen, für Meisterköche und Kochlehrlinge. Das Sahnehäubchen auf dem opulenten Krimimenü sind die kriminellen Illustrationen von Bengt Fosshag.

Das Mordsbuch. Alles über Krimis

Herausgegeben von Nina Schindler

ca. 550 Seiten, gebunden

Nach diesem Motto führt ein sensationelles Aufgebot von Krimiautorinnen und -autoren, Kritikern, Fachjournalisten und Fans kenntnisreich und unterhaltsam in die verschiedensten Genres ein und zeichnet ein spannendes Bild des Kriminalromans: von seinen Anfängen über die berühmtesten Autorinnnen und Autoren und launige Überlegungen bezüglich der »Lust an der Leiche« bis hin zu vielen eingestreuten Krimi-Puzzles und einem kriminalistischen Kreuzworträtsel.

Der unverzichtbare Begleiter für jeden Krimifan. Informatives, Hintergründiges, Kluges und Witziges – alles zum und über den Krimi: über 300 persönliche Leseempfehlungen, über 200 Illustrationen, über 1.000 besprochene Bücher und Autoren, über 70 Originalbeiträge von: Ingrid Noll, Georg Seeßlen, Regula Venske, Maxim Jakubowski, Sabine Deitmer, Gisbert Haefs, Gabriele Dietze und vielen, vielen anderen.

Rätselhafte Morde

Von Lawrence Treat und Stefan Wilfert

176 Seiten, gebunden

Ein Ratevergnügen ganz besonderer Art. Doch wird es den Freunden des kriminalistischen Denksports, die sich kein Gewissen daraus machen, mit Witz und Verstand die Zeit totzuschlagen, nicht leichtgemacht, täuschen Sie sich da nicht! Und das ist noch lange nicht alles. Stefan Wilfert hat den roten Faden in den Geschichten entdeckt und in einer neuen wieder versteckt. Wer ist der notorische Missetäter, der immer entkommen konnte? Wer und was steckt hinter dieser geheimnisvollen Mordserie? Die besten Detektive der Welt tagen in geschlossener Sitzung. Das Sitzungsprotokoll liegt hier exklusiv vor. Es gilt, ein weiteres Verbrechen zu verhindern.

AUF DER CD

hören Sie die Autoren im Kreuzverhör und beim Lesen der Lieblingspassagen aus ihren Büchern.

Hansjörg MARTIN	[1] Kreuzverhör 0:55
	[2] Gefährliche Neugier 1:40
	[3] Kein Schnaps für Tamara 3:40
Friedhelm WERREMEIER	[4] Kreuzverhör 0:40
	[5] Trimmel hält ein Plädoyer 4:45
Irene RODRIAN	[6] Kreuzverhör 1:00
	[7] Strandgrab 3:35
	[8] Vielliebchen 3:05
Michael MOLSNER	[9] Kreuzverhör 2:20
	[10] Spot auf den Tod 5:10
-KY	[11] Kreuzverhör 2:20
	[12] Stör mir die feinen Leute nicht 3:19
Felix HUBY	[13] Kreuzverhör 1:02
	[14] Tod im Tauerntunnel 2:22
	[15] Bienzle und der Biedermann 2:55
Gisbert HAEFS	[16] Kreuzverhör 0:40
	[17] Und oben sitzt der Rabe 3:15
	[18] Kein Freibier für Matzbach 1:53
Sabine DEITMER	[19] Kreuzverhör 1:25
	[20] Kalte Küsse 2:40
	[21] Dominante Damen 2:35
Peter ZEINDLER	[22] Kreuzverhör 1:10
	[23] Der Schattenagent 3:35
Ingrid NOLL	[24] Kreuzverhör 1:10
	[25] Die Apothekerin 3:05
	[26] Freß- und Sauflied 1:20